COLLANA

I TESTIMONI DELLA FEDE

Pierre-Emmanuel Dauzat

Giuda

Dal Vangelo all'Olocausto

Traduzione dal francese
di Milvia Faccia

Edizioni
Arkeios

Titolo originale dell'opera:
JUDAS

ISBN 978-88-86495-91-2

Via Flaminia, 109 – tel. 063235433 – fax 063236277
Printed in Italy □ S.T.A.R. – Via Luigi Arati, 12 – 00151 Roma

Allo yiddish
In memoria di Arthur Ziegelbaum

Per Jacques e Douchka Bernheim

In un certo senso Giuda è, al di fuori di Gesù,
il personaggio più importante dei Vangeli.
Perché egli solo, fra tutti gli apostoli,
operò attivamente in quella situazione
decisiva al compimento della volontà di Dio,
che divenne poi la sostanza del Vangelo.

KARL BARTH, *Dogmatica ecclesiale*

Indice

Premessa

GIUDA O L'EUCARISTIA DEGLI IMBECILLI

Evitiamo di far dire al paradosso più di quanto non meriti, ma il fatto non può non colpirci. Mentre la decristianizzazione avanza, mentre libri male affastellati sognano non si quali amori morti tra Maria Maddalena e il Cristo o Giuda, a meno che non si fantastichi perfino qualche omosessualità repressa, mentre il senso stesso dell'unzione si perde perché non si conosce più il significato delle parole, si rimane colpiti dal poco che sussiste, e che sussiste davanti a tutti e contro tutti. Non si è più sicuri di nulla, ma se non ne deve rimanere che uno solo, è lui: Giuda.

Qualche esempio tra gli altri, tratto dall'attualità recente... o futura. Nel 1998, il quotidiano italiano *La Stampa* annuncia trionfalmente una grande scoperta storica: "Gesù è stato tradito per poco più di 12 milioni di lire, quanto bastava per condurre per un anno un'esistenza ragionevolmente agiata nella Palestina del I secolo. Alcuni numismati [*sic*] hanno calcolato il valore attuale delle 30 monete d'argento pagate all'apostolo Giuda [...]. La loro ricerca, presentata a Torino, confermerebbe che Giuda non tradì per denaro, ma perché le sue aspettative erano rimaste deluse. Egli sperava che Gesù si sarebbe battuto per la liberazione del suo popolo, non potendo accettare un regno che non fosse di questo mondo"[1]. Ed eccoci rassicurati. Sebbene non per denaro, comunque Giuda ha tradito. I periti hanno adempiuto al loro compito e rimesso in circolazione il cliché. Il mestiere di traditore non è redditizio: occorre in più qualche convinzione politica, saremmo tentati di ironizzare. Ma le sorprese non finiscono qui. Nel 2001, si trovava ancora in un manuale di algebra del primo anno universitario, debitamente approvato dal Ministero della Pubblica Istruzione francese, il seguente esercizio: "In

[1] *La Stampa*, ripreso nel *Courrier international*, n. 392, 6 maggio 1998.

base alle voci, Giuda Iscariota aveva depositato i 20 denari guadagnati con il suo tradimento al Credito agricolo locale al 2%, con interessi composti. Sapendo che un denaro vale 0,53 grammi d'oro, determinare la massa d'oro (in milioni di tonnellate) di cui avrebbero potuto disporre i suoi eventuali eredi al primo gennaio 2000 (Giuda avrebbe tradito nell'anno 33)"[2]. No comment.

In un altro ordine di idee, il 30 marzo 2005 l'Agence ProtestInfo si faceva eco di un'altra sensazionale scoperta. Ancora una volta, si sarebbe trattato del ritrovamento del Vangelo di Giuda, composto due o tre secoli dopo la sua auto-impiccagione. Inutile dire lo scoop e la qualità delle rivelazioni storiche che dobbiamo attenderci da questo testo, affidato alle cure degli esperti elvetici in un Paese che, da Étienne Barilier a Maurice Chappaz, ci ha già offerto una quantità di capolavori letterari intorno alla fabbrica dei falsi evangelici. Ma non anticipiamo giudizi. Leggiamo dunque: "Il manoscritto del Vangelo secondo Giuda, rinvenuto in Egitto negli anni Cinquanta, si trova attualmente da qualche parte in Svizzera in un luogo di restauro segreto, nelle mani di scienziati che stanno cercando di ricostruire e tradurre in inglese, francese e tedesco i 62 fogli di papiro che compongono il testo scritto in dialetto copto. Entro un anno, il testo ripulito e ricostruito ci consegnerà le parole di Giuda Iscariota, il discepolo che tradì Gesù. Il documento, forse tradotto da un testo originale in greco, è stato datato con l'ausilio del carbonio 14: risalirebbe al III secolo o all'inizio del IV. Riscattato, è stato oggetto di rilanci commerciali: il codice, una volta decifrato e riportato alla luce del sole il suo messaggio, sarà consegnato al Museo Copto del Cairo dalla fondazione di Basilea che lo detiene attualmente". Queste parole lasciano intendere che si tratterebbe del Vangelo annunciato nel II secolo da Ireneo di Lione nel suo *Adversus haereses* (libro I, 31, 1)... mentre il testo è posteriore di uno o due secoli. Siamo tentati di ricordare semplicemente le parole di Oscar Wilde: "Tutti i grandi uomini hanno i loro discepoli, ed è sempre Giuda a scrivere la biografia"[3]. Perfino la propria. Giuda autobiografo: avremo occasione di tornare sulla sorprendente fortuna di questo tema storiografico. Nel frattempo, stiamo attenti a non aspettarci il diario di un traditore, per meglio giustificare il nostro compiacimento.

Non sappiamo ancora se i pagani credessero ai loro miti, per riprendere l'interrogativo di Paul Veyne; in compenso, da parte cristiana una cosa è certa: i cristiani e perfino i moderni decristianizzati continuano ad aderire alle

[2] *Mathématiques. Analyse, probabilités. Programme 2001*, Didier, coll. "Dima-thème", Parigi, 2001, p. 199, esercizio 57. Ci chiediamo cosa pensare di un titolo simile: W. Wolman e A. Colamosca, *The Judas Economy. The Triumph of Capital and the Betrayal of Work*, Addison-Wesley Publishing, Reading (MS), 1997 (trad. it. *Il tradimento dell'economia. Come il capitale trionfa a spese dell'occupazione*, Ponte alle Grazie, Milano, 1999): qui l'"economia di Giuda" serve il capitale e tradisce il lavoro!

[3] O. Wilde, "The Critic as Artist", in *Intentions*, The English Library, Lipsia-Londra, 1905 (trad. it. "Il critico come artista", in *Intenzioni e altri saggi*, Bocca, Milano, 1937).

leggende più controverse della tradizione occidentale. In breve, si continua a credere a Giuda e al suo tradimento quando non si capisce più nulla dei Vangeli. Drieu la Rochelle, che si considerava uno dei discepoli politici dell'Iscariota, l'aveva capito fin dal 1943, nel suo *I cani di paglia*: "Non era certo che Gesù fosse esistito come uomo. Forse si trattava di un dio che non era mai nemmeno 'disceso' sulla terra. Forse neanche Giuda era mai esistito, benché le possibilità che lo sia sono maggiori che nel caso di Gesù"[4]. Quindi, si continua a trattare i falsi amici da Giuda o a improvvisare libri mediocri per riabilitarlo (il che fa tanto libero pensatore), o ad attribuirgli i moventi più strambi. Dalla fine del XIX secolo ogni anno, in tutta l'Europa come negli Stati Uniti, la valanga di opinioni si dà appuntamento con le sue stesse approssimazioni e copri-miserie. Ancora Drieu negli anni Quaranta: "Ma ad ogni modo vi erano quattro piccoli romanzi a enorme tiratura, in cui uno dei personaggi si chiamava Giuda, e aveva una vita solida quanto quella di Montecristo o di Tom Jones"[5]. La profusione non ha fatto che aumentare, anche se i personaggi sono diventati sempre più insipidi in proporzione delle tirature. Nell'ambito della varietà, la pletora è più discreta, ma egualmente presente, dal "vecchio Iscariota", amante dei "biglietti di banca" di Léo Ferré alla solfa dei Depeche Mode o al gruppo Judas Priest, passando per il *Golgotha* di Duvivier (1935) e il cortometraggio del giovane Bertrand Tavernier, *Il bacio di Giuda*, o ancora il personaggio di Cypher-Giuda nel film *Matrix*. Nulla di nuovo sotto il sole; soltanto, più o meno, la ripetizione più o meno ignorante di cliché e ipotesi vetuste o trite e ritrite.

Nel corso del tempo, un poco ovunque nelle terre cattoliche di tutto il mondo, si perpetuano strani rituali conosciuti con il nome di "roghi di Giuda": in Baviera come in Spagna e in particolare in Grecia dove, il Sabato Santo, si brucia un pupazzo di stracci rossi acconciato con una borsa e una corda al collo. Documentata in tutta l'Europa moderna, tra altre cacce ai Giuda di ogni sorta, questa pratica sembra aver conosciuto una certa rinascita con l'inasprimento dell'antisemitismo. Analogamente, in Guatemala, i turisti assistono volentieri al rituale dell'"impiccagione di Giuda". Certo, è un santo sicuramente senza redenzione, ma al quale si rivolgono preghiere assai strane: ad esempio, una donna abbandonata si augura che l'ex marito venga a sua volta piantato in asso, un'altra che perisca in un incidente automobilistico e così via[6]. Tutto ciò con la benedizione delle Chiese e degli studiosi di folklore e nel nome del rispetto delle tradizioni popolari. È facile comprendere perché il Centro Simon Wiesenthal ne sia rimasto scosso anche di recente.

[4] P. Drieu la Rochelle, *Les chiens de paille*, Gallimard, Parigi, 1964, p. 113 (trad. it. *I cani di paglia*, Guanda, Milano, 1982).

[5] Ivi, p. 114.

[6] Cfr. J. Pieper, *Guatemala's Folk Saints*, Pieper and Associates, Los Angeles, 2002, p. 93 s., e 159 s.

È ora di tornare alle origini, di interrogarsi sulla lenta nascita quasi postuma di Giuda (a malapena presente nei Vangeli, egli prende corpo negli Atti degli Apostoli, per poi affermarsi pienamente solo con i Padri della Chiesa e nel Medioevo), sulla scommessa che ben presto egli divenne nelle polemiche tra ebrei e cristiani, sul suo "divenire eponimo" del popolo ebraico dei primi secoli in Giovanni Crisostomo o nel poeta latino cristiano Giovenco, sulla sua lenta elaborazione, ma anche sulle domande che continua a porre alla storia, alla filologia, alla teologia, addirittura a molti ambiti di pensiero in cui la sua presenza è meno appropriata, dall'economia politica alla psicanalisi passando per la suicidologia.

Infatti, la presenza di Giuda va molto al di là del suo modesto ruolo nei Vangeli e supera di gran lunga il campo semantico dei suoi derivati. La sua leggenda si è propagata fin dagli Atti degli Apostoli e dagli apocrifi, ma molto presto anche fuori della sfera propriamente religiosa. E se egli trovò tra i primi cristiani una setta di *giudisti* o di *iscariotisti* che ritenevano avesse agito in buona fede, non era certo questa l'opinione dominante. In realtà, ben presto si fece ricorso al nome di Giuda nelle formule di maledizione, ad esempio nelle iscrizioni tombali che si trovano a Roma fin dal II secolo ("Possa egli subire il destino di Giuda"[7]) o nella formula di giuramento nei "termini più spaventosi" che Giustiniano, nella prima metà del VI secolo, esigeva dai prefetti pretoriani, "sotto pena di condividere l'infamia di Giuda, subire la lebbra di Giezi e i terrori di Caino"[8].

Ma se Giuda divenne ben presto un'opera di fantasia, fu anche una fonte incomparabile di miti, una matrice, con la sua imprecisa definizione d'origine, la sua natura evanescente e inafferrabile, il che spiega forse la profusione delle sue escrescenze posteriori, anzi la sua porosità, al punto che il personaggio storico finisce per scomparire dietro il mito e le sue associazioni: da Caino a Edipo e perfino a Osiride e Loki, in Scandinavia, dalla leggenda del Graal al leggendario papa san Gregorio, senza dimenticare Jago, Faust, Satana ("uno di voi è satana", aveva detto il Cristo) e Prometeo, tutti sono stati associati più o meno distrattamente a Giuda. Ma tale è anche il caso di Don Chisciotte, "quel burlone [...] buono a nulla che faceva apposta a non fare nulla di buono", visto come Giuda da Drieu la Rochelle, mentre Cioran trovava Don Chisciotte più vicino a Gesù, al punto di aspirare ad essere crocifisso alla sua destra! E ancora, si dimentica qui il Golem, il satanismo incarna-

[7] F. Cabrol e H. Leclercq, *Dictionnaire d'archéologie chrétienne*, Parigi, 1928, vol. VIII, col. 272.

[8] Cfr. H. Martin, "The Judas Iscariot Curse", in *The American Journal of Philology*, XXXVII, 1916, p. 434-51, in particolare p. 443-44; E. Gibbon, *Histoire du déclin et de la chute de l'Empire romain*, Robert Laffont, coll. "Bouquins", Parigi, 1983, vol. II, p. 57, n. 2 (trad. it. *Declino e caduta dell'Impero romano*, Rizzoli, Milano, 2002); P.W. van der Horst, "A Note on the Judas Curse in Early Christian Inscriptions", in *Orientalia Christiana Periodica*, 59, 1993, p. 211-15; E. Kantorowicz, "The Problem of Medieval World Unity", in *Selected Essays*, J.J. Augustin Publisher, New York, 1965, p. 76-81, qui p. 81.

to che imita l'umano, tutto ciò che è umano, rincarando la dose su di esso al punto di annichilirlo, come Giuda nella sua epoca, proclamava l'antisemita tedesco Ludwig Klages.

Ormai avete capito. Più che un mito, Giuda è un "archetipo assoluto", la cui natura rimane aperta, pur essendo stata spesso quella dell'odio e della ripicca amorosa che portano a tradire i segreti[9] (come afferma perentoriamente il maurrasiano Pierre Boutang, che naturalmente la sa molto più lunga di san Giovanni, il discepolo prediletto): il solo segreto di Giuda è in verità l'odio di cui egli è fatto oggetto. Naturalmente, il suo pellegrinaggio non si ferma qui. Il suo posto nell'economia della redenzione e del "riscatto" gli vale uno strano connubio con Salomè, quella stessa che, reclamando la testa di Giovanni Battista, compie i decreti della Provvidenza: una leggenda ripresa nel XVII secolo dal drammaturgo spagnolo Damián Salusti del Poyo farà dello stesso Giuda il figlio degli amori incestuosi tra Erode ed Erodiade, e quindi il fratello di Salomè[10]. L'Inghilterra di fine secolo se ne ricorderà e assocerà questi "esseri diabolici" in un bizzarro "antro del sesso" dal quale Giuda uscirà svirilizzato. Il surrealismo, con Ernest de Gegenbach, sarà addirittura più preciso nell'immaginare un Giuda respinto da Maria Maddalena che, per vendicarsi, diviene l'amante di Salomè.

Tutto sommato, ciò che colpisce nella persistenza del mito e nei suoi avatar è la tensione tra il teologico e l'eterno da un lato, l'esistenziale e l'incarnato dall'altro. Giuda è un'incarnazione forse perversa, ma sicuramente polimorfa. Egli è l'altra incarnazione; a tale titolo, è fluido e può assumere diverse sembianze. Nella sua suggestiva storia dell'emarginazione nella cultura europea moderna, lo storico della letteratura Hans Mayer osserva avvedutamente che, nella tradizione occidentale, tutto viene riportato al *corpus christianum*, "a ciò che ad esso risulta interno o esterno":

> All'interno di questa comunità, soltanto l'emarginazione intenzionale è da prendere in considerazione. Quanti si rivelano mostri per i loro atti e pensieri sono dei peccatori. Non esiste che un unico mostro esistenziale nel mondo dei Vangeli: Giuda Iscariota il traditore. Traditore per la ridicola somma di trenta denari; o forse l'uomo che doveva attuare la spaventosa predizione; o ancora il vero apostolo, colui che decide di intervenire affinché la Scrittura si compia. In tutte le descrizioni e interpretazioni, la sua emarginazione appare legata più al compimento provvidenziale di una missione che a una deplorevole volontà di tradimento[11].

[9] P. Boutang, *Ontologie du secret*, PUF, Parigi, 1973, p. 138.

[10] J.E. Gillet, "Traces of the Judas Legend in Spain", in *Revue hispanique*, 65, 1925, p. 316-41, qui p. 330.

[11] H. Mayer, *Les marginaux. Femmes, juifs et homosexuels dans la littérature européenne*, Albin Michel, Parigi, 1994, p. 16-17 (trad. it. *I diversi*, Garzanti, Milano, 1992).

In realtà, il mito di Giuda è innanzi tutto il mito del suo tradimento. Di un tradimento inutile e incerto, poiché l'incarnazione l'ha preceduto ed egli è stato dimenticato dalla salvezza. Così, Giuda diviene "l'incarnazione del popolo ebraico per sempre infangato dall'omicidio del Cristo. *L'Ebreo diviene Giuda*". Giuda e Gesù, ovvero il conflitto delle incarnazioni: due incarnazioni per un solo popolo e una sola salvezza. Uno dei due è di troppo. Ed ecco che l'identità di Giuda diviene quella di un "emarginato esistenziale".

Tale emarginazione esistenziale partorirà un'altra coorte di non meno forti figure di esclusi: dai figli di Caino rappresentati dai poveri (cfr. B. Geremek) agli usurai alla Shylock, che fanno fortuna rifiutando di convertirsi e in tal modo tengono in ostaggio i cristiani, che da tempo attendono che l'ebreo si converta e abbandoni i suoi calcoli di interesse. Da qui, forse, la confusione con l'Ebreo errante, l'ebreo "irrevocabile", "eterno per maledizione", "l'ombra di Giuda che si è messa in viaggio da sola"[12], perfino quando, va riconosciuto, "questo ebreo è il meno ebreo che esista": Assuero, condannato a errare senza sosta per aver rifiutato di aiutare il Cristo a portare la croce, mentre mai nessuno ha dubitato della morte di Giuda[13]. Eppure, in Italia Assuero si chiama Buttadio: colui che respinge Dio. Colui che non crede. Assuero ha quindi acquisito un tratto di Giuda. Se non è del tutto ebreo, la somiglianza è notevole. Egli compare dove è meno atteso, vera figura del male.

Purtuttavia, tra i Vangeli e gli Atti degli Apostoli Giuda è stato fatto morire due volte, invece di una: "Maledetti! Giuda è morto, Tartufo non muore", tuonava il Victor Hugo dei *Castighi*. Impiccato ed eviscerato. A ben guardare, si tratta di una grande singolarità, per non dire un privilegio, di Giuda: se è vero che alcuni sono nati due volte, rari sono quelli morti due volte, e in modo diverso. Lazzaro è uno dei pochi ad aver conosciuto questo dubbio privilegio. Il suicidio non è una fine per Giuda. Dopo di esso, sarà ancora necessario che cada, si sventri e si evisceri, ma la terra non vuole le sue spoglie e, benché mille volte morto, egli continua a vagare come un'anima in pena. Più che dell'Ebreo errante, in Giuda non vi è forse un po' di Prometeo?

Nel Medioevo, Giuda è ancora associato a Edipo per diverse ragioni, e in tal modo verrà ricollegato, tra la coorte degli avatar medievali di Edipo, a Gesù. L'incesto diviene *ipso facto* un altro aspetto del tradimento, ma allora rinasce anche, a fini di differenziazione, il tema del doppio o della gemellanza: nel XX secolo il tropo rinasce spontaneamente nelle opere più diverse. Vi sono sempre due volti, un Gesù e un Giuda, come nello *Strano caso del dottor Jekyll e mister Hyde*. Al carnefice di se stesso viene ad aggiungersi il traditore di se stesso.

[12] G. Macé, "Judas et le Juif errant", in *Élucidation*, n. 10, primavera 2004, p. 77-79.

[13] I punti di confronto tra Giuda e l'Ebreo errante sono poco numerosi e tardivi. Cfr. M.-F. Rouart, *Le mythe du Juif errant*, José Corti, Parigi, 1988.

Ma questa foresta non deve nascondere i diversi alberi della storia di Giuda. Dopo la *Legenda Aurea*, l'età d'oro della leggenda di Giuda, ammesso che egli sia mai esistito, è stata di breve durata: il XVII secolo ha avviato una modifica, con uno spostamento di problematiche parzialmente interrotto dalla letteratura libertina e dai progressi dei Lumi, su questo terreno perlomeno più fedele ai cliché. Osserviamo qui uno degli affascinanti paradossi della storia di Giuda: le innovazioni e le revisioni sono più ampie nel girone cristiano quando l'ateismo o l'anticristianesimo propagano con compiacenza i cliché più triti e ritriti. Inoltre, non sempre il tema di Giuda ha conosciuto le medesime inflessioni nei mondi protestante e cattolico, per non parlare della sfera ortodossa. L'esegesi protestante, insieme alle versioni poetizzate o diversamente sollecitate, da Klopstock a Thomas de Quincey, aveva avviato una riabilitazione che si fermerà con la Shoah, per poi riprendere dagli anni Cinquanta sotto le forme e con le intenzioni più diverse.

Fin dal testo lacunoso dei Vangeli, si è inesorabilmente passati da un personaggio incompiuto alla leggenda, poi al mito, e ancora ai metodi, vale a dire quello di Giuda e dell'Ebreo eterno, quello del tradimento e della conversione, anzi della conversione-tradimento (se Giuda si converte, tradisce, se tradisce si converte: questo è il dramma dei marrani), e infine alla storia sociale e intellettuale.

Ma se Giuda è un nome, un aggettivo, un uomo, un tipo, un mito, in parecchie fasi della storia è stato anche un popolo. I nazisti ne hanno fatto di nuovo l'eroe eponimo del popolo ebraico, non mancando mai di denunciare la mano di Giuda nelle pagine dell'organo del partito, il *Völkischer Beobachter*. A questo riguardo, il mito ha incontestabilmente cambiato qualifica. Poiché se prima era possibile interrogarsi sulla sua pertinenza e la diversità dei suoi usi, lo sterminio degli ebrei d'Europa ha provocato una rottura incancellabile. Con l'Olocausto, il mondo ha conosciuto un periodo in cui il mito ha assunto una dimensione nuova, si è incarnato nel modo peggiore, forse come nessun altro. La sua partecipazione alla "causalità diabolica", per riprendere l'espressione di Léon Poliakov, vietò da allora in poi di evocarlo con la stessa innocenza di prima. Tanto più che l'uso massiccio e omicida del mito era stato indubbiamente preceduto da un uso individuale. Più di uno scrittore o giornalista, in genere di destra o di estrema destra, da Drumont a Léon Daudet e Charles Maurras, per limitarsi alle deviazioni trasversali, si era allora servito del nome o del mito di Giuda per alimentare l'antisemitismo o, al contrario, per inventarsi, come Drieu la Rochelle, una vocazione di traditore: il XX secolo sarà quello della proliferazione dei Giuda, quando non si crederà più a Gesù. Dei Giuda senza salvatore, degli assassini. Tuttavia, anche qui la causalità non è a senso unico. Come vedremo, vi sono stati dei futuri nazisti che, dopo aver fatto l'apologia di Giuda e degli ebrei emigrati, hanno trattato Hitler da ineguagliabile Giuda. Il XX secolo ha conosciuto una vera e propria inflazione di Giuda.

In compenso, il fatto che il suo mito abbia potuto persistere dopo la distruzione degli ebrei d'Europa la dice lunga sullo scarso impatto della realtà sul nostro immaginario. I vaghi, maldestri e tardivi sforzi di riabilitazione di Giuda, sia da parte di preti spretati o di romanzieri scarsamente dotati ma bene intenzionati, hanno qualcosa di risibile, se non di indecente, a paragone degli effetti criminali che la costruzione del mito ha avuto sul Vecchio Continente. La storia di Giuda, come si sarà compreso, è anche quella dell'antisemitismo. Riabilitarlo dopo aver sterminato il suo popolo eponimo ha tutta l'aria di un'impresa manipolata, di una contraffazione intellettuale. Inoltre, la degiudaizzazione di Giuda dopo l'Olocausto è una foglia di vite che mal nasconde le nostre malversazioni. Per i nostri padri Giuda era un venale traditore ebreo? Togliete l'ebreo, e rimane il traditore meschino che ha mancato il più grosso affare negli ultimi duemila anni: "Io valevo di più", continua a sussurrargli in tono dispettoso il Gesù di Léo Ferré.

Al di là dei secoli e degli orpelli di cui è stato ricoperto, Giuda sarà stato dunque l'"eletto" del nostro odio, l'"ebreo necessario" che offre un oggetto a questo "odio necessario" al transfert, a voler credere agli psicanalisti: trasposto nell'ambito religioso, l'odio di Giuda fa la figura dell'eucaristia degli imbecilli, così come il socialista tedesco August Bebel ha potuto dire che l'antisemitismo era il socialismo degli imbecilli (*Sozialismus des dummen Kerls*). Un'eucaristia che lascia in bocca una sorta di "gusto funebre". Il fatto che Giuda rimanga pressoché "indenne", con la corda al collo, eviscerato dopo il suo suicidio, a torto o a ragione stigmatizzato nelle farse moderne che appaiono ogni anno, foss'anche per "riscattarlo", è ben lungi dall'essere un fenomeno rassicurante. Si dimentica la verità dell'Amore incarnato, si mantiene la finzione dell'Odio, di colpo l'amore diviene finzione e l'odio realtà. E si tralascia di interrogarsi sulla questione che tale odio annidato nel cuore della Passione e dell'economia della salvezza pone a questa religione che si dice d'amore e vive nell'ambivalenza. E si mantiene, pur fingendo di dimenticarlo, un nome ebreo per la nozione di tradimento e di venalità. Ricusando la leggenda di Giuda, Thomas de Quincey si affretterà a trovare un sostituto traditore, un vero e proprio "anti-Giuda", nella persona di Giuseppe Flavio, l'autore della *Guerra giudaica*[14]. Altri ancora, al seguito di Léon Chestov, hanno proposto Filone d'Alessandria: "Kierkegaard non cita Filone né nelle sue lettere, né nei suoi libri. Ma vi è motivo di credere che, se gli fosse accaduto

[14] Cfr. T. de Quincey, *Judas Iscariote*, traduzione di E. Dayre, Ombres, Tolosa, 1990, p. 55 (trad. it. *Giuda Iscariota*, Editori Riuniti, Roma, 1996) e P. Vidal-Naquet, *Du bon usage de la trahison*, in G. Flavio, *La guerre des Juifs*, Minuit, Parigi, 1976 (trad. it. *Il buon uso del tradimento. Giuseppe Flavio e la guerra giudaica*, Editori Riuniti, Roma, 1994).

di pensare a Filone, l'avrebbe definito un Giuda *ante litteram*. Qui era già stato commesso un primo tradimento, straziante quanto quello di Giuda: c'era tutto, fino al bacio sulle labbra. Filone portò alle stelle la Sacra Scrittura, ma per consegnarla alla filosofia greca [...]"[15]. Ancora un ebreo, come se la storia propriamente cristiana mancasse di un traditore corrotto: eppure, dopo il fellone Ganelon, esplicitamente paragonato a Giuda in una versione tedesca della *Chanson de Roland*, non ne sono mancati... Ma la presenza di Giuda è sempre invocata per sovradeterminare il tradimento.

Chi concede ancora qualche diritto alla fede non mancherà di rammaricarsi di un tempo in cui si mettono i morti a tavola, in cui si crede più a Giuda che a Gesù, e il secondo viene restituito al mito per meglio opprimere il primo. Oggi non è più concepibile un Bernanos che, da bambino, spaventato dalle lacrime dell'anima di Giuda immersa nelle tenebre, non poteva credere alla sua dannazione eterna e, senza avere il coraggio di pronunciare il nome del "traditore", fece dire delle messe "per un'anima in pena".

Alla fine del XIX secolo, un ragazzo di un villaggio francese poteva far dire delle messe per il riposo dell'anima di colui di cui Gesù disse: "Meglio sarebbe se non fosse mai nato". All'alba del XXI secolo, malgrado l'affare Dreyfus, malgrado l'Olocausto, la secolarizzazione ha lasciato Giuda alla propria infelicità, senza farne il nostro prossimo. Un semplice traditore, abbandonato da tutti, dai nostri amori, un po' meno dai nostri odi, se non addirittura totalmente indifferente. Così nel *Pilato* di Friedrich Dürrenmatt, in cui egli non trova più nemmeno posto nel racconto della Passione[16], o in Alfred Döblin, ebreo convertito al cristianesimo, in cui la figura di Giuda, malgrado i tradimenti e l'itinerario della redenzione di Franz Biberkopf, è curiosamente assente da *Berlin Alexanderplatz*, che pure brulica di riferimenti religiosi[17]. Soprannumerario.

Nessuno più si cura del riposo della sua anima. Giuda ha cessato di avere diritto alla nostra compassione. Gesù è stato demistificato, mentre si è lasciata a Giuda la sua leggenda. Nella fattispecie, la critica laica si è rivelata più bigotta della religione. Dopo Renan e Loisy, Giuda meritava un'altra sorte, anche se è uscito indenne, per nulla intaccato dalla crisi modernista. Il cristianesimo si è "messo a nudo", lasciandogli la sua corda. La fede è una cosa molto inquietante, amava ripetere Kierkegaard a Lutero.

Al di là della pluralità dei Giuda e dei suoi denominatori comuni, si rimane colpiti dalla diversità delle domande che il personaggio, tra storie e favole,

[15] L. Chestov, *Kierkegaard et la philosophie existentielle*, Vrin, Parigi, 1998, p. 52.

[16] F. Dürrenmatt, "Pilate", in *La ville*, traduzione di W. Weideli, Albin Michel, Parigi, 1974, p. 185-211 (trad. it. "Pilato", in *Racconti*, Feltrinelli, Milano, 2003).

[17] Vedi l'appassionante studio di L. Bozzetto-Ditto, "Alfred Döblin: 'Berlin Alexanderplatz' et la Bible", in Centre de recherches sur l'imaginaire, *La Bible, images, mythes et traditions*, Albin Michel, Parigi, 1995, p. 138-57.

avrà posto alla teologia e al pensiero cristiani, alle Chiese o alle collettività, come agli individui. E non solo cristiani: possiamo scommettere che i cristiani sono oggi più prudenti nell'utilizzare questo nome che non la comunità dei laici. Il personaggio uscì ben presto fuori dai Vangeli per entrare nelle leggenda o nel folklore, migrando con la stessa rapidità degli apostoli. Tradizioni assai lontane dalle sue origini se ne sono impadronite e non hanno smesso di far lavorare il mito a fini talvolta del tutto estranei al suo crogiolo iniziale. Quindi, cercare di trovare un filo lineare dev'essere stato fastidioso e spesso fallace. La storia di Giuda è alquanto ripetitiva, le sue fratture rimangono a lungo invisibili, prima di riapparire con chiarezza secoli più tardi. Ad esempio, tutto o quasi è stato detto da Origene, ma ciò che il Padre greco ha affermato di interessante su Giuda è divenuto udibile soltanto nel Medioevo, forse anche dopo. È dunque soprattutto a proposito degli autori e delle tradizioni elaborate dal pensiero di Origene che bisogna trattarne. Se il tema del Giuda edipico nasce verso il XI-XII secolo, ad esempio, è perché si riscopre la *Filocalia* e il parallelo in essa sviluppato. Lo stesso vale per i Vangeli dell'infanzia, o il Giuda della tradizione islamica, che si riscopre veramente solo nel XIX-XX secolo, quando opere letterarie come quelle di Romain Gary e Gore Vidal vi attingono risorse narrative insospettate nella loro riscrittura delle gesta cristiane. È dunque trattando del "divenire-Giuda" nel mondo contemporaneo che si affronterà questa parte della storia.

La stessa avvertenza vale per le fonti, che raramente ne trattano considerando la figura di Giuda. Il più delle volte, tramite l'Iscariota si parla di tradimento, di amore ferito, di cupidigia e di altro ancora. L'interpretazione si annette il personaggio e lo trasfigura. La storicità di Giuda diviene ben presto problematica, e il confronto tra i Sinottici e il Vangelo di Giovanni ne è evidentemente inficiato. Se è vero che Giuda è precocemente entrato nel repertorio delle ingiurie cristiane, ci si cura meno della sua vita e della realtà della sua esistenza e morte. Più di qualsiasi altro personaggio, è stato costruito in proporzione alle esigenze del momento, anche se il processo di concrezione del personaggio ha seguito in genere dei solchi abbastanza profondi: ne testimonia l'evoluzione delle riflessioni e considerazioni sul suo nome e sul suo aspetto fisico. Trattare di Giuda significa innanzi tutto trattare dell'uso che se ne è fatto nel corso del tempo, fosse di un solo uomo, di una leggenda o di un mito. L'eterogeneità dei materiali è irriducibile, ed è giocoforza constatare che la ricerca su Giuda è solo ai primi passi (per il tramite della mitografia, sovente ci si accontenta di snocciolare rosari di cliché).

Nel XX secolo, Giuda assume infine un altro linguaggio dopo diversi secoli di esitazione; egli finisce per secolarizzarsi, anzi per decristianizzarsi e uscire dai Vangeli. Forse non vi sarebbe mai dovuto entrare? Quando la resurrezione diviene una semplice metafora, un'immagine di ritorno dell'anima su se stessa, Giuda potrebbe essere cosa diversa da un'allegoria dei nostri tormenti, il richiamo di un pensiero senza soggetto pensante che cerca solo di incarnarsi, quello del suicidio?

Parigi, 31 ottobre 2005

Ringraziamenti
Tutta la mia riconoscenza va ad Aude de Saint-Loup, Hélène Monsacré, Cécile Ladjali, Jacques Bonnet e Jean-Luc Pouthier, le cui letture e conversazioni mi hanno aiutato a vedere chiaro nello sbalorditivo e terribilmente deprimente dossier "Giuda". Non me ne vorranno, spero, se non sempre ho seguito i loro consigli; tutti, però, all'uno o all'altro titolo hanno contribuito a farmi comprendere meglio un argomento che si potrebbe lucidamente, e a ragione, definire scabroso.

Capitolo 1

IL GIUDA DEI VANGELI (DIETRO IL MITO, LA STORIA)

La rarità delle menzioni di Giuda nei Vangeli e, *a fortiori*, negli Atti degli Apostoli, non deve trarci in inganno. Giuda non si distingue per questa relativa discrezione, che risparmia soltanto Pietro e Giovanni. Ciò che colpisce di più è la sproporzione subito evidente tra il poco che viene detto del personaggio e ciò che ne è stato fatto in seguito come se, dopo Gesù, fosse la figura principale. Nel frattempo, le pericopi evangeliche in cui si tratta di lui sono molto più numerose di quelle in cui si parla di Maria.

A prima vista, la storia di Giuda è semplice in sommo grado, per non dire semplicistica. È la storia di un uomo che Gesù ha scelto come discepolo, di cui ha fatto uno dei Dodici, lusingandolo e affidandogli i cordoni della borsa. Poi, poco prima della sua morte, Gesù ha annunciato il suo tradimento e ha rivelato agli altri discepoli il nome del traditore. Questi ha fatto ciò che doveva fare, ed è stato pregato di farlo presto, ha promesso ai sacerdoti di consegnare loro Gesù in cambio di trenta monete d'argento e poi è andato a impiccarsi. Una croce e una corda. Una croce d'amore benedetto, una corda di rimorso e smarrimento. La questione è: tra i due strumenti di supplizio, la croce e la corda, tra la morte volontaria e il suicidio, quale dei due ha pesato di più nella storia del cristianesimo?

Il cliché è ormai noto. Meglio ricominciare daccapo, abbandonando l'iconografia religiosa per leggere e accontentarsi di sgranare le pericopi in cui si parla di Giuda, ricordando innanzi tutto che parliamo di un apostolo, uno dei Dodici, anche se viene sempre nominato per ultimo, senza che si possa veramente sapere se ciò corrispondeva a un ordine protocollare. I Sinottici (*Matteo* 10, 2-4; *Marco* 3, 13-19; *Luca* 6, 12-16) lo associano sistematicamente a Simone il "Cananeo" o lo "Zelota", al punto che qualcuno ebbe ben presto la tentazione di fare di Giuda un partigiano contro l'occupazione romana. Da apostolo, Giuda ha accompagnato Gesù per tutto il suo percorso: è stato inviato in missione (*Matteo* 10, 5), era presente quando Gesù annunciò la sua entrata a Gerusalemme (*Matteo* 20, 17). Sarà presente all'unzione, all'Ultima Cena, fino all'orto degli Olivi, per il tradimento. Lascerà Gesù soltanto due volte: per concludere l'accordo con i sommi sacerdoti e per suicidarsi.

Poiché è Giuda quello che consegnerà Gesù: se è vero che egli condivide questa caratteristica con Caifa (*Matteo* 27, 2), che consegna Gesù a Pilato, e anche con quest'ultimo (*Matteo* 27, 26), che lo riconsegna affinché sia crocifisso, oltre a quando Gesù si consegna da solo (*Giovanni* 10, 17; cfr. *Luca* 22, 19 e *Giovanni* 3, 16), questa è comunque la prima cosa che veniamo a sapere quando si parla di Giuda, cioè che quest'uomo è una promessa di tradimento, pur essendo interessante osservare che Luca (6, 16) è il solo a impiegare il termine *prodotes* ("traditore"), mentre gli altri usano il verbo *paradidomi* ("consegnare"), dall'ambito semantico assai più ampio[1] (il verbo "consegnare", in greco, può connotare tanto un atto violento quanto un gesto permesso dagli dei). L'avvenire di Giuda nei Vangeli è scritto al passato: "[Giuda l'Iscariota,] che poi lo tradì", scrive Matteo (10, 4); "[Giuda l'Iscariota,] che fu il traditore", precisa Luca (6, 16; cfr. *Giovanni* 12, 24). Contrariamente a ciò che diranno poi i traduttori, perseguitando nel suo nome la razza dei traditori, qui sembra ancora che non si nasca traditori, ma lo si possa diventare. "Il traditore nella narrazione", scrive Louis Marin, "è più un donatore che un dissimulatore. È colui che consegna Gesù e lo consegna *sic et simpliciter*. È colui il cui tradimento viene annunciato prima che diventi effettivo, ma che viene denunciato solo dopo"[2]. Poteva forse andare diversamente? La tautologia si impadronisce di Giuda con la stessa certezza con cui la morte ghermisce il vivo!

Fatte le presentazioni, vediamo ora Giuda in azione. Egli si rivela nella scena dell'unzione, almeno per come è raccontata da Giovanni. Mentre i Sinottici, narrando l'unzione di Betania, evocano lo stupore degli apostoli di fronte alla prodigalità di Maddalena, Giovanni è il solo a precisare che Giuda teneva la cassa e che si risentì protestando a gran voce: "'Perché quest'olio profumato non si è venduto per trecento denari per poi darli ai poveri?' Questo egli disse non perché gl'importasse dei poveri, ma perché era ladro e, siccome teneva la cassa, prendeva quello che vi mettevano dentro". Non è Gesù ad accusare Giuda, ma Giovanni che, appena dopo l'evocazione del tradimento, fa di lui un ladro (*Giovanni* 12, 4-8).

[1] P.E. Lapide, *Wer war Schuld an Jesus Tod?*, Mohn, Gütersloh, 1989, p. 23-25.
[2] L. Marin, *Sémiotique de la Passion*, Aubier-Montaigne/Cerf, Parigi, 1971, p. 104-05.

E poiché Giuda è ladro prima di aver rubato (tutta la sua storia, da questo momento in poi, sembra dipanarsi sul registro della profezia autorealizzatrice), ecco che, se anche non ruba, mostra comunque tutto il suo interesse per il denaro. O, più esattamente, tradirà, consegnerà per denaro. Dal momento che gli è stato promesso che avrebbe tradito e sarebbe stato lasciato a se stesso, Giuda prende l'iniziativa di recarsi dai sommi sacerdoti per consegnare loro Gesù: "'Quanto mi volete dare perché io ve lo consegni?' E quelli gli *pesarono trenta monete d'argento*" (*Matteo* 26, 14-15; cfr. *Marco* 14, 10-11 e *Luca* 22, 3-6). In Matteo, Giuda sembra negoziare o per lo meno esigere, mentre in Marco e in Luca si accontenta di una promessa dei sacerdoti ben lieti della sua decisione di consegnare loro Gesù. In realtà, gli evangelisti precisano che se è vero che Giuda trovò un interesse pecuniario nella consegna di Gesù, anche le autorità videro in ciò un vantaggio: stratagemma e discrezione, i soli mezzi per evitare il tumulto (*Matteo* 26, 4-5 e *Luca* 22, 2). Un contratto sinallagmatico? Decisamente, l'economia politica si introduce rapidamente nello scenario evangelico. La scena è rapida e appena tratteggiata: e sicuramente è meglio così, perché allo stato essa conta già almeno due anacronismi. Le monete d'argento non avevano più corso da almeno trecento anni e analogamente era cessato da tempo l'uso di pesare l'argento come moneta[3].

Giunge allora il momento in cui si realizza la profezia associata dagli evangelisti alla prima menzione di Giuda: l'Ultima Cena. Tutti gli apostoli sono riuniti. Gesù ha lavato i piedi dei suoi discepoli e sta dividendo il pane. Mentre mangiano, Gesù annuncia che uno di coloro che sono a tavola con lui lo tradirà (*Matteo* 26, 21; *Marco* 14, 18; *Luca* 22, 21 e *Giovanni* 13, 2 e 21), dando l'impressione di mettere sul proprio conto la promessa degli evangelisti.

Gli apostoli sono in un primo momento perplessi, rattristati ed esitanti: cominciano a interrogare Gesù e a sgranare, uno dopo l'altro, la litania del "Sono forse io?" (*Marco* 14, 19). Ed è allora che Simon Pietro fa segno a Giovanni: "Chiedigli di chi parla". I Sinottici concordano con Giovanni: la risposta del Cristo è inequivocabile. Tuttavia, mentre in Matteo, Marco e Luca, Giuda si incolpa da solo portando la mano al piatto, in Giovanni Gesù è attivo. Il suo gesto sottolinea la rivelazione del nome: egli intinge nel piatto un boccone che dà poi a Giuda, in tal modo consegnandolo agli apostoli interdetti.

È da notare che in *Matteo* 26, 25, quando Gesù lo designa come l'autore del tradimento, Giuda pone la domanda *Meti ego eimi, Rabbei?*, utilizzando quello stesso *ego eimi* con il quale Gesù aveva continuato fino a questo momento a dichiarare la propria divinità[4]. In Matteo, Giuda chiede: "Rabbì,

[3] Lapide, *Wer war Schuld an Jesus Tod?*, cit., p. 25.

[4] Vedi anche la scena della resurrezione di Lazzaro: Marta si avvicina per rimproverare Gesù del suo ritardo (*Giovanni* 11, 20). È la sua incomprensione della frase di Gesù "Tuo fratello resusciterà" (v. 23) che gli offre l'occasione per proclamare (e qui l'*ego eimi* possiede un'inequivocabile forza divina): "Io sono la resurrezione e la vita".

sono forse io?", e ottiene l'ambigua risposta: "Tu l'hai detto" (*su eipas*), il che può significare "Sì", oppure "È ciò che tu dici" o ancora "*No comment*"[5]! È il "Tu l'hai detto" che viene risposto a Pilato (*su legeis*), quando questi domanda a Gesù se è veramente il re dei Giudei, poi al sommo sacerdote che vuole sapere se Gesù è il Cristo, ma che evoca anche il grido dei demoni, i primi a riconoscere la divinità del Cristo in Marco. E, come è suo dovere, è allora che Satana entra in scena.

In Matteo e Marco, Giuda si reca di propria iniziativa dai sommi sacerdoti e riceve una promessa di denaro in cambio del tradimento. In compenso, in Luca, "Satana entrò in Giuda, detto Iscariota, che era nel numero dei Dodici" e anche qui i sacerdoti gli proposero del denaro. Rimaneva solo da trovare il momento opportuno.

Ma come dice padre Cardonnel[6], "l'uomo che ha potuto essere Giuda rimane interamente occupato dal diavolo, così come il popolo ebreo è occupato da Roma"; "la storia di Giuda Iscariota, che non era mai iniziata, si ferma qui, dove comincia il suo mito". In Giovanni, tuttavia, il mito ha inizio molto prima, dopo che Gesù ha camminato sulle acque e si è presentato come il pane venuto dal cielo, il "pane di vita": ricordando ai discepoli che è lui che li ha eletti, aggiunge subito: "...eppure uno di voi è un diavolo!". Con il tono di chi è stato messo a parte di un segreto, Giovanni si affretta ad aggiungere: "Egli parlava di Giuda, figlio di Simone Iscariota: questi, infatti, stava per tradirlo, uno dei Dodici". Dalla metafora del diavolo alla possessione reale non vi è che un passo, che sarà compiuto da Luca e Giovanni, con mire dissimili: "Allora satana entrò in Giuda... egli andò a discutere con i sommi sacerdoti" (*Luca* 22, 3-4), precisa Luca. Mentre per lui la presenza del demonio sembra per sua natura discolpare Giuda, in Giovanni essa è il segno di una complicità tale che Giuda finisce per apparire come un travestimento dello stesso demonio: "L'abito, la forma umana di Satana", dirà Giovanni Papini. Siamo stati avvertiti fin dall'inizio della Cena: "Già il diavolo aveva messo in cuore a Giuda Iscariota, figlio di Simone, di tradirlo" (*Giovanni* 13, 2). Così, non ci sorprendiamo nel vedere il gesto "eucaristico" del boccone teso a Giuda che configura al tempo stesso un'altra penetrazione: "Dopo quel boccone, Satana entrò in lui" (13, 27).

Dal punto di vista teologico, tuttavia, lo scenario di Giovanni è il più complesso, perché se è vero che Giuda è associato al diavolo fin dal momento del "pane di vita", lo è anche alla miscredenza (*Giovanni* 6, 64): "Vi sono alcuni tra voi che non credono", fa dire a Gesù prima di osservare: "Gesù infatti sapeva fin da principio chi erano quelli che non credevano e chi era colui che

[5] F. Kermode, *The Genesis of Secrecy*, Harvard University Press, Cambridge, 1979, p. 90 (trad. it. *Il segreto nella parola: sull'interpretazione della narrativa*, Il Mulino, Bologna, 1993).

[6] J. Cardonnel, *Judas l'innocent*, Éditions Indigène esprit, Montpellier, 2001, p. 23.

lo avrebbe tradito". L'allusione alle tentazioni nel deserto e al singolare dialogo con Satana è tanto forte da coprire con un velo l'intero episodio. Quando Luca scrive "andò a discutere con i sommi sacerdoti", non si sa più se parla di Satana o di Giuda. Analogamente, in Giovanni, il "Quello che devi fare fallo al più presto" non è rivolto con precisione a un singolo individuo: l'apostrofe può concernere tanto il demonio quanto Giuda, sottolinea Origene (*Commento al Vangelo di Giovanni*, XXXII). Il gesto di Gesù fa pensare allora a quello di Dio del Libro di Giobbe, quando lascia che il diavolo si intrometta nell'esistenza di uno dei più suoi devoti fedeli. Sembra perfino che sia Gesù, in una forma di esorcismo al contrario, a consegnare Satana a Giuda (cfr. *Marco* 5). Mentre, negli episodi precedenti con il diavolo, Gesù aveva costretto quest'ultimo a dire la verità, proprio come aveva indotto i demoni esorcizzati a riconoscere in lui il Figlio di Dio, nell'episodio di Giuda egli obbliga Satana a vivere la sua verità.

La facilità con cui Giuda obbedisce all'annuncio del suo tradimento obbliga a porsi la questione della fede. Se pure gli era ancora concesso di dubitare, le poche parole di Gesù lo trascinano in un ambito in cui non avrà più la sua libertà: colui che non credeva diviene quello che ha più fede. Nel suo illuminato studio sul "corpo sofferente", Elaine Scarry riflette su quella che chiama la "struttura della fede" e la sua "modulazione in architettura materiale". Più precisamente, ella evoca il problema del dubbio e i termini nuovi in cui la tradizione giudaico-cristiana lo pone rispetto alla nozione di incarnazione. Contrapponendo le diverse forme di incredulità o di dubbio, l'autrice dimostra in che cosa la profezia del rinnegamento di Pietro, in apparenza parallela a quella del tradimento di Giuda, differisce da essa su un punto della massima importanza: la seconda è tanto più interessante in quanto permette di ricondurre l'"incredulità" alle stesse procedure che suscitano la "fede", impedendo in tal modo l'esistenza di qualsiasi spazio mentale al di fuori della religione, poiché il "rifiuto" viene trasformato in anticipo in fonte di conferma[7]. Quindi, la profezia di Gesù non è solamente una *self-fulfilling prophecy*, una profezia autorealizzatrice: profetizzando che Giuda lo tradirà, lo costringe a farlo. Ed è anche una maniera, per Gesù, di trasferire il processo di vittima espiatoria dalla sua persona a quella di Giuda (contrariamente a quanto lascia intendere René Girard, Gesù estromette Giuda dandogli una missione che questi non può rifiutare: è un emissario e sarà un capro espiatorio).

L'epilogo è ineluttabilmente segnato da questa necessità e dall'intimità profonda suscitata da Gesù: ogni cosa si consuma con la consegna propriamente detta e il bacio di Giuda al Cristo, in cui tutto invita ormai a leggere il bacio

[7] E. Scarry, *The Body in Pain*, Oxford University Press, New York-Oxford, 1985, p. 359, n. 10 (trad. it. *La sofferenza del corpo. La distruzione e la costruzione del mondo*, Il Mulino, Bologna, 1990); cfr. anche Marin, *Sémiotique de la Passion*, cit., p. 104-05, e Origene, *Commento alla Genesi* (III, 9).

di Satana a Dio, seguendo l'analisi di Papini. In Giovanni, tuttavia, il bacio è assente, ma ritroviamo quell'*ego eimi* con cui erano iniziate le sventure di Giuda. Questa volta, la ruota si è fermata su Gesù, che pronuncia queste parole: all'elezione di Giuda per il male sotto forma di interrogativo, risponde l'autoelezione di Gesù per la Passione sotto una forma affermativa tanto violenta che l'*ego eimi* suscita una reazione di arretramento, anzi di spavento, sottolineata dalla triplice ripetizione della formula. In *Matteo* 26, 48-49, Gesù rimane il *rabbi* agli occhi di Giuda, che resta "compagno" o "amico" e si trova nuovamente invitato a "fare ciò per cui è qui".

I due uomini, Giuda e Gesù, si lasciano con un bacio, un segno di complicità molteplice e polivalente. Se il bacio rimane un bacio, esso è comunque il segno di un amore tradito, e quindi di un amore che persiste. Si osserverà anche che Gesù non muove alcun rimprovero a Giuda, mentre si affretta a riprendere Pietro, che ha inopportunamente sguainato la spada per tagliare l'orecchio di un servo del sommo sacerdote. Non c'è peggior sordo di chi non vuol sentire! Giuda ha avuto l'udito più fine di Pietro obbedendo immediatamente e compiendo così, se non la volontà del Padre, almeno quella del Figlio. A questo stadio, con l'aiuto di Gesù e in armonia con il tradimento, la fede di Giuda ha una lunghezza di vantaggio su quella di Pietro, ancora promesso a un triplice rinnegamento o a una prodigiosa "oscillazione da pendolo", secondo le parole di Harnack[8].

La fine evangelica è stabilita, pur rimanendo polisemica. Due eroi, due calvari. Una crocifissione, un'impiccagione. Giuda non è più necessario. Ha reso tutti i servigi che poteva rendere per stabilire la Verità. Solo Matteo (27, 3-4) riferisce il ritorno di Giuda al Sinedrio, nei luoghi in cui si svolgeranno i successivi eventi. "Allora Giuda, il traditore, vedendo che Gesù era stato condannato, si pentì e riportò le trenta monete d'argento ai sommi sacerdoti e agli anziani dicendo: 'Ho peccato, perché ho tradito sangue innocente'. Ma quelli dissero: 'Che ci riguarda? Veditela tu!'. Ed egli, gettate le monete d'argento nel tempio, si allontanò e andò ad impiccarsi". Ma è ipotizzabile che abbia potuto restituire il denaro in un luogo in cui è poco plausibile che avesse accesso, e a uomini che si sanno occupati altrove? La "nascita tardiva" di Giuda è al tempo stesso, dunque, un'eclissi un po' frettolosa e confusa. *Exit* Giuda.

"C'è mancato un pelo che le lacrime di Giuda non finissero confuse, nella memoria degli uomini, con quelle di Pietro", commenterà François Mauriac nella sua *Vita di Gesù*, che Alfred Loisy definirà "romanzo accademico". "Sarebbe potuto divenire un santo, il patrono di tutti coloro che non fanno altro

[8] Cfr. E. Auerbach, *Mimésis. La représentation de la réalité dans la littérature occidentale*, traduzione di C. Heim, Gallimard, Parigi, 1968, p. 53 (trad. it. *Mimesi. La rappresentazione della realtà nella letteratura occidentale*, Einaudi, Torino, 1956).

che tradire"; quando si è dato la morte, era al limite della "perfetta contrizione". "Dio avrebbe avuto comunque il traditore necessario alla Redenzione, e un santo in più". Pia omelia, che in realtà non dice nulla, anche se fa credere al piacere del libero pensiero.

Morto Giuda, tutto il resto è teologia: "Nessuno di loro è andato perduto, tranne il figlio della perdizione", taglia corto Giovanni (17, 12), mentre i Sinottici si limitano a ricordare le parole del Cristo: "Colui che ha intinto con me la mano nel piatto, quello mi tradirà. Il Figlio dell'uomo se ne va, come è scritto di lui, ma guai a colui dal quale il Figlio dell'uomo viene tradito; sarebbe meglio per quell'uomo se non fosse mai nato!" (*Matteo* 26, 24; cfr. *Luca* 22, 22). E in *Marco* 14, 21:

> Il Figlio dell'uomo se ne va, come sta scritto di lui: ma guai a quell'uomo dal quale il Figlio dell'uomo è tradito! Bene per quell'uomo se non fosse mai nato!

In questo versetto, i due punti separano le due contraddittorie intuizioni che si impadroniscono della nostra mente di fronte alla tragedia: che al destino non si può resistere e che non per questo ne siamo meno colpevoli. Mentre il primo versetto cita il Deuteronomio (27, 25): "Maledetto chi accetta un regalo per condannare a morte un innocente", l'ultimo ci mette di fronte alla possibilità moralmente distruttiva di una vita che non vale la pena di essere vissuta. La mia anima "sceglie lo strangolamento", dirà Giobbe. Per Jean Cardonnel, quel "Bene per quell'uomo se non fosse mai nato!" è il segno dei "versetti satanici": del resto, l'*Apocalisse di Paolo* (15b), nel III secolo, prenderà a prestito le parole di Gesù per metterle in bocca a un peccatore nell'inferno. Potremmo scorgervi anche tracce di Euripide e un annuncio del suicidio, con la scettica legenda sulla più grande fortuna, che sarebbe stata quella di non nascere o di morire al più presto. Più sobriamente, vi si può riconoscere un'eco di Giobbe, ma anche di Edipo e del suo *Me phunai*, "Non fossi mai nato": "Non nascere o morire al più presto", dirà il coro con grande scandalo di Epicuro (*Lettera a Meneceo*). Sebbene tra le righe, l'accostamento avrà un grande avvenire davanti a sé.

In breve, Giuda è morto male, al punto che la sua brutta morte tira in ballo la legittimità della sua nascita. Lo stesso Luca che aveva serbato il silenzio su quanto avvenuto dopo il bacio, torna però su Giuda negli Atti degli Apostoli, e smentisce Matteo mettendo queste parole in bocca a Pietro, che aveva rinnegato Gesù per tre volte:

> Fratelli, era necessario che si adempisse ciò che nella Scrittura fu predetto dallo Spirito Santo per bocca di Davide riguardo a Giuda, che fece da guida a quelli che arrestarono Gesù. Egli era stato del nostro numero e aveva avuto in sorte lo stesso nostro ministero. Giuda comprò un pezzo di terra con i proventi del suo delitto e poi precipitando in avanti si squarciò in mezzo e si sparsero fuori tutte le sue vi-

> scere. La cosa è divenuta così nota a tutti gli abitanti di Gerusalemme, che quel terreno è stato chiamato nella loro lingua Akeldamà, cioè Campo di sangue (*Atti* 1, 16-19).

Così termina, su questa dissonanza, l'itinerario di Giuda nei Vangeli e negli Atti degli Apostoli, vale a dire nei testi canonici. Essendo stati tutti composti più o meno nella stessa epoca, l'erudizione moderna non può decidere categoricamente per l'uno o l'altro. A quanto sembra, la morte di Giuda ha precocemente dato luogo a due tradizioni. San Girolamo, nel IV secolo, le unirà temporaneamente (fino al XIII secolo), traducendo le diverse parole impiegate nei due testi con uno stesso termine latino, *suspensus*, "impiccato": per lui, il crimine di Giuda meritava il suicidio, la morte più infamante. Ma anche l'altra versione, quella che lo vuole sventrato, si era già imposta, ad esempio nelle contese contro Ario e nelle leggende create intorno alla sua morte. L'essenziale era denigrare nella morte colui che si era denigrato in vita.

Qualche decennio dopo i Vangeli, la morte di Giuda ha cambiato natura e senso. La leggenda (o il folklore) si è impadronita del suo corpo e l'ha deformato fin nella morte in un modo che è difficile spiegarsi. Giuda sarebbe dunque sopravvissuto? Il suo suicidio sarebbe una leggenda? Che cosa si guadagnava a volerlo suicida? Tutte domande legittime, che continuano ad alimentare, venti secoli dopo, il mito di Giuda, foss'anche per riabilitarlo[9]. Tutte le soluzioni sono state prese in considerazione e dibattute, fino alle più rocambolesche: Giuda si sarebbe impiccato, poi sarebbe caduto finendo con il ventre spaccato, affermano i realisti. Una lettura più allegorica si impadronì del termine *apenxato*, che designa tanto l'impiccagione quanto la morte per soffocamento a causa del dolore[10]. La laconicità degli evangelisti autorizzava tutte le soluzioni. Un testo sommario ha per lo meno il merito di riservare ancora posto ad aggiunte e appendici. Già il personaggio di Giuda si rafforzava attingendo al repertorio della sua epoca, a cominciare dal fondo propriamente ebraico.

[9] Cfr. B. Dubourg, "Un coup de vasistas sur Judas", in *Po&sie*, n. 17, 1981, p. 95-122.

[10] T. Browne, *Pseudodoxia epidemica*, traduzione di B. Hoepffner e C. Goffaux, José Corti, Parigi, 2004, VII, XI, p. 764-65.

Capitolo 2

IL GIUDA MIDRASHICO (DIETRO LA STORIA, IL MITO)

Se Giuda è citato solo sei volte nei Vangeli e totalmente passato sotto silenzio nelle Epistole di Paolo, pur così pronto a denunciare la scelleratezza degli ebrei, è comunque ben presto divenuto una leggenda. La consacrazione gli è sicuramente giunta dalla lettura tipologica della Bibbia da parte dei Padri della Chiesa, ma essa deve ancora di più al contesto, come afferma Ben-Chorin, che è quello del *midrash* ebraico: così, pur senza avere una vera e propria consistenza, o forse senza essere mai esistito, Giuda sarebbe stato "ricomposto" a partire da elementi attinti nel repertorio ebraico del suo tempo. E ciò vale tanto per i testi canonici quanto per gli apocrifi. Al di fuori della leggenda, però, i prestiti sono in genere più costruiti.

L'idea di Giuda precede quindi la sua esistenza sotto forma di profezia del tradimento, ad esempio, che torna a racchiuderlo in un'aporia il cui carattere dirimente lo condurrà al tradimento. L'immagine di Giuda l'aveva preceduto, "come aspettandolo". È in essa che Matteo, in particolare, troverà di che completare quello che Frank Kermode ha definito il suo "midrash sulla storia di Giuda riferita da Marco". Pochi esempi basteranno a dimostrarlo, nel contempo chiarendo il nuovo significato della profezia legato al passaggio dal rotolo al codice e all'idea che l'inizio deve coprire con la sua ombra la fine[1]. Prima di perdersi nella notte della propria disperazione, Giuda appartiene alla notte dei tempi. La prima lettura che è stata fatta delle sue gesta evangeliche ne tollera, infatti, una seconda esclusivamente formata dagli

[1] F. Kermode, *The Genesis of Secrecy*, Harvard University Press, Cambridge, 1979, p. 88-89 (trad. it. *Il segreto nella parola: sull'interpretazione della narrativa*, Il Mulino, Bologna, 1993).

echi di una ipostasi che sarebbe preesistita alla vita stessa di Giuda. Al riguardo, diversi sono gli elementi che appaiono probanti.

Giovanni (13, 21-30), difatti, descrive minuziosamente il pasto pasquale, conformemente al rituale del midrash dei quattro figli nella *haggadah* della Pasqua. In quella sera, si presume che quattro figli pongano altrettante domande: il saggio, il cattivo, l'innocente e "colui che non sa ancora domandare" correttamente. Ciascuno di essi vuole sapere qual è il senso della festa. Nella narrazione di Giovanni, Gesù è il saggio, come si comprende dal fatto che pone la domanda nello stesso momento in cui trova la risposta; in questo caso, come in tanti altri, Pietro è l'innocente che chiede "Dove vai?"; infine Giovanni, il "prediletto", sicuramente il più giovane, è spronato da Pietro: "Chiedigli di chi parla". Rimane Giuda, il malvagio, che *finge* di non comprendere "e si esclude da solo".

Anche il Giuda dei Vangeli posseduto da Satana fa parte del repertorio midrashico e rinvia, nella fattispecie, a Zaccaria (3, 1-2). Anche l'episodio delle trenta monete d'argento rinvia a Zaccaria (11, 12-13): "'Se vi pare giusto, datemi la mia paga; se no, lasciate stare'. Essi allora pesarono trenta sicli d'argento come mia paga. Ma il Signore mi disse: 'Getta nel tesoro questa bella somma, con cui sono stato da loro valutato!'. Io presi i trenta sicli d'argento e li gettai nel tesoro della casa del Signore". Perfetto è il parallelismo con Giuda il quale, "preso da rimorso", getta la somma dinanzi al tempio, dove essa avrebbe dovuto raggiungere il tesoro del santuario[2]. Tuttavia, il riferimento a Zaccaria è qui meno evidente di quanto non sia altrove, poiché Matteo (27, 9-10) si riferisce esplicitamente a Geremia (27, 9), ma lo fa fuori del contesto, quasi come un controsenso, perché il profeta parla di una promessa, non di un tradimento. Ecco Matteo: dopo che Giuda l'ebbe gettato fuori del santuario, "i sommi sacerdoti, raccolto quel denaro, dissero: 'Non è lecito metterlo nel tesoro, perché è prezzo di sangue'. E tenuto consiglio, comprarono con esso il Campo del vasaio per la sepoltura degli stranieri. Perciò quel campo fu denominato 'Campo di sangue' fino al giorno d'oggi. Allora si adempì quanto era stato detto dal profeta Geremia: *E presero trenta denari d'argento, il prezzo del venduto, che i figli di Israele avevano mercanteggiato, e li diedero per il Campo del vasaio, come mi aveva ordinato il Signore*". Quale che sia l'approssimazione della citazione, il percorso tipologico è lo stesso, in quanto risponde a un'identica intenzione ed evoca anche irresistibilmente un altro episodio.

Questa prima citazione viene infatti ripetuta in una seconda, nell'episodio di Giuseppe venduto dai fratelli che ha ispirato Thomas Mann. Nel corso di questa vendita, un Giuda dice ai suoi fratelli: "'Che guadagno c'è ad uccidere

[2] S. Ben-Chorin, *Mon frère Jésus*, Monaco 1967; trad. fr. Seuil, Parigi, 1983, p. 162 (trad. it. *Fratello Gesù*, TEA, Milano, 1991).

il nostro fratello e a nasconderne il sangue? Su, vendiamolo agli Ismailiti e la nostra mano non sia contro di lui, perché è nostro fratello e nostra carne'. I suoi fratelli lo ascoltarono. Passarono alcuni mercanti madianiti; essi tirarono su ed estrassero Giuseppe dalla cisterna e per venti sicli d'argento lo vendettero agli Ismailiti". Il contrasto tra i due testi spiega la confusione che, fin dai Padri della Chiesa, venne fatta sulla somma. Rimane il fatto che il collegamento avrà vita lunga. E ciò che doveva accadere accadrà: Goffredo di Viterbo, nel XII secolo, immaginò un giro più complesso, facendo passare le monete da un leggendario re assiro ai fratelli di Giuseppe, poi a Salomone e alla regina di Saba, e infine ai Re Magi, che ne fecero offerta alla Vergine, la quale avrebbe lasciato il denaro dietro di sé al momento della fuga in Egitto. Alcuni pastori l'avrebbero ritrovato, poi un Armeno l'avrebbe conservato per trent'anni prima di offrirlo a Gesù, che a sua volta l'avrebbe generosamente donato al Tempio di Gerusalemme. Era lo stesso denaro che sarebbe servito al tradimento[3]. Nella prima metà del XIV secolo, la *Vita di Giuda*, tratta dal lezionario di Sciaffusa, stabilisce un legame tra le due somme. Le trenta monete toccate da Giuda erano le stesse per le quali "Giuseppe fu venduto dai suoi fratelli, figli di Giacobbe, in terra d'Egitto, e che erano state conservate per millenni, come un vero patrimonio, tra gli ebrei, che per quelle stesse monete comprarono da Giuda Nostro Signore"[4]. Interessante è il legame stabilito dalla moneta tra l'eucaristia, il boccone teso a Giuda in occasione del pasto pasquale e il denaro del tradimento. La somma crea dunque un nuovo legame tra Giuda e il Cristo, quando la maggior parte delle comuni interpretazioni fa della trasmissione monetaria un agente di esclusione che permette di "prendere le distanze dal colpevole di turno". Il parallelismo tra l'uso positivo del denaro e il suo uso negativo – l'ambivalenza della moneta – si trova ancora accentuato quando sappiamo che, dal V secolo, l'ostia veniva modellata su una moneta. Il gesto eucaristico inverte quella che gli economisti chiamano la legge di Gresham, in quanto è esso a definire il valore che ne costituisce il tallone monetario: così, contrariamente a quanto avviene nell'economia umana, nell'economia della salvezza è la moneta buona, quella di Gesù, che caccia la cattiva, quella di Caifa e di Giuda, in base a un parallelo stabilito da Onorio di Autun all'inizio del XII secolo. Secondo questo "personaggio emblematico dei mistagoghi occidentali", infatti, "l'ostia riceve la forma di un denaro perché il Cristo, pane di vita, fu tradito al prezzo di pochi

[3] Goffredo di Viterbo, "Pantheon" (XII secolo), in G. Pistorio, *Germanicorum scriptorum*, II, 1584, p. 549 s. Cfr. P. Lehmann, "Judas Ischarioth in der lateinischen Legendenüberlieferung des Mittelalters", in *Studi medievali*, 2, 1929, p. 289-346, qui p. 299.

[4] "Unpublished 'Life of Judas' from the Schaffausen Lectionary", in F. Ohly, *The Damned and the Elect. Guilt in Western Culture*, con prefazione di G. Steiner, Cambridge University Press, Cambridge, 1992, p. 143-49, qui p. 149 (trad. it. *Il dannato e l'eletto. Vivere con la colpa*, Il Mulino, Bologna, 2001).

denari: lui, il vero denaro che sarà consegnato agli operai della vigna"[5]. Sulle ali della circolazione monetaria, la leggenda di Giuda non cesserà, da questo momento in poi, di lievitare da tutte le parti.

Un terzo elemento che entra nella figura "composita" di Giuda verrebbe dal Rotolo della Guerra di Qumran, in cui i "Figli delle Tenebre" sono contrapposti ai Figli della Luce. Se è vero che è impossibile provare un prestito o una citazione diretta, la tematica è identica e autorizza l'accostamento con *Giovanni* 23, 30: "Preso il boccone, egli subito uscì. Ed era notte". Il boccone ricorderebbe le "sofferenze subite in Egitto", simboleggerebbe l'amarezza della morte e designerebbe il traditore. D'altro canto, la notte annuncia quella del Golgotha... Anche qui, il va e vieni è infinito. La fine prova l'inizio, e viceversa.

Proprio come il cattivo servo che deruba il padrone (l'episodio dell'olio profumato), così l'amico che tradisce rinvia al *Salmo* 41, 10: "Anche l'amico in cui confidavo, anche lui, che mangiava il mio pane, alza contro di me il suo calcagno". Il calcagno, come vedremo trattando del pedigree di Giuda, è una parte dell'anatomia umana che rivela senza alcuna possibile ombra di dubbio il fellone. Ma *Giovanni* 13, 18 cita anche *Salmo* 41, 10, mentre *Atti* 1, 20 cita *Salmi* 55, 13-16 e 109, 8-9. In breve, non mancano certo fonti veterotestamentarie per annunciare Giuda e conferirgli un pedigree itinerante, molto tempo prima della sua effettiva entrata in scena.

Il bacio di Giuda sembrerebbe spiegarsi soltanto come un riferimento alla morte del Giusto, scrive Claude Aziza, una "velata allusione alla formula *la morte nel bacio* (*mitha bi neshika*): il Giusto muore nel bacio di Dio, proprio come Mosè di cui Dio abbraccia l'anima. Dio si serve di Giuda, di Satana se vogliamo, per inviare un segnale di identificazione a colui che si appresta a morire". Rimane però da spiegare l'inversione che fa del bacio di Giuda un bacio di Dio, a meno che... Vi torneremo sopra.

Fin dall'inizio del XVI secolo, tuttavia, nella *Tristezza del Cristo* Tommaso Moro aveva inserito una prefigurazione di Giuda intuita nell'episodio di Ioab riportato nel secondo libro di Samuele (20): "Ioab disse ad Amasà: 'Stai bene, fratello mio?' e con la destra prese Amasà per la barba per baciarlo. Amasà non fece attenzione alla spada che Ioab aveva nell'altra mano; Ioab lo colpì al basso ventre e ne sparse le viscere a terra". Dunque, Ioab è il prototipo e l'immagine di Giuda, considerando il ruolo svolto, lo scellerato inganno, la ven-

[5] Honorius Augustodunensis (Onorio di Atun), *Gemma animae* I, 35, PL 172, 555. Vedi E. Kantorowicz, "Une légende de monnaies et ses origines", in *Laudes Regiae*, trad. di A. Wijffels, Fayard, Parigi, 2004, p. 39 e note (trad. it. edita da Medusa Edizioni, Milano, 2006); J. Wirth, *L'image à l'époque romaine*, Cerf, Parigi, 1999, p. 206; cfr. anche p. 253 e 356 (sull'iconografia del boccone). Cfr. tuttavia M.R. Anspach, "Les fondements rituels de la transaction monétaire, ou comment remercier un bourreau", in M. Aglietta e A. Orléan (sotto la direzione di), *La monnaie souveraine*, Odile Jacob, Parigi, 1998, p. 52-83, in particolare p. 66-67.

detta di Dio e la disgraziata fine dell'uno e dell'altro, sebbene Giuda superi Ioab sotto ogni aspetto"[6]. I crimini "si somigliano molto", anche se l'uscita di Giuda fu molto più penosa. La grande somiglianza non cesserà di macchiare Giuda.

La sua morte, infine, è attestata, annunciata e preparata, se non corroborata, dall'Antico Testamento. Achitofel aveva "inventato" il suicidio (in *2 Samuele* 16, 14-17, in cui tradisce il re Davide e si uccide), ma la tradizione stessa di idropisia immaginata da Papia di Ierapoli (discepolo di san Giovanni e autore verso il 120 di cinque libri, l'*Esposizione degli oracoli del Signore*) sarebbe una volta di più giustificata in *Salmi* 109, 18 ("Si è avvolto di maledizione come di un mantello: è penetrata come acqua nel suo intimo e come olio nelle sue ossa") e 109, 8 ("Pochi siano i suoi giorni e il suo posto l'occupi un altro"). È stato detto che Tommaso avrebbe sostituito Giuda, che abbreviò il suo percorso scegliendo la morte[7]. Quindi, quest'ultimo ha ricevuto la morte riservata ai tiranni e in particolare a Erode il Grande. Gli Atti si sarebbero inoltre ispirati a un passaggio del Libro della Sapienza (4, 17 s.), e la tradizione di Papia al secondo Libro dei Maccabei (9, 17-18), o addirittura ad altre fonti che tutte descrivono la morte di uomini malvagi. Giuda è tanto più credibile in quanto non manca di predecessori. A forza di essere stato annunciato, alla fine non poteva che esistere davvero.

[6] T. Moro, *La Tristesse du Christ*, Téqui, Parigi, 1990, p. 136-39.

[7] Cfr. anche lo studio semiotico di D. Daube, "Judas", in D. Daube, *Collected Works of David Daube. New Testament Judaism*, a cura di C. Carmichael, The Robbins Collection, Berkeley, 2000, p. 783-800, in cui l'autore richiama l'attenzione su un parallelo delle relazioni tra Giuda e Gesù con l'episodio di Yakim e del rabbi crocifisso José ben Joezer.

Capitolo 3

IL NOME DEL TRADITORE

Nel romanzo del Premio Nobel sudafricano J.-M. Coetzee, *Il maestro di Pietroburgo*, risorge il personaggio di Giuda come traditore, ma con un ruolo preminente: è a partire da lui che si definisce Gesù, come se il tradimento definisse l'innocenza, poiché Giuda è "perfido per natura". Dal momento che la questione è posta a rovescio, necessariamente a rovescio si sarebbe tentati di dire:

> – A che pro impiccare qualcuno se è nella sua natura? Sarebbe come impiccare un lupo perché ha mangiato un agnello. Ciò non cambierà la natura dei lupi, non è vero? O impiccare l'uomo che ha tradito Gesù: non è cambiato nulla, no?
> – Nessuno l'ha impiccato [...]. Si è impiccato da solo.
> – Fa lo stesso. Non serve a nulla, no? Voglio dire, che sia impiccato o si impicchi.
> Qualcosa di spaventoso comincia a farsi luce in questo cicaleccio. – Chi è Gesù? [...]
> – Gesù? [...] Non conoscete Gesù?
> – Quando voi dite che io sono Giuda, chi è Gesù?
> Ella sorrise. – Non è che un modo di parlare.

In altre parole, Giuda ha un'esistenza più certa di quella di Gesù. E dietro di lui, il "Giuda", alias Dostoevskij, sente mormorare una parola che faticosamente identifica. "*Ebreo? Giuda*? Egli ha l'impressione che si tratti di *Ebreo*. Straordinario. Forse credono che sia l'origine della parola?"[1].

Lo stupore si incrocia con l'evidenza. I secoli hanno compiuto la loro opera: tra Giuda e *Judaeus* esiste una relazione etimologica che ha tutta l'aria di una paronomasia, vale a dire di un'identità fonetica tra due parole, di una

[1] J.-M. Coetzee, *Le maître de Pétersbourg*, trad. S. Mayoux, Seuil, Parigi, 1995, p. 109-10 (trad. it. *Il maestro di Pietroburgo*, Einaudi, Torino, 2005).

paronimia "non fortuita", che ha creato la confusione. Del resto, il nome personale e la Giudea derivano dalla stessa radice, *Yehuda*. Dall'infedeltà o dal tradimento di un uomo a un popolo di infedeli e traditori. Lo stesso Agostino si compiacerà di avvicinare *Judas* a *Judaeus*, contrapponendo l'ebreo apostata all'ebreo traditore. Pietro la roccia e Giuda il traditore: "Al gioco di parole evangelico sull'uomo-pietra corrisponde l'equazione posta dalla tradizione cristiana: *Judas* diviene la controparte ideologica di *Judaeus*. Un tragico scambio si opera tra i due termini: *Judaeus* fa di *Judas* un nome comune, gli conferisce carattere generale, collettivo [...]"[2].

Ma non è sempre stato così. Drieu la Rochelle, da ottimo storico, constatava a proposito di Giuda: "Si chiama Giuda come tutti, è un nome comune in quei paraggi [la Galilea] come tra noi François"[3].

Infatti, il nome stesso di Giuda appare per la prima volta nella Genesi (29, 35) quando Lea, la moglie di Giacobbe, partorisce per la quarta volta e pronuncia queste parole: "Disse: 'Questa volta loderò (*ode*) il Signore'. Per questo lo chiamò Giuda". E in (49, 8) troviamo "Giuda, te loderanno (*yodu*) i tuoi fratelli". Vi sarebbe, almeno seguendo l'etimologia popolare, di cui ben si conoscono le pressioni, un legame tra la lode a Dio e il nome stesso del traditore: traditore *ad majorem Dei gloriam*. Il nome è un presagio, *omen nominis*, affermava già Cicerone. Giuda è nato per lodare, mentre Iscariota, almeno secondo un'etimologia, sarebbe nato per tradire. Giuda ha dunque il nome di uno dei dodici figli di Giacobbe (quello che consiglierà di vendere Giuseppe invece di ucciderlo, sottolinea Thomas Mann nel suo affresco biblico), e perciò appartiene alla stessa stirpe di Gesù. Solo tra i dodici, è giudeo. Il Vangelo di Luca (6, 12-16) nominava già un altro Giuda, figlio di Giacomo, che corrisponde a Lebbeo in Matteo e a Taddeo in Marco (vedi anche *Atti* 1, 13 e *Giovanni* 14, 22). In greco, il suo nome è identico a quello di Giuda.

Per evitare il contagio, si è imposta l'abitudine di distinguere il personaggio, differenziandolo dalla casa di Giuda, di Davide e degli altri: il Giuda "traditore" sarà contraddistinto dall'aggiunta di una "s" (*Judas*), la famosa S di "suicidio", di cui sappiamo, secondo Michel Leiris, che "la forma quanto il sibilo [...] ricorda non solo la torsione del corpo vicino a cadere, ma la sinuosità della lama"[4]. E poiché Giuda ne è gratificato, quella stessa "s" viene rifiutata agli altri Giuda (*Juda*) della tradizione – secondo Luca (3, 23-38), ad

[2] J.-M. Poinsotte, *Juvencus et Israël. La représentation des Juifs dans le premier poème latin chrétien*, PUF, Parigi, 1979, p. 48-49.

[3] P. Drieu la Rochelle, *Les chiens de paille*, Gallimard, Parigi, 1964, p. 114 (trad. it. *I cani di paglia*, Guanda, Milano, 1982).

[4] M. Leiris, *L'âge d'homme*, Gallimard, Parigi, 1946, p. 33 (trad. it. *Età d'uomo*, Mondadori, Milano, 1966).

esempio, vi sono due Juda e un Joda nella genealogia del Cristo. Quindi, in Luca, il Giuda figlio di Giacomo diviene spesso *Jude*.

Ma questo non è ancora che un peccato veniale, a malapena originale, come afferma Ninon de Lenclos, poiché il "soprannome" stesso di "Iscariota" aggiunto alla forma greca del nome ebraico del traditore ha giustificato gli innumerevoli espedienti polemici di cui tutte le traduzioni portano il segno: nessun esegeta si è creduto autorizzato a invocare il solo espediente che valga in un tempo di traduzioni laiche, il *non possumus*. Non possiamo tradurre una parola che non esiste. Se "Iscariota" deriva da una città, come sembrano lasciar credere i traduttori, è giocoforza constatare che non esiste alcuna città con questo nome in Galilea o altrove. Altri hanno preteso di leggere in questo "toponimo" una variante di Gerico, senza per questo mostrarsi convincenti. Sembra che il ricordo del luogo si sia perduto e si sia presto imposta la tentazione di cedere al demone dell'assonanza e voler trovare ad ogni costo una città con questo nome procedendo per slittamenti successivi: *Kariot/Keriot*, *ish Keriyoth*, *Iscariwths*, che rimane ora da identificare con le rovine di El Karjetein, a sud di Hebron. È questo l'espediente scelto da san Girolamo, che non sembra convincere molto quando precisa che Giuda l'Iscariota "traeva il suo nome sia dal borgo dov'era nato, sia dalla tribù di Issachar, di modo che in qualche modo nacque sotto il presagio della sua condanna. Infatti, Issachar significa 'salario' per indicare la remunerazione del traditore" (*Commento al Vangelo di Matteo* 10, 4). Per dissipare lo scompiglio l'esegeta, sostituendosi al traduttore, ha proposto due soluzioni, immaginando un'origine aramaica: Iscariota verrebbe da *SQR*, "ingannare" – si tratterebbe quindi di una perifrasi di origine aramaica di cui si sarebbero perdute le tracce in greco e che significherebbe "colui che lo avrebbe tradito"[5] – in cui vi sarebbe una forma semitizzata di *sicarius*, essendo stata posta una "i" davanti al nome per dare (l'illusione di) una forma semitica[6]. Un traditore da tutta l'eternità o uno Zelota? Nel qual caso, Giuda rappresenterebbe una funzione necessaria – il tradimento necessario – che si sarebbe sviluppata in nome proprio, poi in personaggio, prima che la funzione stessa si perdesse nel personaggio[7].

Del resto, Giuda sembra sdoppiarsi quando la tradizione evangelica fa talvolta intervenire un secondo Giuda: una versione di Matteo cita fianco a fianco un Giuda Iscariota e un Giuda Zelota, e una versione di Giovanni evoca un Giuda Cananita (dall'ebraico *qannâ*, che designa un uomo intransigente). Una volta corredato dall'epiteto *sicario* o *cananeo* o *cananita* (in aramai-

[5] J.-A. Morin, "Les deux derniers des douze", in *Revue biblique*, 1973.

[6] Cfr. O. Cullman, "Le douzième apôtre", in *Revue d'histoire et de philosophie religieuse*, 1962.

[7] Cfr. F. Kermode, *The Genesis of Secrecy*, Harvard University Press, Cambridge, 1979, p. 94-95 (trad. it. *Il segreto nella parola: sull'interpretazione della narrativa*, Il Mulino, Bologna, 1993).

co), Giuda non finirà di tradire: traditore di padre in figlio, poiché tutta la sua discendenza sarà traditrice, ma traditore di figlio in padre, se così possiamo dire, poiché una leggenda tardiva farà di Simone padre di Giuda il fratello del sommo sacerdote Caifa, che ebbe il ruolo che tutti conosciamo nella morte di Gesù. I morti sono contagiosi, dichiara il poeta Jerzy Ficowski. E Giuda Iscariota sarà nato anche per morire impiccato. La mia "anima sceglie lo strangolamento", sospirava Giobbe per esprimere la disperazione e il desiderio di morire. Origene, da parte sua, crederà di riconoscere in *Scarioth* un toponimo che promette lo strangolamento. Ma il registro del fantasma etimologico non si fermerà qui, poiché alla fine del Medioevo in Germania si farà derivare *Iskariot* da *ist gar rot*, "quello che è tutto rosso", rosso o rossiccio, del colore del diavolo e dell'inferno. Il fatto che Giuda l'ebreo portasse un nome di origine germanica non era certo di intralcio. Giuda, il fellone, si insinua ovunque.

Se diversi personaggi sono divenuti dei miti (così Antigone o don Giovanni), pochi sono divenuti oggetti. Poiché se Giuda appartiene al lessico dell'obbrobrio, ha arricchito anche quello della botanica: la "borsa di Giuda" o "lepidio campestre", ma anche l'albero di Giuda, l'orecchio di Giuda (senza contare il lauro bianco che diventa rosso dopo essere stato appeso, o il tremolo che "ne trema ancora!"). Non bisogna nemmeno dimenticare il lessico usato per gli infissi. Dal XVIII secolo in poi, infatti, si chiama *judas* (spioncino) l'apertura praticata in una porta che permette di spiare senza essere visti, di guardare a tradimento. Divenuto nome comune, "giuda" non ha più limiti e si applica tanto a parti dell'anatomia quanto a diversi tipi di felloni e di altre figure patibolari: il traditore. "È un Giuda. Il signor Giuda è un lazzarone / che sostiene di aver avuto un solo ruolo. E di aver difeso una sola bandiera", scrive Béranger. "Quello è un giuda!", esclamava il valletto Covielle nel *Borghese gentiluomo* (III, 10).

Ma "giuda" ha fornito anche una quantità di derivati. Nel registro religioso, il verbo *judaizare* veniva impiegato nel Medioevo per designare le eresie. Applicato all'ambito monetario è divenuto sinonimo di *usurare*, dal momento che "usuraio" era spesso sinonimo di ebreo[8]. Ora, Giuda Iscariota costituiva l'esempio tipico degli usurai, cristiani o ebrei che fossero, sempre pronti a tradire per trenta monete d'argento[9]. La *judaizatio* evoca colui che vive da ebreo o come Giuda, e il lessico civile o cristiano si differenzia a fatica quando *judaismus* designa tanto le credenze ebraiche che una banca tenuta da giudei. Quindi, quando Pound, in piena seconda guerra mondiale, parla di

[8] J. Schatzmiller, *Shylock revu et corrigé. Les juifs, les chrétiens et les prêts d'argent dans la société medievale*, Les Belles Lettres, Parigi, 2000, p. 70.

[9] B. Nelson, *The Idea of Usury from Tribal Brotherhood to Universal Brotherhood*, The University of Chicago Press, Chicago-Londra, 1969, p. 7.

usurocrazia spiegando che "la guerra non fu conseguenza di un capriccio di Mussolini o di Hitler"[10], non si può non comprendere che parla di coloro che "giudaizzano". In tal modo, egli non faceva altro che ricollegarsi a un uso documentato fin dal 1714, nel testo del filosofo irlandese John Toland *Ragioni per naturalizzare gli ebrei in Gran Bretagna e Irlanda*. Già allora, chiunque si opponeva alla *doxa* era sospettato di giudaizzare[11].

In breve, fin da quando vi sono dei "giuda", vi è tradimento, imbroglio, truffa. Il lessico conosce perfino una "bistecca di Giuda", in cui la carne è farcita di grasso, per cui risulta di qualità inferiore a quella apparente. Papia è passato di qui.

* * *

Giuda è rimasto un nome difficile da portare anche se, nel Medioevo, i Gentili convertiti non mancarono di osservare la presenza di numerosi personaggi eminenti che nella storia ebraica rispondevano a questo nome: Giuda il Galileo, Giuda Maccabeo, Giuda Aristobulo, Giuda l'Esseno, Giuda ha-Nasi e così via, al punto di pensare che quello fosse il nome di ogni ebreo. Nei tempi moderni, almeno in terra cristiana, il nome di Giuda e i suoi derivati vengono imposti assai di rado. Ben presto si ricomincerà a chiamare i bambini Adolf, osserva George Steiner, mentre non è facile chiamare un bambino Giuda, anzi Jude. Sarà necessaria la forza di convinzione di Hollywood per imporre a Ben-Hur il nome di Giuda e farne un eroe.

Negli anni Sessanta del XVIII secolo, Laurence Sterne ironizzava sul nome: "Signore! L'avreste mai chiamato GIUDA, per qualsiasi cosa al mondo? [...] Avreste mai, Signore, se un padrino *ebreo* vi avesse proposto il nome di GIUDA per battezzare vostro figlio, e vi avesse per di più offerto tutto il suo denaro, avreste accettato di far soffrire a vostro figlio una profanazione tanto vile? [...] Se vostro figlio si fosse chiamato GIUDA, l'idea di sordida tirchieria e di tradimento così inseparabile da questo nome l'avrebbe accompagnato come un'ombra per tutta la sua vita, e alla fine avrebbe fatto di lui un furfante e uno strozzino [...]"[12]. In quegli stessi anni, nell'*Arétin moderne* dell'abate du Laurens (1763) troviamo un Giuda Iscariota, leale questa volta, a cui viene intimato di "rinnegare" se stesso per provare la propria onestà:

[10] E. Pound, *Le travail et l'usure*, L'Âge d'Homme, Losanna, 1968, p. 43 (trad. it. *Lavoro e usura*, Scheiwiller, Milano, 1996).

[11] J. Toland, *Raisons de naturaliser les Juifs*, a cura di P. Lurbe, PUF, Parigi, 1998, p. 49-50, 153, n. 1, e 158 (trad. it. *Ragioni per naturalizzare gli ebrei in Gran Bretagna e Irlanda*, Giuntina, Firenze, 1998).

[12] L. Sterne, *La vie et les opinions de Tristram Shandy*, I, XIX, trad. G. Jouvet, Tristram, Auch Cedex, 2004, p. 88-89 (trad. it. *Vita e opinioni di Tristram Shandy*, UTET, Torino, 1967).

– Come vi chiamate, amico mio?
– Mi chiamo Amedeo-Giuda-Pietro-Iscariota, mio padre era spazzacamino e scorticatore nella sua parrocchia, e mia madre una lavandaia.
– Vedo, mio caro, che avete un bel nome, e sicuramente siete della buona razza degli spazzacamini e degli Iscarioti. Ma prima di concludere il nostro accordo, se non vi dispiace, dovete rinnegare il re di Sardegna: ciò sarà per me prova della vostra probità.
– No, per tutti i diavoli – risponde il Savoiardo, – piuttosto che rinnegare il mio buon sovrano mi farei portare via dal demonio.
– Sono incantato – replica Pietro. – Dunque avete dei sentimenti. Vedo che siete fedele al vostro re, poiché preferireste finire all'inferno piuttosto che rinnegarlo. Non tutti gli Iscarioti hanno fatto altrettanto. Gli stessi nomi non producono gli stessi effetti e a ragione la medicina afferma *Contraria contrariis curantur*.

Soltanto l'arguzia salace e il libertinismo autorizzano questo strappo alla regola.

In tempi più vicini a noi, quasi non si conoscono, in ambito cristiano, dei Giuda assolutamente positivi. Quando Thomas Hardy tratteggia la vita del suo Jude, quello che immagina è un *Jude l'oscuro* (1896), la cui vita non può essere altro che intrisa di disgrazie. Se il destino di questo moderno Giuda corrisponde solo in parte a quello del soggetto storico, nondimeno troviamo tutti gli elementi della leggenda nera distribuiti tra i diversi personaggi. Infatti, il figlio di Jude si suicida impiccandosi dopo aver esclamato: "Non sarei dovuto nascere, non è vero?". Lo stesso Jude, come nel Borges delle *Tre versioni di Giuda*, tende a confondersi con il Cristo, con il quale si identifica. Ma il libro termina con una lunga citazione del Libro di Giobbe che fa eco alle ultime parole del figlio e all'espressione di Gesù nei Sinottici: "Sarebbe meglio per quell'uomo se non fosse mai nato!" (*Matteo* 26, 24; cfr. *Luca* 22, 22 e *Marco* 14, 21): "Perisca il giorno in cui nacqui e la notte in cui si disse: 'È stato concepito un uomo!'. [...] Perché non sono morto fin dal seno di mia madre e non spirai appena uscito dal grembo?". Jude si paragona talvolta a Gesù, e riesce solo ad essere Giobbe su un mucchio di letame. Suo figlio l'ha preceduto in una morte da Giuda e le sue parole sono quelle di Edipo nella tragedia di Sofocle. Non sfugge al destino riproposto dal suo nome. E la disgrazia del padre ricade sul figlio che si suicida. Di sfuggita, notiamo che Giuda ed Edipo si trovano associati a Giobbe, riunendo in tal modo due paradigmi esclusivi che finiscono con l'imporgli una sorte senza speranza[13].

Bisogna uscire totalmente da questa tradizione per trovare infine, all'alba del XXI secolo, un Giuda positivo, uscito dalla penna del romanziere russo

[13] Sulla contrapposizione Giobbe/Edipo, vedi le riflessioni dell'antropologo britannico M. Fortes, "Œdipus and Job as Paradigms", in M. Fortes, *Œdipus and Job in West African Religion*, Octagon Books, New York, 1981, p. 13-18.

David Markish, egli stesso figlio di un poeta yiddish assassinato. *L'ange noir*, "libera fantasia ispirata alla vita di Isaac Babel", altro scrittore ebreo vittima delle malefatte di Stalin, sceglie di presentare un eroe ebreo con il nome di Giuda: ma sarà lui ad essere tradito, come numerosi ebrei, dalla rivoluzione. Giuda non conoscerà la libertà se non dopo aver ammesso di essere lui stesso un "traditore" e un cattivo sovietico. Curiosamente, nel bene e nel male il nome di Giuda rimane associato al tradimento. Ciò è vero nel registro della letteratura popolare come in quello della ricerca erudita: gli storici tedeschi, anche in relazione alle denunce fatte alla polizia nazista sotto il III Reich, continuano a parlare impudentemente di *Judasfrauen*, in francese *Judasses*[14]. Perfino per denunciare un ebreo, un "Giuda" sotto il regime nazista, chi lo denuncia è un Giuda. Senza voler fare il processo alle intenzioni, è giocoforza parlare di mancanza di tatto. Hyam Maccoby ha assolutamente ragione di risentirsi per questa persistenza dell'uso di Giuda, infamante e offensivo quanto quello di "negro" ad altre latitudini.

[14] Vedi, ad esempio, H. Schubert, *Judasfrauen: Zehn Fallgeschichten weiblicher Denunziation im Dritten Reich*, Luchterhand, Francoforte, 1990 (trad. it. *Donne giuda: dieci casi di delazione femminile nel Terzo Reich*, Abete, Roma, 1991).

Capitolo 4

PEDIGREE DEL VAMPIRO

Il tradimento è brutto e la bruttezza tradisce la nefandezza dell'anima. Gli *Homerocentra* cristiani (IV-VIII secolo) esprimevano l'opinione comune nella loro parafrasi della Passione mettendo queste parole in bocca a Gesù: "Non esiste mortale più meschino di te, né per il corpo e la prestanza, né per il pensiero o qualsiasi altra cosa" (42, 85-86). Assai prima che Giuda diventasse una vera e propria ossessione per il teologo Johann Kaspar Lavater, inventore della *Fisiognomica* (1775-1778), uomini di Chiesa, letterati, pittori e scultori si sono applicati nel corso dei secoli a farne un "tipo lombrosiano". Giuda tradisce, quindi è brutto e anche il suo corpo deve tradirlo, quando nessun testo delle Scritture descrive l'aspetto fisico dell'apostolo fellone, nemmeno per precisare che è rosso di capelli (cioè per precisare la sua bassezza, come fa altrove il testo biblico[1]). Pochi autori sono stati attenti all'avvertimento di Sartre – la bruttezza è prova di autenticità – e hanno intuito, dietro queste parole, l'eco di Origene in risposta a Celso: brutto il Cristo che voi trattate da "canaglia dei crocicchi"? Non ha la prestanza dei vostri atleti, ecco perché è reale. No, a forza di sdilinquirsi davanti a un "impomatato" (sarebbe una traduzione letterale di Cristo, che vuol dire "unto"), si è inventato un Cristo sulpiziano circondato da bellimbusti. Senza rendersi conto che, se non c'è più nulla di bello che sia autentico, solo la bruttezza lo sarà, e il suo titolare, l'eletto delle nostre repulsioni estetiche, sarà necessariamente il solo a mentire davvero, il solo bugiardo che dice la verità. Del resto, qui abbiamo a che fare con un'amnesia moderna, poiché la stessa *Legenda Aurea*, che più di qualsiasi altro testo servì la cattiva fama di Giuda, faceva di lui un

[1] Il solo rosso che non sia della razza dei Caini, degli Esaù, dei Caifa e dei Giuda è Davide, in *1 Samuele* 16, 12.

bel bambino: non si nasce brutti, lo si diventa, come altrove si dirà del cristiano (Tertulliano) o della donna (Simone de Beauvoir). La bellezza del diavolo, si dirà (è interessante notare che Pierre Bourgeade, credendosi libero pensatore e scanzonato, reinventerà un Giuda seduttore...).

Nel XVII secolo, Quevedo sarà più abile nell'immaginare un "Giuda senza volto" all'inferno: una pagina bianca da annerire con i nostri fantasmi, che già nel suo secolo non era più veramente bianca.

Si vuole immaginare questo bel bambino, ammaccato più del dovuto dalla storia delle nostre calunnie, come un mostro. Del resto, quando il grande medico e fisiologo del Rinascimento Ambroise Paré ne parla, lo fa nel suo trattato *Mostri e prodigi* (capitolo XXVI), anch'egli sentenziando: "Il diavolo mise nel cuore di Giuda l'idea di tradire Gesù Cristo". Facile immaginare che la sua anatomia ne portasse le conseguenze. Esteriormente, beninteso, e ben pochi ne hanno tratteggiato un ritratto in modo più convincente del romanziere russo Leonid Andrejev. Ideatore di uno sconcertante *Lazzaro* che si trascina come una larva diafana, attendendo la sua prossima morte e sapendo sul nulla più dei morti, come la "puttana" di Mallarmé, egli fugge "pallido, disfatto, intralciato dal [suo] sudario/con la paura di morire quando dorme solo", lo scrittore diede vita qualche anno dopo a un Giuda più brutto del naturale. Piccolo, nel morale come nel fisico, come attesta la sua fronte bassa, "non vi era nessuno che potesse parlarne bene"; non è semplicemente brutto, "è il più brutto di tutti gli abitanti della Giudea". Nel romanzo di Leo Perutz, *Il Giuda di Leonardo*, direttamente ispirato alla vita di Leonardo da Vinci del Vasari, il pittore è ugualmente in cerca della bruttezza per esprimere il tradimento. Dal momento che tardava più del dovuto, a Leonardo venne chiesto cosa gli impedisse di finire l'*Ultima Cena* di Santa Maria delle Grazie a Milano: non gli rimanevano che due teste da dipingere, quella del Cristo (ma disperava, precisa il Vasari, di trovare sulla terra un'immagine di tale bellezza) e quella di Giuda (che gli dava pensiero, perché si sentiva incapace di immaginare l'espressione del volto di uno che, dopo aver ricevuto tanti benefici, potesse avere l'anima tanto nera da tradire il suo Signore). Alla fine, il suo Giuda fu la somma di tutti i modelli più ignobili, in una sorta di anti-Elena di Zeusi, unica risorsa che trovò per farne il modello del tradimento e della disumanità[2]. Egli dipinge il suo Giuda traditore, come dichiara Romain Gary, con il naso adunco e tumido, le labbra grosse e nere delle immagini medievali che gli derivano dal bacio da Giuda; dalle labbra sporgenti alla voce il passo è breve: ha una voce rauca, come osserverà già nel XII secolo san Benedetto nella vita di san Brendano. Fa eccezione Jacopo da Varagi-

[2] G. Vasari, *Les vies des meilleurs peintres*, a cura di A. Chastel, Berger-Levraulrt, Parigi, 1989, vol. 5, p. 40 (tit. orig. *Vite*, Newton Compton, Roma, 1993); vedi anche E. Hénin, *Ut pictura theatrum. Théatre et peinture de la Renaissance au classicisme français*, Droz, Ginevra, 2003, p. 558.

ne, il quale continua nella morte ad accordare a Giuda una bocca intatta che, nel bacio, aveva toccato la bocca gloriosa del Cristo.

Naturalmente, egli è rosso di capelli e con il volto contratto in una smorfia, e spia tutto con i suoi "penetranti occhi da ladro" benché sia "deforme come un diavolo guercio"; egli disturba il suo mondo "come qualcosa di incredibilmente schifoso, qualcosa di subdolo e ripugnante". Curva la schiena e finge di essere gracile e mingherlino, pur essendo soltanto magro e piuttosto alto. La sua testa, più che ributtante, è "ammaccata". Nella democrazia ateniese, la sua voce "stridula come quella di una vecchia che recrimina contro il marito", "fioca e aspra", gli avrebbe procurato l'ostracismo: "Veniva voglia di strappare le parole di Giuda dalle orecchie, come schegge marce e scabre". E se non bastasse questo, tutto in lui tradisce la doppiezza:

> I capelli rossi rasati non dissimulavano la forma insolita del cranio, come tagliato sulla nuca da un doppio colpo di spada, poi nuovamente incollato, si divideva distintamente in quattro parti, ispirando diffidenza e perfino angoscia [...]. Anche il suo viso era doppio: uno dei profili, con l'occhio nero e penetrante, era vivo e mobile, e si piegava volentieri in innumerevoli risate distorte. In compenso, l'altro non aveva una sola grinza, era liscio come un volto di cadavere, piatto e fisso; inoltre, benché avesse la stessa grandezza dell'altro, sembrava enorme a causa dell'occhio cieco e spalancato.

Naturalmente, il naso è "a uncino", anche se non è l'elemento più saliente del personaggio. In breve, in questo stupefacente ritratto, in cui la promessa di tradimento è inscritta nei lineamenti, la doppiezza e lo sdoppiamento sono ovunque, ma la forza della satira, come vedremo, è nel fatto che la doppiezza toccherà lo stesso tradimento: tradirà, pur tradendo per ultimo. Lo stesso tradimento viene tradito. Avremo occasione di tornarvi sopra. L'essenziale, qui, è attenersi al ritratto fisico e vedere come il corpo di Giuda si trasforma in tutte le sue parti. Ogni secolo aggiungerà altri dettagli, arricchendo in tal modo il repertorio dell'antisemitismo.

Come era lecito attendersi, egli ha la "nuca rigida", anche se, precisa Claudel nella sua *Mort de Judas*, "ha seguito un trattamento radicale! Ah-ha! Non badateci, è una battuta". Non bastando più il "reato di bruttezza", come dichiara Michel Pastoureau, le deformità si accumulano. A partire dal XIV secolo, Giuda acquisisce nell'iconografia una dimensione nuova, che tocca perfino le sue mani: diviene mancino. Analogamente, un incantesimo irlandese ripreso dai puritani americani metteva in guardia contro la tentazione di applicare un unguento con il dito indice, che è "avvelenato da quando Giuda Iscariota tradì Nostro Signore puntandolo su di lui per consegnarlo agli ebrei"[3]. Nel *Papà Goriot* di Balzac, diventa gobbo.

[3] Citato in S. Zhuk, "La tradition hébraïque. Les puritains, les calvinistes hollandais et le début de l'ambivalence des juifs dans l'Amérique coloniale britannique", in AA.VV., *Les chrétiens et les juifs dans les sociétés de rites grec et latin*, Champion, Parigi, 2003, p. 123-64, qui p. 155.

I dettagli si fanno talvolta più scabrosi perché, se è vero che il colore di Giuda designa un "giallo oro", non ci si sorprenderà che i capelli rossi siano "capelli da Giuda"; probabilmente sarà diventato rosso dopo il tradimento nell'orto degli Olivi. Dall'epoca carolingia, le immagini di Giuda ne fanno un rosso di capelli[4], anche se il movimento viene accelerato a partire dal XII secolo. D'altro canto, il rossiccio di Giuda è contagioso e finisce per toccare anche il denaro – la moneta del tradimento – che gli viene consegnato da Caifa: "Questi denari sono rossi, sono falsi!", grida Giuda vedendo il prezzo del suo tradimento nella *Passione di Alsfeld*[5] (nel trattato sull'usura, Ezra Pound parlerà a sua volta di "tossicologia della moneta"). Quevedo farà addirittura di questo rossore un sinonimo di "ebreo", parlando dei "rossi e dei loro ghetti": "Perché alla fine, se il proverbio dice che non si devono avere né cani né gatti a pelo rosso, a maggior ragione non deve esservi né uomo né donna di questo colore" (*L'ora di tutti*, XXXVII). Villoso, Giuda non potrebbe essere vestito altro che di rosso satanico e di giallo, che tradisce la sua perfidia, mentre il pelo rosso è quello della volpe o del lubrico scoiattolo[6]. Secoli dopo, ritroviamo la stessa immagine anche in Verlaine, come anche in Leo Perutz o Kazantzakis. La sua stessa pelle ci dice ciò che è, disseminata di "segni di Giuda" o di "cacche di Giuda", vale a dire di macchie rosse, a meno che il "mal di Giuda", vale a dire il morbillo, non abbia già compiuto la sua opera. Quanto al "culo di Giuda", sono solo gli anticristiani più militanti a evocarlo per designare l'*anus mundi*, come nel romanzo del portoghese Antonio Lobo Antunes, *In culo al mondo*: è l'orrore coloniale al di là dell'orrore, dove si nuota nella merda, dove non si crede più a nulla, dove non c'è virtù che non sia pervertita. E quando un superstite di Auschwitz, il polacco Wieslaw Kielar, intitola la sua testimonianza *Anus mundi*, non fa altro che riprendere il nome assegnato da un medico delle SS al primo campo di sterminio degli ebrei, riassumendo in una formula penetrante l'assimilazione di tutti gli ebrei a Giuda e agli escrementi, in base alla versione della sua morte data dagli Atti degli Apostoli. I cliché hanno vita dura, anche se coloro che li propagano non mostrano alcun retropensiero antisemita.

Mentre nel Medioevo o nel Rinascimento le Natività e le Pietà mostrano spesso il sesso del Cristo, non esiste alcun Gesù o Cristo nudo visto di schie-

[4] Vedi R. Mellinkoff, "Judas's Red Hair and the Jews", in *Journal of Jewish Art*, 1983, vol. IX, p. 31-46, ripreso in *Outcasts. Signs of Otherness in Northern European Art of the Late Middle Ages*, Berkeley, 1983, vol. I, p. 145-59. Vedi anche M. Pastoureau, "Rouge, jaune et gaucher. Note sur l'iconographie médiévale de Judas", in M. Pastoureau, *Couleurs, images, symboles. Études d'histoire et d'anthropologie*, Léopard d'Or, Parigi, 1989, p. 69-84.

[5] Cfr. V. Groebner, *Liquid Assets, Dangerous Gifts*, University of Pennsylvania Press, Filadelfia, 2000, p. 85 e 200-01, n. 47.

[6] Ivi, p. 78.

na prima del XX secolo[7]. In compenso, esiste almeno un'immagine del "culo" di Giuda nella *Vita di Giuda* del lezionario di Sciaffusa (1330): è solo il posteriore di un bambino sculacciato dalla madre, ma la visione delle sue natiche evoca già le feci e la morte per squarciamento delle viscere della leggenda cristiana.

E dal momento che si nuota nell'orrore, è bene ricordare che secondo gli Atti (1, 18) Giuda cadde, "si squarciò in mezzo e si sparsero fuori tutte le sue viscere". Come un obeso: nella fisiologia del buon cristiano, l'obesità sarà sempre segno di tradimento. Essere grassi significa già essere un Giuda, un eresiarca: "Io non dipendo altro che dal mio peso, senza perderne un'oncia", gli fa dire Claudel. A sua volta, Gore Vidal riprenderà l'idea di un Giuda obeso. Conoscendo la discordanza tra il Vangelo di Matteo e gli Atti, Papia di Ierapoli proporrà un'altra spiegazione: Giuda sopravvisse alla propria impiccagione e, divenuto idropico, accecato dal grasso stesso della propria fronte e soffrendo di una forma di elefantiasi che interessava perfino i testicoli, morì sotto le ruote di un carro, vittima della propria obesità e "svuotato della sua trippa", come afferma Claudel.

I piedi della buona novella e il calcagno del fellone

Il piede e il calcagno meritano uno sviluppo a parte, tanto la loro presenza si fa invadente nella polemica contro i traditori e gli eretici. I Sinottici non sono interamente d'accordo su ciò che avvenne durante l'Ultima Cena: le loro versioni dell'accusa mossa a Giuda differiscono, benché ciascuno citi in forma diversa il testo di dei Salmi (41, 10): "Anche l'amico in cui confidavo, anche lui, che mangiava il mio pane, alza contro di me il suo calcagno". "Colui che mangia il pane con me, ha levato contro di me il suo calcagno", scrive Giovanni (13, 17-21). Il calcagno di Giuda è in realtà opposto ai piedi della buona novella: "Quanto son belli i piedi di coloro che recano un lieto annunzio di bene!", sospira Maria Maddalena (*Romani* 10, 14)[8]. Fin da Origene e dal suo sermone sulla Pasqua, sappiamo che nei piedi vi è perfezione. Il sapere profano è altrettanto lucido. Quando Frenhofer, il discepolo di Mabuse che ispirò a Balzac il suo *Capolavoro sconosciuto*, vuole avvicinarsi alla perfezione nell'incarnazione, la frenesia lo spinge a cancellare tutto, salvo il piede. Pourbus e Poussin si avvicinano alla tela: "Videro in un angolo della tela l'estremità di un piede nudo che usciva da quel caos di colori, di toni, sfuma-

[7] Su tali questioni, cfr. P.-E. Dauzat, *Les sexes du Christ. L'invention de la pornographie chrétienne*, Denoël, Parigi, 2006.

[8] Cfr. P. Claudel, *Le poëte et la Bible*, Gallimard, Parigi, 1998, vol. I, p. 743-48; vedi anche Origene, *Sulla Pasqua* (30-39).

ture indecise, una specie di nebbia informe; ed era un piede perfetto, un piede vivo!". Tuttavia, se il piede può far entrare in paradiso, può anche farne uscire: Claudel osserva che Adamo è uscito dal paradiso con il piede sinistro[9], il che fa pensare che lo stesso avvenne per Giuda che si allontanava dal luogo della Cena. Mentre Omero evocava ancora i piedi delicati di Ate (Errore), la figlia prediletta di Zeus (*Iliade* XIX, 91 *sgg.*), il piede del traditore è fatto per calpestare la verità sotto la suola[10]; nessuno dubita che quelli di Giuda siano "piedi criminali", come afferma Gregorio Nazianzieno nella sua *Passione del Cristo* (314). L'annotazione è doppiamente importante: a monte, associa i piedi di Giuda a quelli di Edipo ("piede gonfio"); a valle, fa della razza di Giuda una razza di traditori i cui stessi piedi dicono la fellonia. Nel 1804, ad esempio, un certo Joseph Rohrer, nel suo studio sugli ebrei nell'Impero austro-ungarico, insisteva sulla debolezza costituzionale degli ebrei, il cui segno più immediatamente evidente era ai suoi occhi la "debolezza dei piedi", principale ragione, secondo lui, per cui la maggior parte di quelli chiamati sotto le armi mancava ai propri doveri verso la patria: venivano esentati oppure passavano più tempo negli ospedali militari che in servizio. Quasi tutti, infatti, avevano i piedi piatti o la pianta deforme, che dava loro un'andatura storta: Giuda si riconosce dai piedi. Quanto al calcagno di Giuda sul quale il Cristo attira la nostra attenzione, fa pensare a quelli di Maometto, di cui Gilberto di Nogent, narrando la morte ignominiosa del profeta, afferma che fossero le uniche reliquie rimaste dopo che alcuni porci se n'erano ingozzati: "Non hanno lasciato altro che i talloni, ed è stata fatta giustizia di colui che ha impresso i passi dell'infedeltà e della turpitudine nelle anime che aveva ignominiosamente ingannato"[11].

I piedi, i talloni: mancano soltanto le calzature, alle quali Origene annette grande importanza nel suo trattato *Sulla Pasqua* (37-38) ricordando che conviene, secondo l'apostolo, avere come "calzatura ai piedi lo zelo per propagare il Vangelo della pace" (*Efesini* 6, 15). Se i testi primitivi sono il più delle volte muti su tale aspetto dello stravagante abbigliamento di Giuda, esiste qualche ibrida traccia della preoccupazione, forse legata a un'etimologia inventata di sana pianta, che fa derivare "Iscariota" da una corruzione locale del latino *scorteus*, che designa una pelle di cuoio. Montlhéry, piccola città medievale dell'Essonne, conserva una strana piccola *rue du Soulier-Judas*, in cui abitavano i calzolai, mentre a Tulle, apparentemente per la stessa ragio-

[9] Ivi, p. 746.

[10] Cfr. S. Gilman, "The Jewish Foot", in *The Jew's Body*, Routledge, New York, 1991, p. 38-59, sui piedi troppo fragili degli ebrei, che valevano loro l'esonero servizio militare nell'Impero austro-ungarico.

[11] Gilberto di Nogent, *Geste de Dieu par les Francs. Histoire de la première Croisade*, Brepols, Turnhout, 1998, p. 64-65; su questo passaggio, vedi R. Levine, "Satiric Vulgarity", in *Guibert de Nogent's Gesta Dei per Francos*, in *Rhetorica*, 7, 1989, p. 261-73, in particolare p. 269-70.

ne, persiste un regionalismo che presta a Giuda delle "pantofole"[12]. Ma c'è di meglio. Nel *Sogno dell'Inferno* di Quevedo, il viaggiatore incapace di trattenere la propria curiosità chiede a Giuda dei chiarimenti sugli stivali di cui viene dotato dai pittori, al punto che si parla sempre degli "stivali di Giuda": "Non che io ne indossassi", risponde l'Iscariota, "ma ritraendomi con gli stivali i pittori hanno voluto significare che, essendo economo, camminavo senza sosta verso l'inferno [...]"[13]. Per entrare in Terrasanta, Mosè dovette togliersi i calzari, come spiegava Origene, per non portare nulla di mortale. Giuda, se ne potrebbe dedurre, calzerà sempre stivali, perché i suoi piedi sono eternamente sporchi e non ha voluto avere "calzatura ai piedi" per "prepararsi alla buona novella". Ecco un'ortodossia perfetta[14].

Tre secoli dopo Quevedo un altro esperto di Giuda, Romain Gary, non poteva lasciarsi sfuggire l'occasione di riflettere sui "piedi di Giuda". Vanderputte, il traditore, l'agente doppio, si lamenta di avere i piedi insanguinati: "Potete dirmi perché quel signore mi ha fregato le scarpe in treno?". E Luca, figlio di partigiani, gli risponde: "Le scarpe di Giuda... Lo ha fatto per farle vedere ai suoi bambini... Una reliquia..."[15].

Il sesso di Giuda

Giuda è un principio di trasgressione: tutte le parti del suo corpo ne portano il segno. Propriamente parlando, è osceno. Anche il suo corpo, come lui, è votato al tradimento. E Giuda l'ebreo tradisce il suo sesso, superando allegramente le barriere. Nel suo breviario dell'odio contro gli ebrei, la *France juive*, Édouard Drumont farà di ogni ebreo un Giuda e di tutti gli ebrei gli inventori della pornografia. Quindi, non ci si meraviglierà di vedere Giuda implicato in una delle prime scene pornografiche cristiane in rapporto con uno degli episodi religiosi più santi: il *Retablo di Herrenberg* dello svevo Jörg Ratgeb (1519, Staatsgalerie, Stoccarda) rappresenta l'Ultima Cena fuori dalle convenzioni iconografiche abituali, con il Monte degli Olivi sullo sfondo. Giuda è in piedi, chino a metà, al momento di ricevere il famoso boccone. Una mosca, simbolo di morte e di decomposizione, anzi dello stesso Satana, gli entra in bocca, ma ciò che più colpisce è la stravaganza del suo abbigliamento, in contrasto con la scompostezza che lascia intravedere un membro in erezione. Il pene di Giuda viene qui mostrato solo per la sua oscenità. Perché in genere la tradizione si è rivelata molto meno sicura sul suo sesso.

[12] Cfr. P. Sébillot, in *Revue des traditions populaires*, XIX, 1904, p. 174-75.

[13] Quevedo, *Songes et discours*, trad. A. Louis e B. Tissier, José Corti, Parigi, 2003, p. 102 (trad. it. *Sogni e discorsi*, Garzanti, Milano, 1990).

[14] Origene, *Sulla Pasqua* 37; cfr. a cura di P. Nautin (Beauchesne, Parigi, 1979), p. 226-27.

[15] R. Gary, *La bonne moitié*, Gallimard, Parigi, 1979, p. 133.

Fin da prima del decadentismo, con i suoi gnomi e fantasmi androgini, il sesso di Giuda non poteva essere deciso e sicuro: doveva entrarvi una parte di femminilità, di ombra. Il *Livre du coq*, racconto apocrifo della Passione di origine etiope, ci presenta una signora Giuda sorpresa dalla resurrezione del gallo che era in procinto di cuocere sui carboni ardenti. Per giunta, la donna è in peccato perché, solo tra tutti gli apostoli, Giuda continua a dormire con sua moglie mentre tratta con le autorità ebraiche. Tuttavia, dal momento che il gioco del *cherchez la femme*, che tanto occuperà Renan, aveva già palesemente degli estimatori, lo stesso testo immagina una "donna della famiglia di Giuda" che denuncia Gesù, per essere poi da questi trasformata in una pietra che debitamente si trova ancora per le strade di Gerusalemme. La pietra di Pietro o la pietra di Giuda: bisogna scegliere.

Il fatto che Claude Louis-Combet, nelle sue *Passions apocryphes*, abbia creduto bene di introdurre una signora Giuda, non ha dunque nulla di sorprendente. Il suo discorso si inserirebbe perfettamente nell'antico schema se egli, come per contagio, non avesse avuto l'idea di scambiare il Figlio con la Madre in un curioso *Stabat filius* dal profumo fine Ottocento. Ma cosa si guadagna a femminilizzare interamente i Vangeli, se non addirittura, nella fattispecie, ad aggiungere un tocco di misoginia al personaggio? Così, Giuda è affiancato da una "signora Giuda", come nelle coppie di fantocci che si bruciano a volte a Pasqua in Spagna. Nonostante la sua volgarità, la rima non è ragione, anche se fa obbligo: "Esse [le donne] valgono bene i Giuda", afferma con forza anche Drieu la Rochelle[16].

Infine, il sordido sessuale è davvero migliore del *cherchez la femme* di quegli autori che immaginano una moglie di Giuda esacerbata dalla generosità del marito, troppo pronto a spendere senza riflettere per accogliere Gesù e i suoi discepoli? Ancora una volta, i fantasmi etimologici accorrono in aiuto delle chimere dei diversi scrittori: quando si è immaginata una derivazione di "Iscariota" dal latino *scorteus*, "in pelle", si sottintende subito il nome latino *scortum*, che designa tanto la pelle quanto chi, uomo o donna, si prostituisce.

Il tema di un Giuda femminile è lungi dall'essere un hapax. Lo ritroviamo con finalità diverse in una moltitudine di romanzi e poemi, e non sempre con connotazioni esclusivamente negative. Prima di diventare una caratteristica della decadenza, la "femminilizzazione di Giuda" è già presente in Balzac, che inventa ora una "signorina Giuda" (*Papà Goriot*), ora un "Giuda femmina" (*Envers de l'histoire contemporaine*), tra molti altri "piccolo Giuda" e "Grande Giuda" (*Le illusioni perdute*). Nel 1882, in pieno decadentismo, Catulle Mendès segue le orme di Balzac, battezzando con il nome di "signorina Giuda" uno dei suoi mostri femminili parigini, mentre Arthur Ar-

[16] Drieu la Rochelle, *Les chiens de paille*, cit., p. 117.

nould firma, con lo pseudonimo di A. Matthey, *La femme de Judas* (si tratta della seconda parte del suo romanzo *Jean Sans-Nom*). Ritroviamo una "signora Giuda" sotto la penna di un certo Georges Eekhoud, nel 1899. A Londra, nel 1903, il drammaturgo Frank Barrett pubblica il suo *Lady Judas*. Albert Malaurie non è che un epigono quando, nel 1924, pubblica, nella stessa linea misogina, il romanzo *La femme de Judas*. Da uomo a donna, il passaggio è spesso impercettibile.

Quindi, un Giuda transessuale? Come minimo, il primo Giuda omosessuale fa la sua comparsa nel 1896 con l'opera teatrale *At Saint Judas's*, di Henry Blake Fuller, e ritorna regolarmente fino alle *Mémoires de Judas* di Pierre Bourgeade, con i suoi fantasmi di sodomia e complessi di castrazione.

Le incertezze sul sesso di Giuda – nel viennese Otto Weininger, all'epoca dell'Apocalisse gioiosa, l'antifemminismo e l'antisemitismo sono indissolubilmente legati – non si fermano alla femminilizzazione. Nell'immaginario antisemita del XIX secolo, ritroviamo il tema del Giuda ermafrodita, "come tutti gli ebrei", evocato a proposito della prostituzione: la prostituta ebrea ha un "clitoride duro e a forma di pene". Analogamente, l'associazione ebreo/prostituto reintroduce il tema del denaro, mentre la sua depravazione non può finire altro che con un suicidio[17]. Ma anche qui, se è impossibile risalire all'origine di questo fantasma, la sua antichità è indubbia, proprio come l'idea secondo cui Giuda è un castrato. Fin dal 1517, Ulrich von Hutten parla, nelle sue *Lettres des hommes obscurs*, di colui che ha "tagliato i testicoli a Giuda" per evocare la circoncisione. Dal momento che l'opera fu pubblicata per il riscatto di Reuchlin, accusato di difendere gli ebrei, e la parodia è evidente, non è possibile attribuirgli la paternità dell'idea, ma la formula è interessante per il luogo comune in essa già attestato[18]. Pertanto, non ci si meraviglierà del fatto che nel XVII secolo Abraham a Sancta Clara, il poligrafo viennese degli agostiniani oggi noto soltanto per l'elogio del giovane Heidegger, abbia potuto interrogarsi sul sesso di Giuda. Analogamente, nel Quevedo (1580-1645) dei *Sogni*, Giuda è un essere ibrido, "diviso":

> Invero, egli aveva un aspetto da eunuco, ed era impossibile che non lo fosse, perché inclinazioni tanto perverse e una mente di simile obliquità non avrebbero trovato rifugio in altri che non fosse un essere né uomo né donna. Chi, se non un castrato, sarebbe incorso nella vergogna di baciare il Cristo allo scopo di venderlo? Chi, se non un castrato, si sarebbe dannato per denaro? Chi, se non un castrato, avrebbe avuto tanto poco coraggio da suicidarsi, dimenticando l'infinita misericordia di Dio?

Preoccupato per la propria ortodossia, Quevedo ammette di credere volentieri "a tutto ciò che afferma la Chiesa romana, ma all'inferno mi parve pro-

[17] Gilman, *The Jewish Foot*, cit., p. 104-07 e 122.
[18] U. von Hutten, *Lettres des hommes obscurs*, Les Belles Lettres, Parigi, 2004, II, 70, p. 668-69.

prio che Giuda fosse castrato" e glabro come un diavolo, forse perché i suoi peli rossi sono bruciati tra le fiamme[19]. Il diavolo castrato è poco ortodosso ma, essendo la storia di Giuda quella tanto degli avatar del personaggio quanto dei fantasmi da lui suscitati, citeremo qui le *Mémoires d'un névropathe* (1903) del presidente Schreber, che tanto hanno richiamato l'attenzione di un Freud e di un Lacan. Nella lotta che lo oppone a Dio, che vuole fare di lui una "puttana femminea", egli incontra dei diavoli ed evoca di sfuggita (in un'unica menzione) la figura di Giuda: "A proposito di Giuda Iscariota, ho saputo che, per aver tradito Gesù Cristo, era divenuto demone di terra (*Grundteufel*)", come tutti i diavoli che venerano Dio e subiscono la sua purificazione[20]. Il brano è di difficile interpretazione e in genere passa sotto silenzio: senza cercare di forzarlo troppo per fargli dire quel che non dice, esso acquisisce tutto un significato in confronto alle favole sul sesso di Giuda, progettando una strategia per uscire dalla persecuzione: "È per *disarmare* Dio che egli ha voluto trasformarsi in donna", scrive per l'appunto Elias Canetti. "La sua femminilità era adulazione e sottomissione a Dio; dal momento che altri si inginocchiavano davanti a Lui, anch'egli si offriva al suo godimento. È per attirarlo al suo fianco, per impadronirsi di Lui, che l'ha indotto ad avvicinarsi mediante false apparenze. Per poi subito trattenerlo con tutti i mezzi"[21]. Diviso fra la tentazione del suicidio e la castrazione per transessualità, si uniforma al Giuda di cui Quevedo schizza il ritratto: all'inizio del suo racconto, Schreber darà un nome all'assassino dell'anima con il quale egli si identificherà[22]. Nella stessa epoca, nella sua *Ballad of Judas Iscariot* (1878-1883), un poema dal forte sentore fantasmatico e tinto di transessualità, Robert Buchanan immaginerà uno scenario assai simile[23]. Forse l'uno o l'altro ricordavano che Giuda, nella tradizione europea, è il padre di tutte le donne di facili costumi[24]?

Non potremmo terminare queste brevi considerazioni sul sesso di Giuda senza evocare il famoso *Bacio di Giuda* di Beardsley, pubblicato nel 1893, e il suo Cristo più ermafrodito del ragionevole, con smorfie alla Rossetti e tunica lunga, addossato a un tronco d'albero osceno, e un Giuda nano con un at-

[19] Quevedo, *Sogni e discorsi*, cit., p. 100-01.

[20] D.P. Schreber, *Mémoires d'un névropathe*, trad. P. Duquenne e N. Sels, Seuil, Parigi, 1975, p. 29.

[21] E. Canetti, *Masse et puissance*, trad. R. Rovini, Gallimard, Parigi, 1966, p. 477 (tit. orig. *Massa e potere*, Adelphi, Milano, 1978).

[22] Cfr. N. Sombart, *Chronique d'une jeunesse berlinoise*, trad. O. Mannoni, Quai Voltaire, Parigi, 1992, p. 332-35, per questa associazione del nome di Giuda alla femminilizzazione; vedi anche N. Sombart, *Les mâles vertus des Allemands*, Cerf, Parigi, 1999, p. 189 s., su "Miss Schreber".

[23] E. Kuryluk, *Salome and Judas in the Cave of Sex*, Northwestern University Press, Evanston, 1987, p. 276-78.

[24] C. Fabre-Vassas, *La bête singulière. Les Juifs, les chrétiens et le cochon*, Gallimard, Parigi, 1994, p. 129.

teggiamento da *putto* perverso e invecchiato, quasi idrocefalo, tarchiato e nudo, con un sesso rattrappito a sua immagine. Il lubrico nanerottolo solleva la mano del giovane addormentato per deporvi un bacio, con un gesto di un erotismo macabro[25]. Ma quello stesso bacio va anche ad alimentare intorno a Giuda dei fantasmi non più ermafroditi, ma androgini: proprio come Fabre d'Olivet aveva immaginato un Caino che violenta Abele, Drieu immaginerà un Giuda maschio che penetra la passività femminile di Gesù per formare una coppia saldata in una figura drammatica caratterizzata dalla "compenetrazione di Giuda e Gesù", vale a dire segnata dalla riunione dei due sessi nell'androginia, ma anche la loro reversibilità[26].

Da Jörg Ratgeb ad Aubrey Beardsley, Giuda avrà percorso tutta la gamma dei sessi e delle perversioni. Se Krafft-Ebing avesse letto meglio il presidente Schreber o fosse stato più religioso, forse gli avrebbe dato un posto nella sua *Psychopathia sexualis* a fianco di Sacher-Masoch. Giuda avrebbe avuto tutti i sessi e tutte le sessualità. Nel XX secolo, con il cambiamento della giurisprudenza in materia coniugale, gli mancava lo stupro, preferibilmente quello di sua madre: a questa mancanza rimedierà la poetessa americana Anne Sexton (1928-1974)[27].

Il corpo di Giuda non avrà cessato di accumulare stranezze, fin dopo la sua morte. Così, la *Legenda Aurea* si fa eco di numerose tradizioni in cui il suo cadavere viene "vomitato" dalla terra o dall'acqua ogni volta che si cerca di farlo sparire. Ambroise Paré avrebbe avuto ragione di evocare Giuda nel suo trattato sui mostri.

[25] Kuryluk, *Salome and Judas in the Cave of Sex*, cit., p. 260 s. e 280.

[26] J. Lansard, "Drieu la Rochelle ou la passion tragique de l'unité. Essai sur son théâtre joué et inédit", in: *Judas*, Aux Amateurs des Livres, Parigi, 1987, p. 276-78 e 352-53.

[27] A. Sexton, "The Legend of the One-Eyed Man" (1963), in *Complete Poems*, Mariner Books, Boston-New York, 1999, p. 112-15; l'intera poesia è sul tema di Giuda lo "schifoso" che "non era certo un genio".

Capitolo 5

GIUDA NEGLI APOCRIFI E NELLA LETTERATURA PROFANA DEI PRIMI SECOLI

Nel 381, una "grande anima giunta da Occidente", una certa Egeria, si reca a Gerusalemme, dove assiste al rituale liturgico della Settimana Santa. Il Mercoledì Santo, recandosi all'ufficio, è testimone di un curioso episodio che attesta della "popolarità" ormai consolidata di Giuda: un sacerdote si trova di fronte alla cancellata, prende il Vangelo e legge il brano in cui Giuda Iscariota va a trovare gli ebrei e fissa il prezzo da ricevere (*definivit quid ei darent*) per consegnare loro il Signore. Mentre i Vangeli presentano un Giuda che cerca di negoziare, in nessun caso egli "fissa" il prezzo. Ormai, la distorsione ha operato i suoi effetti: Giuda è "giudaizzato" e interessato unicamente al denaro. Il seguito non è meno interessante, perché la violenza delle emozioni suscitate evoca il teatro della Passione, che ebbe successo nel Medioevo come al tempo dell'apogeo dei Gesuiti. Appena viene letto questo passaggio sul prezzo del tradimento, riprende Egeria, "si odono grida e gemiti tanto grandi da parte di tutto il popolo che nessuno può evitare di commuoversi fino alle lacrime. Subito dopo si recita una preghiera [...]"[1]. Poi, negli altri giorni, di Giuda non si parla più. Ecco un segno delle varie mentalità e di ciò che allora preoccupava gli animi. I ruoli non sono certo distribuiti meno perfettamente. Da un lato Giuda e gli ebrei, dall'altro i fedeli e i catecumeni. Il Giuda qui considerato è quello di cui parla *La Passione del Cristo* di Gregorio Nazianzieno (329-390):

[1] Egeria, *Journal de voyage*, a cura di P. Maraval, Cerf, coll. "Sources chrétiennes", Parigi, 1997, 34, p. 278-79 (trad. it. *Egeria. Pellegrinaggio in Terra santa. Itinerarium Egeriae*, Nardini editore, Firenze, 1991).

> Ascolta, Giuda, tutto il bene che egli ti ha fatto. Ti ha fatto uscire dalle tenebre dell'ignoranza, ti ha salvato, ti ha mostrato la luce della salvezza; ti ha fatto la grazia di numerosi miracoli [...]. Affidandoti tutto il denaro, ti ha tolto la scusa dell'indigenza. Tu hai sempre rubato, non credere che egli lo ignorasse ma, nella sua suprema bontà, non ti ha mai rimproverato, non era toccato dal tuo atteggiamento. Benché ti conoscesse alla perfezione prima del tuo crimine, non ha esitato a lavare i tuoi piedi criminali e a offrirti il pane eucaristico. E dopo aver ricevuto da lui questi doni, tu, il più odioso degli uomini, tu l'hai tradito, tu hai accettato il prezzo del sangue, forse eri travolto dalla cupidigia, ma non hai scuse [...].

Per Gregorio, Giuda ormai deve solo tacere: "Tu non hai alcun motivo per aprire bocca e avanzare pretesti [...], neppure se tutto l'inferno accorresse in tuo aiuto e diffondesse su tutta la terra le sue perverse ragioni". La sua fede si è spenta ed egli non appartiene più alla razza dei mortali. Si esita perfino a dire che è "nato da Dio". Ci vorranno secoli prima che Giuda ritrovi la parola.

Nella stessa epoca, sembra che egli faccia la sua comparsa nell'iconografia cristiana. Così, possiamo trovare il bacio di Giuda sulla parete anteriore di un sarcofago del IV secolo, a Porta Maggiore a Roma. Sul sarcofago di Santa Maddalena, a Saint-Maximin, Gesù e Giuda si fronteggiano. Anche il fonte della chiesa di San Giovanni in Valle, a Verona, sempre del IV secolo, che ispirò forse *Il bacio di Giuda* di Giotto, il ciborio di San Marco o il mosaico di Sant'Apollinare Nuovo riprendono la scena del bacio[2]. Quanto all'impiccagione[3], essa figura fin dall'inizio del V secolo sul pannello in avorio di un cofanetto (British Museum), che rappresenta anche la prima testimonianza di una crocifissione cristiana: a sinistra un Giuda impiccato, di profilo[4], con le braccia penzoloni e gli occhi al cielo; a destra il Cristo in croce, trionfante[5]. L'albero dal quale pende Giuda è curvo e sembra inchinarsi di fronte alla croce. Ai piedi di Giuda, il cordone della borsa evoca il serpente, come per dire che è frutto del peccato originale. Giuda rappresenta Adamo che ha conosciuto la morte per essersi lasciato sedurre da Satana. Dalla fine del IV secolo, l'opposizione è netta, per non dire stereotipata. Le sette contestatarie non sono state ascoltate.

Per comprendere come si sia giunti a ciò, si impone una deviazione attraverso gli apocrifi cristiani e la letteratura religiosa e profana dei primi secoli,

[2] Cfr. F. Tristan, *Les premières images chrétiennes*, Fayard, Parigi, 1996, p. 359-60.

[3] Per un elenco di tutti gli esempi di rappresentazione della morte di Giuda dal III-IV secolo fino a verso il 1350, cfr. F. Cutter, *Art and the Wish to Die*, Nelson Hall, Chicago, 1983, p. 158-62.

[4] Sul senso di questa contrapposizione, spesso ripresa nel Medioevo, vedi M. Schapiro, *Les mots et les images*, Macula, Parigi, 2000, p. 110 s. (trad. it. *Parole e immagini*, Pratica Editrice, Parma, 1985).

[5] Tristan, *Les premières images chrétiennes*, cit., p. 567-68; A. Murray, *Suicide in the Middle Ages*, Oxford University Press, Oxford, 2000, vol. 2, *The Curse of Self-Murder*, frontespizio e p. xii.

altrimenti si farebbe fatica a concepire il fatto che un personaggio tanto imprecisato, che nei Vangeli non ha corpo né volto, con un nome tanto comune ai suoi tempi, abbia potuto ricevere una simile identità. Dopo tutto, non sempre il movimento di demonizzazione di Giuda era apparso irresistibile. È significativo il fatto che, a metà del II secolo, ad esempio, Marcione, l'"eretico per eccellenza", che contrapponeva il Dio ebraico, creatore della Legge, al Dio buono del Nuovo Testamento, abbia sentito il bisogno, per ragioni interessate, precisa Tertulliano, di omettere dal suo "vangelo" la quasi totalità dei passaggi riguardanti Giuda, da Satana che entra nell'apostolo fino al bacio[6]. Si tratta certamente di un'omissione, ma si può parlare di apologia? Saremmo tentati di crederlo quando veniamo a sapere che, per lo stesso Marcione, il Cristo discende all'inferno solo per salvare Caino e tutte le nazioni che non riconobbero il Dio degli ebrei. Allora, perché non Giuda? Sembra però che Marcione non pensasse molto al Giuda dei Vangeli. Certo, a voler credere a Ireneo di Lione nel suo *Adversus haereses* (libro I, 31, 1), scritto nel II secolo, esisteva un *Vangelo secondo Giuda*, mentre lo Pseudo-Tertulliano fustiga quei pochi che "credono di dover solennemente ringraziare Giuda per il suo tradimento" destinato a "compiere la salvezza del genere umano"[7]. Tuttavia, queste sono posizioni visibilmente minoritarie. Nel suo scritto contro gli ebrei, genere all'epoca in pieno sviluppo, lo Pseudo-Cipriano sostiene però che essi amano Giuda.

Di fronte a simili eretici, infatti, la leggenda nera era già in procinto di diffondersi. Giuda non aveva un'infanzia, per cui si stava per concedergliene una. Il *Vangelo arabo dell'infanzia* (33) riferisce quindi che "quando Gesù aveva tre anni, vi era una donna il cui figlio era un infelice. Il suo nome era Giuda". Il demonio aveva preso ben presto possesso di lui, al punto da fargli mordere morbosamente tutti coloro che si avvicinavano. Un giorno, quando Gesù gli fece visita, tentò di morderlo, mancò il colpo e lo colpì invece sul fianco destro, nel punto in cui la lancia lo avrebbe trafitto durante la Passione. Gesù si mise a piangere, e il demonio uscì da Giuda come un "cane rabbioso".

Dopo l'infanzia, la famiglia. Nel V secolo, il *Libro della Resurrezione di Bartolomeo*, detto anche *Vangelo di Bartolomeo* (2, 2), introduce un altro personaggio, la moglie di Giuda, che trova posto in altri apocrifi e che ricorrerà regolarmente, soprattutto nel XX secolo[8], secondo il principio: quale marito, tale moglie. In questo testo, giunto fino a noi in copto, la donna è la nutrice

[6] Cfr. A. von Harnack, *Marcion. L'évangile de Dieu étranger*, Cerf, Parigi, 2003, in particolare p. 80 (trad. it. *Marcione. Il Vangelo del Dio straniero*, Marietti, Genova-Milano, 2007).

[7] Pseudo-Tertulliano, *Contre tous les hérétiques* (*Adversus omnes haereticos*), trad. M. de Genoude, 1732, II, xlvii.

[8] Cfr. infra, "La promozione di Giuda" (cap. 10).

del figlio di sette mesi di Giuseppe d'Arimatea. Dopo che Giuda ha ricevuto le trenta monete d'argento, il bambino, vedendo suo padre, grida: "Vieni a togliermi dalle mani di questa donna feroce [...]". Lo stesso documento tratta gli ebrei da cani e spiega che Giuda prese le parti di suo padre il diavolo (6, 4-5), prima di associare il traditore a Giuda e a Caino. Anche qui, simili associazioni avranno una lunga posterità, che giungerà fino ai tempi moderni.

Infine, secondo gli *Atti di Tommaso* (32), Giuda venne assoldato per tradire Gesù dallo stesso serpente che convinse Eva a offrire la mela, spinse Caino al fratricidio e "indurì" il cuore del Faraone, mentre il testo associa per la prima volta (§ 84) l'adulterio, l'omicidio, il furto e l'impiccagione.

In breve, tre-quattro secoli dopo gli eventi, Giuda ha guadagnato una famiglia e un'infanzia da nevrotico e posseduto, oltre a una moglie. L'esegesi patristica ha confermato i testi – a cominciare da Origene nei suoi *Commenti ai Vangeli* – ma Giuda, nella prosa dei Padri e negli apocrifi, è ben lungi dall'essere quel mostro che diventerà nel Medioevo. Tuttavia, gli ingredienti sono già tutti qui.

E sono quelli che il sacerdote spagnolo Giovenco riunirà verso il 330 "traducendo" il Vangelo in versi di fattura virgiliana a beneficio di un'élite erudita. E ciò che di primo acchito colpisce in questo testo profano (*Historia evangelica*) è il fatto che Giuda fa parte di quei rari patronimici che ricorrono più spesso qui che nelle pericopi evangeliche corrispondenti[9]. Se Giovenco tende a fare di Giuda un professionista del crimine trattandolo spesso da *traditor* o da *proditor*, si mostra ancora più ansioso, anch'egli, di presentarlo come simbolo dell'ebraicità, piuttosto che come mostro. Nel suo *Carmen paschale*, nel V secolo, Sedulio sarà meno prudente e non resisterà alla tentazione di riversare su Giuda un torrente di improperi: "Essere sanguinario, feroce, temerario, insensato, ribelle, perfido, crudele, bugiardo, venale, iniquo, fellone impietoso, barbaro traditore, empio malfattore"[10]. In compenso, Giovenco innova sottolineando per tre volte che Giuda è *amens*, che ha perduto il ben dell'intelletto, in altre parole è pazzo. Non potendo migliorare in verità, Giuda riceve infine, per la prima volta, un carattere, un tipo psicologico di cui si troveranno echi ben più avanti nella *Pseudodoxia epidemica* di Thomas Browne e nell'*Anatomia della malinconia* di Robert Burton, poi con Lavater e ancora nel XIX secolo: Giuda è un solitario taciturno dalla follia corrosiva. È sfuggente e ha il cuore pieno di veleno, precisa Giovenco sull'esempio di Ambrogio. "Dal momento in cui appare Giuda, i versi di Giovenco si mettono a sibilare e a ringhiare sordamente", osserva d'altro canto J.M. Poinsotte. La tonalità del verso fa eco alla voce attribuita a Giuda. Non si tratta di un bana-

[9] J.-M. Poinsotte, *Juvencus et Israël. La représentation des Juifs dans le premier poème latin chrétien*, PUF, Parigi, 1979, p. 222 e n. 852.

[10] Ivi, p. 222 e n. 853.

le fenomeno di allitterazione, perché la poesia latina, da Virgilio in poi, ha preso l'abitudine di evocare i serpenti attraverso l'espediente delle sibilanti. In realtà, Giovenco forza questa caratteristica prestando una "voce carezzevole" al simulatore, al punto che l'episodio del bacio diviene più scandaloso nella *Historia* che nel Vangelo: "La parola del traditore diede la morte al Cristo con la stessa dolcezza con cui quella del Cristo dava la vita"[11]. Paolino di Nola, nel IV secolo, pur rinomato per la sua moderazione, parlerà di bacio "parricida", mentre per Leone Magno, nel secolo successivo, Giuda è il "maestro del crimine". Teofilatte, con Papia, aggiungerà la bestemmia: "Infatti, Giuda prese il pane ma non ne mangiò; lo nascose per dimostrare agli ebrei che Gesù chiamava pane il suo corpo".

A metà del IV secolo, Giuda era divenuto il tipo stesso del malinconico. E le circostanze della sua morte, così come furono esposte dagli Atti degli Apostoli, erano ormai un luogo comune per designare gli eretici. Quando Atanasio o, più tardi, Rufino narrano la morte dell'eretico Ario, si riferiscono direttamente a Giuda: quando si ritirò nelle pubbliche latrine, scrive Rufino nella sua *Historia ecclesiastica* (I, 16), "gli intestini e tutte le sue viscere si riversarono nelle condutture di questi luoghi di decenza". E nel 356, in una lettera a Serapione, Atanasio precisa che Ario cadde con la testa in avanti e si spaccò in due. Simili scabrosi dettagli non mirano ad altro che a identificare Ario con Giuda: Ambrogio, Epifanio e Gregorio Nazianzieno faranno lo stesso, mentre Eusebio di Cesarea riferirà la morte di Montano e di Massimiliano in termini che evocano chiaramente l'impiccagione di Giuda. Tutti gli avversari dei Padri sono altrettanti Giuda[12]. La leggenda ha conseguito un grado più alto: Giuda è ormai contagioso come il suo argento che tutti rifiutano ma riciclano senza sosta (e il legame tra il denaro e le feci non ha certo dovuto attendere, per imporsi, Gregory Bourke e la psicanalisi). Il suo solo nome possiede un valore simbolico e redibitorio. Non vi è neppure bisogno di citarlo per nome: un Giuda deve per forza morire da Giuda. Ario viene identificato con lui, ed entrambi ai loro escrementi: l'uno e l'altro rifiutano la propria sostanza e in fin dei conti la propria vita[13]. Il legame tra Giuda e Ario diventerà un *topos* dell'iconografia e della teologia. Lo ritroviamo in Beda così come nel manoscritto degli *Officia* di New Minster, all'inizio del XI secolo, che li rappresenta entrambi nudi e panciuti, con catene ai piedi[14].

[11] Ivi, p. 225-27.

[12] Cfr. F. Thélamon, *Païens et chrétiens au IVe siècle. L'apport de l'"Histoire ecclésiastique" de Rufin d'Aquilée*, Études augustiniennes, Parigi, 1981, p. 446-48.

[13] Ivi, p. 450-51.

[14] E. Kantorowicz, "The Quinity of Winchester", in *Selected Essays*, J.J. Augustin Publisher, New York, 1965, p. 100-20, qui p. 101, 111 e tavola 25, fig. 1.

Capitolo 6

DAL TRADIMENTO ALL'INCESTO: GIUDA NEL MEDIOEVO

Il *Vangelo di Bartolomeo* aveva imputato il tradimento di Giuda ai cattivi consigli della moglie, furiosa per essere stata rifiutata come nutrice dal figlio di Giuseppe d'Arimatea. In questa prospettiva, il personaggio di Giuda si trova ricollegato ai cicli del Graal, poiché Giuseppe, il figlio di Giuseppe d'Arimatea, ha un ruolo capitale nella traslazione della Sacra Coppa in terra bretone. Tuttavia, la storia di Giuda nel Medioevo va ben oltre l'una o l'altra versione aneddotica. La sua assimilazione agli ebrei e al popolo deicida, nonché la creazione di un Giuda parricida e incestuoso (Edipo o Giuda?) consacrata da Jacopo da Varagine nella *Legenda Aurea* conferiscono al personaggio una dimensione europea, al punto che il destino di Giuda si confonde, per una parte dell'Europa, con quello del popolo ebreo: della sua leggenda esistono versioni latine, ma anche vernacolari, dalla Catalogna alla Boemia, dal Galles alla Finlandia o alla Russia, passando per l'Italia e la Bulgaria. La Francia abbonda in quest'ambito: una trasposizione in versi del XIII secolo, un'altra collegata alla *Vengeance de la mort de Jésus Christ*, una *Vie de Jésus Christ* del XV secolo, una Passione provenzale, senza contare le versioni teatrali che troviamo nei misteri di Arnoul Gréban e di Jehan Michel.

Anche sul piano iconografico si osservano importanti cambiamenti, oltre a una grande profusione. Sul mosaico della navata, lato sud, della chiesa di Sant'Apollinare Nuovo a Ravenna (VI secolo), Giuda ancora non si distingue dagli altri apostoli se non per la sua posizione all'estrema destra, in perfetta simmetria con il Cristo: è l'unico apostolo che si vede per intero, con la testa di profilo, mentre quella di Gesù è di prospetto. Intorno all'anno Mille, nelle rappresentazioni dell'Ultima Cena Giuda è passato dall'altro lato della tavola, rimanendo di profilo e con il corpo contorto. D'ora innanzi la sua perfidia sarà sottolineata dal colore dei capelli e degli abiti. Bisognerà attendere l'*Ultima Cena* di Leonardo da Vinci per vedere un primo strappo a questa regola. Infine, a partire dal XIII secolo, l'apostolo fellone è rappresentato con un demone che entra nella sua bocca nel momento in cui Gesù designa il traditore offrendogli un boccone.

Ma la rappresentazione più saliente rimane quella delle impiccagioni di Giuda, le più sorprendenti delle quali sono quelle di Vézelay e di Autun. Il cadavere di Giuda è deforme, a immagine della sua anima. Pertanto, nella sala capitolare della cattedrale di Autun figura una delle impiccagioni, quella di Gislebertus (XII secolo). Qui non è più questione di simmetria. Giuda è lontano dal Cristo, abbandonato agli artigli dei diavoli entusiasti della loro preda. Caso unico, è appeso a un albero con tre rami; come i demoni, ha la bocca aperta ad accentuare la sua deformità, mentre il corpo nudo è sospeso a una corda rigonfia all'altezza della vita (il soggetto è trattato nello stesso modo a Seaulieu): potrebbe trattarsi della borsa stessa dell'apostolo, a indicare la sua avarizia, a meno che non si tratti invece dei suoi peccati che, non potendo uscire dalla bocca che ha baciato il Cristo, si sforzano di uscire dall'ano sotto la forma di un uccello nero[1]. Potrebbe anche trattarsi semplicemente della perduta aureola dei santi: poiché la salvezza era stata proposta a Giuda come agli altri[2], ma egli l'ha perduta. Come sia, qui non vi è economia della salvezza che tenga. Non possono più esservi dubbi di sorta sul destino di Giuda: all'inferno, tra due diavoli. La chiesa di Sainte-Foy de Conques (XI secolo) è ancora più esplicita nella scena infernale del timpano, in cui Satana troneggia come in maestà al centro dei dannati, impiccato alla sinistra dell'Anticristo che punta un dito verso di lui, quasi a indicare il suo migliore scherano. Giuda ha la borsa intorno al collo, mentre un serpente gli si avvolge intorno alle gambe e un diavolo continua a impiccarlo. Nell'inferno, Giuda sarà impiccato in eterno.

Un inferno su misura

Nella prima metà del XII secolo, un centinaio d'anni prima della nascita di Dante, Pietro Lombardo, l'autore delle *Sentenze*, manuale di teologia per eccellenza del Medioevo, si interrogava, sulla scia di Girolamo, sul destino degli eletti e dei dannati. Con Gregorio Magno, egli constata che non vi sarà più compassione per gli sventurati in paradiso e che, lungi dal gettare un'ombra sulla felicità dei beati, la visione del castigo dei dannati ne ravvive-

[1] Cfr. L. Réau, *Iconographie de l'art chrétien*, PUF, Parigi, 1957, vol. 2, p. 441.

[2] K. Eberle Wildgen, *Saint Judas, Apostle and Martyr. Passion, Theology, Politics, and the Artistic Persona in a French Romanesque Capital*, Peter Lang, New York, 2000, p. 81-82.

rà la beatitudine[3]. Se è vero che questa idea ha suscitato in seguito commenti infiniti, ciò nonostante essa ben definisce la cornice in cui durante il Medioevo viene posta la questione di Giuda all'inferno.

Su quest'ultimo fatto, in ogni caso, non sussistono più dubbi. L'ortodossia agostiniana è passata anche qui. Tutti, più o meno, concordano ormai con il giudizio pronunciato nella *Città di Dio* (I, 3, XVII), che annovera la morte di Giuda nella categoria dei suicidi degni di pietà ma condannabili:

> [...] Chi si toglie la vita è sicuramente omicida: un omicida tanto più colpevole, nell'uccidersi, quanto meno è valido il motivo del suicidio. Se aborriamo a giusto titolo l'atto di Giuda, se la Verità proclama a gran voce che impiccandosi egli, lungi dall'espiarlo, ha aggravato il misfatto del suo esecrabile tradimento perché, disperando della misericordia divina, ha precluso a se stesso, con il suo funesto rimorso, ogni via verso una salutare penitenza (*Matteo* 27, 3-5), a maggior ragione deve astenersi dal suicidio colui che non ha nulla dentro di sé da punire con un simile supplizio! Infatti, suicidandosi, Giuda ha ucciso uno scellerato, ma perdendo egli stesso, colpevole insieme della morte del Cristo e della sua. Poiché, uccidendosi a causa del suo precedente crimine, si è reso colpevole di un ulteriore delitto.

Dagli autori religiosi alla *Passion des jongleurs* (fine XII-inizio XIII secolo), passando per Bonaventura o Tommaso d'Aquino, tutti concordano su questo punto: non poteva esservi remissione senza contrizione. Il suicidio ha segnato la sua disperazione, ed egli non potrà essere salvato[4]. La *Dîme de pénitence* di Jean de Journy, poema della fine del XIII secolo, esprime il parere comune quando il suo autore spiega (v. 1097 s.) che il pentimento di Giuda era imperfetto, poiché egli dubitò della clemenza divina:

Judas contriction rechut
Mais une chose le dechut
C'est chou qu'il eust desesperanche
D'avoir de ses pecciés suitanche.

Giuda si pentì
ma ciò che lo perdette
fu la disperazione
di vedere i suoi peccati perdonati.

Più di un secolo dopo, Arnoul Gréban sarà meno vago: Giuda verrà a sapere dalla stessa bocca della Disperazione che il suo crimine non può essere per-

[3] P. Lombardo, *Sentenze* IV, 50; e H. Urs von Balthasar, *L'enfer. Une question*, trad. J.-L. Schlegel, Desclée de Brouwer, Parigi, 1988, p. 46-47 (trad. it. *Breve discorso sull'inferno*, Queriniana, Brescia, 1988).

[4] *La passion des jongleurs*, testo compilato in base alla *Bible des sept estaz du monde*, di Goffredo di Parigi, Beauchesne, Parigi, 1981, v. 1032-43.

donato. Il dialogo si svolge in questo modo. Giuda viene a sapere che, anche senza suicidio, è troppo tardi. Il suo inferno sarebbe "speciale". Nel terzo giorno della Passione, dopo aver assistito al calvario di Gesù, vede avvicinarsi una Dama e la interroga:

> *Giuda* – Da dove vieni?
> *Disperazione* – Dal fondo dell'inferno.
> *Giuda* – Come ti chiami?
> *Disperazione* – Disperazione.
> [...]
> *Giuda* – Tanto grave ti sembra il mio caso, orrendo mostro? Ne va della mia vita?
> *Disperazione* – È chiaro che il tuo peccato non potrà mai esserti perdonato.

Disperazione spiega che certamente Dio potrebbe perdonare Giuda, ma che non lo vorrà mai, ed egli non potrebbe nemmeno contare su colei che chiama la "dolce Vergine Maria", tanto l'ha fatta soffrire. Al colmo dello smarrimento di Giuda, Disperazione lo invita a "fare il salto": non gli rimane che togliersi la vita. "Affrettati a mettere fine ai tuoi giorni, e fallo di buon animo". Gli lascia comunque scegliere le modalità della propria morte: il traditore sceglie l'impiccagione a un vecchio albero di sambuco, "nodoso e pieno di rami". Al momento di esalare l'ultimo respiro, Giuda rimette anima e corpo ai diavoli.

È essenziale tenere bene a mente questa teologia del perdono, quando si affronta il capitolo dei supplizi particolari riservati a Giuda, talvolta in buona – benché ridotta – compagnia.

In Dante, il nono girone dell'Inferno conta una quarta zona, la "Giudecca", riservata ai traditori dei benefattori. I più colpevoli vengono divorati da Lucifero: qui Bruto e Cassio fiancheggiano Giuda. Tutti i traditori si trovano nella stessa situazione: ogni atto di tradimento, ora come allora, replica quello di Giuda[5]. Ma è quest'ultimo che "ha maggior pena" (*Inferno* XXXIV, 61). Curiosamente, Dante si ferma qui. Ma la sua asciuttezza e brevità sono lungi dall'essere rappresentative. Sempre nel XII secolo, le visioni di Alberico de' Settefrati (verso il 1130) immaginano un luogo di speciale castigo per Giuda, Anna, Caifa ed Erode. Votati alle tenebre più fitte, periscono senza giudizio.

Il viaggio di san Brandano di Benedetto[6], uno dei più antichi testi narrativi noti in lingua francese, ma anche uno dei testi fondatori del mito medievale di Giuda, anteriore perfino alla *Legenda Aurea*, si sofferma con forza sull'"inferno personale" di Giuda.

[5] E. Kantorowicz, *Mourir pour la patrie*, PUF, Parigi, 1984, p. 138.

[6] Benedeit, *Le voyage de saint Brandan*, trad. I. Short, Parigi, 10/18, 1984 (trad. it. *Il viaggio di san Brandano*, Pratiche, Parma, 1994).

Nel corso del suo periplo, Brandano intravede un uomo seduto su un masso: "Le onde lo sferzano e lo fanno morire di una morte senza fine", che non cessa d'estate né d'inverno. "Un'onda lo urta e lo fa affondare; un'altra lo colpisce da dietro e lo spinge di nuovo verso l'alto". Giuda è estenuato da questo "perenne dondolio", accerchiato da ogni lato dai supplizi (v. 1229-1238). Come per il Cristo, la sua morte è unica nel suo genere. I suoi supplizi seguono un ciclo settimanale, dal lunedì al sabato, in cui nulla gli viene risparmiato. Pieno di compassione, Brandano ordina al disgraziato di parlare. E Giuda si racconta: ha finto di amare, ha mancato al dovere di carità verso i poveri, e soprattutto, dopo essersi sovvenuto dalla propria viltà, è entrato in una furia folle e si è ucciso quando avrebbe dovuto pentirsi. "Poiché sono morto senza confessione, sono dannato per l'eternità" (v. 1299-1300). E dal momento che la sua bassezza è senza eguali, soltanto lui deve soffrire "due inferni": "Un giorno salgo, il giorno dopo scendo; così il mio tormento non finisce mai. Quando cambio inferno, non è per alleviare le mie sofferenze, ma per esacerbarle" (v. 1349-1352). Commosso fino alle lacrime, Brandano ordina ai diavoli, nel nome di Gesù, di accordare un giorno di tregua allo sventurato (sembra che l'idea del giorno di tregua per i dannati sia di origine ebraica). Ma appena egli riparte, i diavoli ricominciano la loro opera. Ritroviamo in parte gli stessi supplizi in un'opera un tempo attribuita a Pietro il Venerabile, la *Visione del monaco Guillaume*, con sale sulle piaghe e graticole in una "messinscena culinaria"[7].

Nel *Mystère de la Passion* di Arnoul Gréban (metà del XV secolo), Giuda ha ancora diritto a una sorte particolare nell'inferno. Varagine è passato di qui, e la sventura di Giuda viene aggravata. I diavoli si apprestano a giocare con la sua anima, rilanciandosela con calci e pugni:

Astaroth – Lucifero... Quando avrete finito con quest'anima, datela a noi, per giocare un poco e divertirci.
Lucifero – Tenete, miei piccoli cerberi, miei giovani discepoli, giocate un po', invece di marcire nel letame.
Berich – Qui, voglio cominciare io.
Fergalus – Perché?
Berich – Io ho presentato tutte le istanze...
Astaroth – Forza, diavoli! Forza! Tocca a lui!
Fergalus – Tocca a lui! È ora di cominciare i giochi[8].

[7] Cfr. J. Baschet, *Les justices de l'Au-delà. Les représentations de l'enfer en France et en Italie (XIIe-XVe siècle)*, École française de Rome, Roma 1993, p. 114-15.

[8] A. Gréban, *Mystère de la Passion*, a cura di G. Paris e G. Raynaud, Parigi 1878, in-8°, v. 22.106; in francese moderno, *Le mystère de la Passion*, Gallimard, coll. "Folio", Parigi, 1987 (il passaggio è assente dalla versione qui citata).

Per Giuda, è la fine di ogni speranza. Tutti possono essere perdonati, tranne lui. E chiunque è libero di divertirsi con la sua morte e la sua anima dannata. Gli era stata offerta una prima opportunità per convertirsi, ma egli ha tradito. Nessuno può più fare nulla per lui: la *Legenda Aurea* ha cominciato a dispiegare i suoi effetti.

La *Legenda Aurea*: Giuda parricida e incestuoso

Nel suo studio sulla leggenda medievale di Giuda, Jean R. Scheidegger ha giustamente riconosciuto all'opera i "mitemi edipici" con alcune deformazioni (ad esempio, Giuda eredita dal suicidio di Giocasta, mentre Edipo sopravvive). La maggioranza dei ricercatori concorda, benché la primissima versione della leggenda sia scomparsa, nel vedervi un adattamento della storia di Edipo da parte di un erudito desideroso di denigrare il nome di Giuda aggiungendo al suo crimine il parricidio e l'incesto. Nello spazio di una decina di secoli, Giuda ha acquisito non solo un corpo, ma una biografia che obbedisce a questo schema: abbandono del bambino, omicidio, furto, parricidio, incesto. Non manca qui il "mitema della vittoria sul mostro", al quale fa ricorso la "sintassi della leggenda": "Ciò che ne fa le veci è l'assassinio del fratellino putativo: raccolto dalla regina di Iscariota, Giuda viene allevato come il futuro principe, fino al giorno in cui nasce un figlio illegittimo; esasperata dalle incessanti vessazioni che Giuda fa subire al bambino, la regina gli svela la sua illegittimità ed egli, pieno di rabbia e di vergogna, uccide l'innocente"[9]. Mentre la vittoria sulla sfinge era positiva, Giuda-Edipo diviene più cupo del suo predecessore, è "ottenebrato".

Rimane il fatto che l'insistenza sulla natura edipica di Giuda è di delicata interpretazione, poiché se è vero che nel Medioevo la sua vita si costruisce sul modello della "leggenda edipica", lo stesso vale per quella di Gesù. Ciò è vero nel *Roman de Thèbes* come nell'*Ovidio moralizzato* in versi[10]. La gemellanza Giuda-Gesù si trova ancora una volta sottolineata dal parallelismo delle due storie. Nella fattispecie, la poesia si ricollega all'iconografia cristiana che, a partire dal XII secolo, rappresenta talvolta il Cristo con i capelli rossi, come Giuda: "È insieme un'inversione del sistema e un modo di mostrare come i poli opposti finiscano per incontrarsi (idea che rimarrà cara a tutta la simbolica occidentale); è anche e soprattutto una messa in scena dell'osmosi che, con il bacio del tradimento, si opera tra la vittima e il suo carnefice, tra

[9] J.R. Scheidegger, "Traître ou sauveur? Judas dans les traditions chrétiennes et juives du Moyen Âge", in *Publications de l'université Paul-Valéry*, 1997, p. 21-34.

[10] S. Messerli, *Œdipe enténébré. Légendes d'Œdipe au XIIe siècle*, Champion, Parigi, 2002, p. 107-11 e 237-38.

Gesù e Giuda"[11]. Meglio ancora, è una maniera di fare dello scontro Gesù/Giuda una incarnazione terrena del duello Dio/Satana e di innalzare i malvagi all'altezza dei buoni. Gnosi dualistica o gemellanza? L'ambiguità rimane onnipresente. In realtà, all'infuori del mito edipico, è significativo che una vita di Giuda del XII secolo si intitoli *Passione di Giuda*[12].

La *Legenda Aurea* non ne costituisce che l'esempio più ragguardevole, ma è ben lungi dall'essere il primo testo, dopo i Padri della Chiesa e gli apocrifi, ad arricchire la "leggenda nera di Giuda". Prima di Jacopo da Varagine, la testimonianza più interessante è probabilmente rappresentata dalla "Ballata di Giuda", che è anche la ballata più antica composta in inglese[13] (XIII secolo). In questo poema, che contribuisce ad accrescere la coerenza della storia evangelica, è Gesù che comincia ad affidare a Giuda trenta monete d'argento per acquistare cibarie, nel contempo avvertendolo che rischia di incontrare dei parenti sul suo cammino. Giuda incontra la sorella, che disapprova la sua comunella con Gesù (decisamente, con Giuda le donne non avranno mai successo). Nondimeno, lo persuade a ritirarsi nei pressi di una rupe e a sdraiarsi, con la testa sulle sue ginocchia. Giuda si addormenta. Al suo risveglio, il denaro è scomparso. Sopravviene un ricco ebreo, di nome Pilato, che gli propone di vendere il suo maestro. Per non meno di trenta monete d'argento, risponde Giuda. Il ritmo della narrazione accelera, poiché si passa subito alla Cena, in cui Gesù annuncia di essere stato acquistato e venduto per comprare del cibo! La storiella è ingegnosa e presenta il vantaggio di completare la catena della circolazione monetaria, introducendo già un sospetto di incesto con la sorella (se non è la madre, dev'essere per forza la sorella!). Mancano ancora, tuttavia, parecchie tessere del puzzle.

La ballata inglese ebbe il merito di chiarire la questione del denaro, ma rimanevano da precisare le origini di Giuda. Prima della consacrazione operata da Jacopo da Varagine, l'associazione tra il Giuda pentito e il Buon peccatore conferirà altri attributi all'Iscariota. Mentre scriveva *Der Erwählte* (*L'eletto*), Thomas Mann aveva avuto l'intuizione che la storia di Gregorio, che formava la trama del suo romanzo, appartenesse alla sfera o alla lunga catena dei miti di Edipo allo stesso titolo della leggenda di Giuda. Meglio an-

[11] M. Pastoureau, "Rouge, jaune et gaucher. Note sur l'iconographie médiévale de Judas", in M. Pastoureau, *Couleurs, images, symboles. Études d'histoire et d'anthropologie*, Léopard d'Or, Parigi, 1989, p. 72.

[12] *De passione Judas*, a cura di N. Iseley, Chapell Hill, 1941, e A. Boureau, "L'inceste de Judas", in *L'événement sans fin*, Les Belles Lettres, Parigi, 1993, p. 209-30, qui p. 221.

[13] Vedi P.F. Baum, "The English Ballad of Judas Iscarioth", in *Publications of the Modern Language Association*, 31, 1916, p. 181-89; P. Dronke, *The Medieval Lyric*, New York 1969, p. 67-69; D.G. Schueler, "The Middle English 'Judas': An Interpretation", in *Publications of the Modern Language Association*, 91, 1976, p. 840-45; e R. Axton, "Interpretations of Judas in Middle English Literature", in P. Boitani e A. Torti (a cura di), *Religion in the Poetry and Drama of the Late Middle Ages in England*, D.S. Brewer, Cambridge, 1990.

cora, esiste una catena che porta da Edipo a Giuda fino a Gregorio[14]. Anche Mann e Friedrich Ohly dimenticano il *Roman de Thèbes*, in cui è Gesù ad essere nato da un incesto. In altre parole, l'accento viene posto sull'incesto nel momento in cui si inventa il purgatorio per mostrare che pentirsi non basta: ci vuole anche la fede. Giuda aveva un altro mezzo per essere Giuda[15]. Come sia, il confronto tra le *Vite* di Gregorio e di Giuda fa pensare che quella di Giuda sia la più antica, tanto più che sembra esistere una successione logica tra le due: "Gregorio è riconoscibile come un anti-tipo di Giuda, l'uomo della disperazione".

La storia di Giuda sarebbe allora nata da quella di Edipo riscoperta in Occidente poco prima del 1150; Origene, che all'epoca beneficiava anch'egli di un ritorno nella grazia (Abelardo vedeva nel Padre castrato il "più grande filosofo cristiano": aveva "lasciato don Giovanni in Origene" come avrebbe detto Hugo), aveva già accostato i due personaggi di Giuda e di Edipo[16]. In realtà, in *Contra Celsum* (II, 20), parzialmente ripreso nella *Filocalia* composta da Basilio di Cesarea e Gregorio Nazianzieno e riscoperta nel X secolo, Origene (v. 185-v. 250) aveva ampiamente sviluppato il parallelo tra Giuda ed Edipo[17]: l'uno e l'altro (il primo con il Salmo 108, il secondo con l'oracolo a Laio) erano stati preavvertiti, avrebbero potuto astenersi ed evitare di "sottomettersi alla necessità". La loro tragedia è di non aver voluto ascoltare. Tale è il contesto in cui vanno affrontate le leggende di Gregorio e di Giuda, e il ruolo pedagogico che la loro conflagrazione ha potuto giocare. Tutto si intreccia intorno a quello che Origene chiama altrove, sempre a proposito di Giuda, il "resto di bontà" di un "uomo che non ha messo tutta la sua anima nell'essere ostile verso Gesù"[18]. Giuda e Gregorio hanno avuto entrambi una seconda opportunità, che solo il secondo ha saputo cogliere.

[14] T. Mann, "Bemerkungen zu dem Roman 'Der Erwälte'", in *Gesammelte Werke*, xi, 1960, p. 688; cfr. anche *Le docteur Faustus*, trad. L. Servicen, Albin Michel, Parigi, 1950, p. 259 e 339-42 (trad. it. *Doctor Faustus*, Mondadori, Milano, 1996).

[15] A. Guerreau-Jalabert, "Inceste et sainteté. La 'Vie de saint Grégoire' en français (XIIe)", in *Annales ESC*, 1988, p. 1291-319.

[16] F. Ohly, *The Damned and the Elect. Guilt in Western Culture*, con prefazione di G. Steiner, Cambridge University Press, Cambridge, 1992, p. 29 (trad. it. *Il dannato e l'eletto. Vivere con la colpa*, Il Mulino, Bologna, 2001); e P.F. Baum, "The Medieval Legend of Judas Iscarioth", in *Publications of the Modern Language Association*, 31, 1916, p. 609-18.

[17] Cfr. Origene, *Philocalie 21-27. Sur le libre arbitre*, a cura di É. Junod, Cerf, Parigi, 1976, p. 168-71. Vedi anche, per altre fonti più remote, ma egualmente presenti alla mente degli autori medievali, S. Messerli, *Œdipe enténébré*, cit., a proposito di Stazio e Lattanzio Placido, p. 33 s. e p. 107, a proposito di Giuda.

[18] Origene, *Contra Celsum*, II, 10-11; *In Matth. Ser.*, 117; *In ep. Ad Rom.*, 9, 41. Cfr. S. Laeuchli, "Origen's Interpretation of Judas Iscariot", in *Church History*, XXII, 1953, p. 253-68, e H. Crouzel, *Origène et la philosophie*, Aubier, Parigi, 1962, p. 189-90 (trad. it. *Origene*, Borla, Roma, 1986). D'altro canto, Origene non è esente dalla "captazione di eredità" caratteristica dei Padri nei confronti degli ebrei: cfr. J.S. O'Leary, *Origène face à l'altérité juive*, in Coll. "Comprendre et interpréter. Le paradigme herméneutique de la raison", Beauchesne, Parigi, 1993, p. 51-82.

Un rapido richiamo alla leggenda di san Gregorio, di cui esistono numerose versioni in francese antico[19], e che venne adattata e tradotta in altotedesco medio fin dall'inizio del XIII secolo da Hartmann von Aue (c. 1160-1210), mostra come la vita di Giuda sia stata arricchita e sottolinea i notevoli paralleli con la versione data da Jacopo da Varagine. Nel *Gregorius* di Hartmann von Aue, infatti, Gregorio è il frutto dell'unione incestuosa tra un fratello e una sorella, abbandonato al mare la notte stessa della sua nascita, prima di essere accolto in un'abbazia; divenuto cavaliere, libera un'ereditiera e la sposa: in seguito si scopre che ella non è altri che sua madre. Ciascuno vivrà la sua colpa separatamente: Gregorio resterà incatenato per diciassette anni a un masso al centro di un lago, fino al giorno in cui alcuni miracoli indurranno i Romani a eleggerlo papa. Solo allora potrà perdonare sua madre.

Questa è la versione fortunata di una incarnazione della disperazione e della penitenza. Manca il risvolto oscuro: quello di Giuda, che nel poema viene citato come esempio tipico della disperazione e della mancanza di fede, dal momento che la *poenitentia* è opposta alla *desperatio*. Così, Giuda entra abusivamente nella storia del Buon peccatore, prima che la sua storia venga riscritta a immagine di Gregorio. Dopo altre – la prima vita latina completa di Giuda risale al XII secolo[20] – sarà questa nuova biografia ad essere sviluppata da Jacopo da Varagine al Capitolo 45 della *Legenda Aurea*, scritta verso il 1265, in cui egli propone la biografia di Mattia che "fu fatto apostolo in sostituzione del traditore Giuda", ma trova opportuno parlare innanzi tutto di quest'ultimo[21]. L'idea di una leggenda nera che sarebbe nata soltanto nel Medioevo viene smentita dallo stesso Jacopo da Varagine. Egli conosce la leggenda, ma la crede o la vuole più vera della verità: "Si legge, infatti, in una storia certamente apocrifa, che vi fu un tempo a Gerusalemme...". Segue la leggenda di Giuda, che accusa immediatamente strane somiglianze con Gregorio.

Giuda era figlio di genitori ebrei che abitavano a Gerusalemme: il padre si chiamava Ruben, la madre Ciborea. Una notte, dopo che essi ebbero "compiuto i loro doveri coniugali", la donna sognò di essere sul punto di concepire un rampollo "terribile" che avrebbe suggellato la rovina di tutta la razza ebraica. In preda alla più viva angoscia, mise a parte del sogno il marito, che le consigliò di dimenticarlo: tali cose sono suscitate da spiriti maligni. Quando ella partorì un figlio, tuttavia, si ricordò del sogno e, temendo che fosse

[19] *La vie du pape saint Grégoire. Huit versions françaises médiévales de la légende du bon pécheur*, a cura di H. Sol, Amsterdam 1977.

[20] Si contano circa cinquanta manoscritti della vita latina di Giuda e quasi altrettante versioni vernacolari.

[21] Cfr. Jacopo da Varagine, *La légende dorée*, a cura di A. Boureau, Gallimard, Bibliothèque de la Pléiade, Parigi, 2004 (trad. it. *La leggenda aurea*, Sismel, Firenze, 1998).

profetico, progettò di ucciderlo prima o poi ma, infine, lo abbandonò al mare in una cesta[22] come Mosè[23] (*Esodo* 1, 15-2, 10). Il vento e le correnti lo trascinarono fino all'isola di Iscariota, da cui prese il nome.

Ora, la regina non aveva figli e ardeva dal desiderio di un giovane principe che un giorno sarebbe salito al trono. Quando trovò il bambino, lo vide bellissimo e lo fece allattare in segreto fino al giorno in cui poté farlo passare per il proprio figlio, fingendo di essere incinta. Giuda ricevette dunque l'educazione di un principe erede al trono. Poco tempo dopo, tuttavia, la regina ebbe davvero un figlio dal re. I due bambini crebbero insieme, ma ben presto Giuda tradì la propria malvagia natura, maltrattando il fratellino e facendolo spesso piangere. Dal momento che non ascoltava ragioni, la regina, in un momento di collera, finì per rivelargli le sue vere origini. Adirato nel venirlo a sapere Giuda, assumendo il ruolo di Caino di fronte ad Abele, colse la prima occasione per uccidere il fratello e poi fuggì, imbarcandosi per Gerusalemme.

Là, le sue buone maniere e i cattivi istinti gli valsero un posto nel seguito di Pilato, il suo *locus naturalis*, come dirà il romanziere Mario Brelich. Un giorno, mentre dava un'occhiata "da giuda" nel giardino del suo vicino, Pilato fu colto dall'irresistibile desiderio di avere un frutto che aveva intravisto. Si riconosce agevolmente il tema del paradiso e del frutto proibito (ed è così che lo intende l'illustratore della *Vie de Judas* del lezionario di Sciaffusa, verso il 1330). Pilato ha qui il ruolo di Eva, ovvero cede alle insistenze di una moglie bisbetica affinché, dopo essere stato un trovatello come Zeus, Telefo, Edipo, Romolo e Remo "o – per rimanere in atmosfera – Mosè", fratricida come Caino, Giuda diventi il nuovo Adamo, prima di essere ancora Edipo, parricida e incestuoso.

In breve, sempre cortese, Giuda si propose per andare a cogliere il frutto, senza sapere che il frutteto in questione apparteneva al padre Ruben, il quale inaspettatamente apparve. Ne seguì un alterco, nel corso del quale Giuda uccise suo padre. Dal momento che non vi erano testimoni dell'omicidio, si fece correre la notizia di una morte improvvisa e Giuda, con la connivenza di Pilato, sposò la vedova Ciborea, prendendo possesso dei suoi beni e della casa. Senza cessare di piangere e sospirare, ella gli rivelò abbastanza della sua storia perché Giuda prendesse coscienza del proprio crimine e si riconoscesse Edipo: un parricidio associato a un incesto. Spinto dalla madre, si recò da Gesù per implorare il suo perdono. Divenne un discepolo prediletto, prima che la sua malvagia natura riprendesse il sopravvento spingendolo a tradire il maestro per trenta denari d'argento e poi a suicidarsi.

[22] Curiosamente, quando Lattanzio, nelle *Divinae Institutiones* (VI, 20, 23 s.), denuncia le esposizioni di bambini, fornisce proprio l'esempio di Edipo!

[23] Sembra che la storia di Mosè sia servita da trama, e che Ciborea fosse una deformazione di Sefora (*Esodo* 2, 21), il nome della moglie di Mosè.

Dove l'apocrifo tace, Varagine si riallaccia ai testi canonici. Ma la morte del Vangelo di Matteo non gli basta, e nemmeno quella degli Atti degli Apostoli: spinto dal rimorso, aggiunge, Giuda andò a impiccarsi con una corda e, una volta appeso, il suo corpo si aprì nel mezzo e le sue viscere si sparsero tutto intorno. Ritroviamo qui il desiderio di concordanza già osservato nei primi secoli. Il commento innova ulteriormente conferendo maggior credito al mito: "Ma alla sua bocca venne concesso di non vomitare; infatti, non era giusto che venisse insozzata in modo tanto abbietto una bocca che ne aveva toccata un'altra tanto gloriosa, quella del Cristo. Ed era giusto che le sue viscere, le quali avevano concepito il tradimento, fossero squarciate e si spargessero a terra, e che la gola da cui era uscita la parola del tradimento fosse strangolata da una corda. Ed egli morì sospeso in aria, inoltre, affinché colui che aveva offeso gli angeli in cielo e gli uomini in terra fosse separato dalla sfera degli angeli e da quella degli uomini, e venisse associato ai demoni dell'aria". Ritroviamo queste considerazioni in diverse Passioni, per tutto il corso del Medioevo, mentre una Passione tedesca specifica che "Giuda deve possedere viscere di animale, che cadono quando il diavolo gli apre la veste". Sulla scena, queste ultime venivano spesso rappresentate dalle interiora di un maiale ucciso nel periodo pasquale[24].

Oltremanica William Langland, nel suo *Piers Plowman* (*Pietro l'Aratore*, 1360-1390), opera maggiore della fine del Medioevo a fianco dei *Canti di Canterbury* di Chauser, non è affatto più tenero. Lo scellerato Giuda apostrofa Gesù con un "*Ave, Raby*" e con un largo sorriso sulle labbra che gli vale questa risposta: "Quale tradimento intravedo nelle tue dolci parole, quale inganno nel tuo abbraccio, qual veleno nel tuo sorriso!". Il sorriso – il ghigno – è, per una delle prime volte, associato a Giuda e nel contempo al serpente, poiché il riso in questione è considerato velenoso in un'epoca in cui, come dirà Baudelaire, "il Verbo incarnato non ha mai riso"[25]. Ma forse questo sorriso di Giuda, tardivamente documentato, è un'invenzione drammatica estrapolata che fa eco a Luca (6, 25): "Guai a voi che ora ridete, perché sarete afflitti e piangerete". E forse è il riso del diavolo che bisogna sentire attraverso la sua bocca. Alcune omelie di Giovanni Crisostomo su Giuda e gli ebrei[26] o sulla riprovazione del riso tenderebbero a farlo pensare[27]. Il seguito del testo di Langland è più una constatazione che una profezia: "Ah, Giuda, tu di-

[24] C. Fabre-Vassas, *La bête singulière. Les Juifs, les chrétiens et le cochon*, Gallimard, Parigi, 1994, p. 128 e *passim*.

[25] Baudelaire, "De l'essence du rire", in *Curiosités esthétiques. Œuvres complètes*, Gallimard, Bibliothèque de la Pléiade, Parigi, 1951, p. 704.

[26] Cfr. P.-E. Dauzat, *Les Pères de leur mère*, Albin Michel, Parigi, 2001, cap. 8.

[27] Cfr. T. Baconsky, *Le rire des Pères. Essai sur le rire dans la patristique grecque*, Desclée de Brouwer, Parigi, 1996, in particolare p. 53 s. sulla semantica del riso nel Nuovo Testamento. Vedi anche M. Screech, *Le rire aux pieds de la croix*, trad. P.-E. Dauzat, Fayard, Parigi, 2002.

venterai il simbolo del tradimento agli occhi di tutta l'umanità. Ma peggio ancora, la tua scelleratezza si rivolterà contro di te". Alla fine del XIV secolo, infatti, il peggio doveva ancora venire[28].

Giuda nelle Toledoth Yeshu

Mentre il Talmud e la letteratura midrashica passano totalmente sotto silenzio l'episodio di Giuda e si accontentano di timide eco della storia cristiana, gli ebrei hanno trasmesso e conservato un "contro-vangelo", messo per iscritto nel X secolo, ma elaborato fin dal II, che per molti riguardi conferma la "presa in carico della punizione da parte degli ebrei", come nel caso delle narrazioni evangeliche. Questa letteratura spesso giudicata eccessiva da Lutero a Moses Mendelssohn, ciò nonostante è espressione di una resistenza passiva degli ebrei costretti a convertirsi e capovolge completamente i valori. Dal momento che Gesù diviene il frutto di un'unione adultera ed è votato a una morte ignominiosa, non ci può sorprendere di scoprire un Giuda saggio e intelligente, astuto, deciso a smascherare l'"impostura" evangelica, mentre lo stesso Medioevo cristiano riscopre il parallelo Edipo-Giuda e fantastica sulle sue opere incestuose. "La grande rivalità dei gemelli testamentari" – Gesù e Giuda – "si racconta febbrilmente in questo inizio di millennio", osserva giudiziosamente il medievalista Alain Boureau. Non è possibile esagerare il parallelo, poiché se è vero che la prima associazione Giuda-Edipo risale a Origene, e l'incesto di Giuda è un'invenzione dell'XI secolo, l'idea di un adulterio nella Sacra Famiglia è essa stessa contemporanea o quasi delle narrazioni neotestamentarie. Vero è, tuttavia, che i testi conosciuti furono messi per iscritto proprio quando il leggendario cristiano di Giuda conobbe questa svolta decisiva.

In realtà, come ha giustamente dimostrato Jean-Pierre Osier nello studio sulle Toledoth, si tratta di un vero e proprio "mito" che si organizza intorno al confronto tra Gesù e Giuda: quello della trasgressione del solito uccello (nella fattispecie Gesù) che si crede un'aquila e finisce come un pollo[29]. Come nella *Dichiarazione di Giuseppe d'Arimatea*, apocrifo della fine del VI secolo, Gesù è un'impostore che si è impadronito del "Nome ineffabile" e pretende di salire la Scala di Giacobbe infrangendo le leggi naturali. Ora, Rabbi Giuda il giardiniere è un uomo pio e accorto: "Anche lui si eleverà, ma senza esaltazione". Gesù ricorre a sortilegi, e lui farà lo stesso: "Tale è il principio della simpatia, che è anche quello della magia". Quindi, Rabbi Giuda

[28] W. Langland, *Pierre le laboureur*, a cura di Aude Mairey, Publications de la Sorbonne, Parigi, 1999, p. 209 (v. 136-266).

[29] J.-P. Osier, *L'évangile du ghetto*, Berg International, Parigi, 1984, p. 21-25.

prenderà a sua volta come punto di appoggio la Scala di Giacobbe. "Egli deve procedere come Gesù per impadronirsi della potenza del Nome, tranne che per un dettaglio: considerando malvagio il suo atto, ha chiesto ai propri correligionari di prendere la colpa su di loro". Lo scontro tra Gesù e Giuda sfocia, nel manoscritto di Strasburgo, in un combattimento aereo che oppone "Gesù l'esaltato" e "l'umile incaricato della missione":

> [Gesù] alzò le mani come ali d'aquila e si mise a volare, suscitando stupore in tutti i mortali: "Come può volare tra cielo e terra?". Gli Anziani d'Israele dissero a Giuda Iscariota: "Pronuncia anche tu le parole e vola dietro a lui!". Egli obbedì e si mise a volare in cielo tra lo stupore di tutti, che si chiedevano come ci si possa librare simili ad aquile. Tutto ciò andò avanti fino a quando l'Iscariota lo baciò (?); essi volarono nei cieli senza che nessuno dei due potesse avere la meglio sull'altro, senza che Giuda riuscisse a gettarlo a terra con l'aiuto del Nome ineffabile: la ragione era l'eguaglianza del Nome stesso nell'uno come nell'altro. Comprendendo questo, Giuda usò una procedura immorale sporcando Yeshuh che, divenuto impuro, cadde a terra: è questo che essi piangono la notte di Natale, come anche l'atto compiuto da Giuda"[30].

Attraverso "proiezioni liquide sinonimiche nel contempo di impurità e di impotenza", precisa J.-P. Osier, Giuda trionfa sull'impostore (nel contempo lavando la sozzura cui allude Luca negli Atti degli Apostoli). In una variante, Gesù si rifugia sul monte Carmelo, nella grotta di Elia, ma Giuda ordina alla porta di aprirsi e Gesù ne esce trasformato in un gallo, che Giuda afferra prontamente per la cresta. La versione di Vienna[31] mescola urina e sperma. Il rapporto di forza virile, quasi sessuale, volge in favore di Giuda, ma la purezza si aggiunge al potere, poiché l'impotenza di Gesù viene allora associata all'incesto (così nella versione di Huldreich[32]), con la differenza che egli ucciderà il padre Giuseppe sapendo ciò che fa, contrariamente a Edipo. Non ci si sorprende minimamente nel ritrovare in questi testi l'idea di un Gesù incestuoso, resa familiare dal *Roman de Thèbes*. I tipi e controtipi vanno e vengono tra leggende cristiane ed ebraiche.

La versione Wagenseil rimescola la leggenda del combattimento aereo, ma precisa che Gesù e Giuda si sono sporcati a vicenda e sono caduti a terra. I discepoli di Gesù hanno, tuttavia, recuperato il loro maestro, e i Saggi e gli Anziani chiedono chi oserà, "a rischio e pericolo della vita", mettere le mani su di lui. Giuda risponde: "Lo farò io". Ancora l'*ego eimi*! Giuda raggiunge gli empi e viene a sapere da loro che Gesù si appresta a mascherarsi per entrare furtivamente nel Tempio e impadronirsi del Nome. Egli suggerisce a tutti i di-

[30] Ivi, p. 74.
[31] Ivi, p. 46.
[32] Ivi, p. 108-09.

scepoli di fare lo stesso, ed ecco Gesù preso nella sua stessa trappola. A Giuda non rimane altro che consegnare il "maestro" impostore inginocchiandosi davanti a lui, più o meno come nei Vangeli. Subito dopo, Gesù viene lapidato ed è pronto per essere impiccato, ma il "bastardo" ha scongiurato tutti gli alberi affinché essi non sopportino il suo peso. Ancora una volta, Giuda trova la soluzione: nel suo giardino egli ha un enorme cespo di cavolo, che va a cercare di corsa. Poi, prevedendo che i discepoli possano sottrarre il corpo, Giuda seppellisce il cadavere nel suo giardino, facendo deviare un corso d'acqua per poi riportarlo nello stato precedente. Ciò non avrebbe impedito agli empi di proclamare la sua resurrezione. Da qui dieci secoli di cristianesimo[33].

Ma l'opera di demistificazione delle Toledoth non si ferma qui. Nella versione del Cairo, Giuda porta il nome di "Rabbi Giuda il Giardiniere", un'eco al passaggio del Vangelo di Giovanni (20, 13-18) in cui Maria Maddalena, non riconoscendo Gesù, lo prende per un giardiniere. In questa versione, Giuda ha sepolto provvisoriamente il corpo di Gesù e lo dissotterra per dimostrare che non è resuscitato. Giuda ricalca perfettamente il Gesù dei Vangeli, anche se quest'ultimo è per ciò stesso messo in ridicolo molto più di quanto Giuda lo sia mai stato, per lo meno nei Vangeli. È a questo stesso Giuda giardiniere che Tertulliano fa eco nel suo *De spectaculis* (30, 6), forse con un retropensiero polemico nei confronti dei marcioniti, quando parla della leggenda di un giardiniere che rubò il corpo del figlio di un carpentiere e di una donna di facili costumi "onde evitare i danni causati alle sue lattughe dai numerosi visitatori".

Nato sotto il segno dello Scorpione

Nella *Passione di Arras* (XIV secolo), Giuda paragona il suo bacio a un "morso di scorpione", mentre nella *Passione* di Arnoul Gréban (XV secolo) è "Maria Maddalena" a paragonare la fellonia degli ebrei alla puntura dello scorpione[34]. Pertanto, non ci si meraviglierà di vedere Giuda insinuarsi perfino tra i segni zodiacali; infatti, sotto la penna del toscano Fazio degli Uberti:

> ... Ecco lo Scorpione
> Con artigli e coda pungente
> ...
> E tu devi sapere che quaggiù
> significa veleno, paura, crudeltà e torto
> e ogni animale la cui natura

[33] Ivi, p. 94-98.

[34] Cfr. L. Aurigemma, *Le signe du scorpion*, L'Herne, Parigi, 2003, p. 62, n. 27 (tit. orig. *Il segno dello Scorpione nelle tradizioni occidentali*, Einaudi, Torino, 1976).

è quella di trasmettere veleno, e di pungere gli altri,
e di nascondersi sotto terra o nei buchi.
È formato da diciassette stelle
e tra i dodici Segni, si può dire
che questo fu la casa di Giuda[35].

Se l'associazione tra lo scorpione e Giuda non è esclusiva[36], e talvolta lo si farà nascere un primo aprile (o in qualsiasi altra data, secondo il gradimento del folklore regionale), essa sortisce chiaramente l'effetto di far subire al personaggio una trasfigurazione cosmica conferendogli una dimensione astrale, come se il suo ruolo, troppo grande per lui, avesse bisogno dell'aiuto dei moti celesti per compiere la sua opera. Come se per il semplice fatto di essere nato sotto questo segno astrale, divenisse impotente a evitare il proprio destino.

L'approccio zodiacale segue la rinascita del mito di Giuda e la ripresa del tema dell'incesto in scritti che hanno uno statuto particolare e possono svilupparsi impunemente. Con più di mille esemplari identificati, ad esempio, la *Legenda Aurea* è il libro più letto nel Medioevo, laddove si conoscono una cinquantina di vite di Giuda. Ora, come ha constatato A. Boureau, queste storie apocrife, date per tali, non presuppongono che si creda alla loro autenticità. Credendosi semplicemente rivelatrici, sfuggono alla censura dottrinale e alimentano per ciò stesso un immaginario antisemita centrato su Giuda, non ancora consacrato dall'autorità ecclesiastica. Quindi, la leggenda stessa è elaborata a piacimento in un mito paraliturgico. Se è vero che il rituale dello schiaffo liturgico dato agli ebrei in occasione del Venerdì Santo appare nell'XI secolo, "manca ancora la potenza fondatrice del testo della Passione"[37].

Con Gilberto di Nogent, inventore nel XII secolo della nozione di natura ebraica e autore della prima autobiografia del Medioevo, si misurano i disastri operati negli animi dalla rinascita della leggenda di Giuda. Oltre al fatto che la sua autobiografia, *De vita sua*, scritta verso il 1116, in pieno periodo di fantasticherie incestuose, trabocca di episodi sessuali scabrosi legati al commercio con i giudei e innova con la messa sotto accusa collettiva degli ebrei stessi, si intravede nel suo discorso il cammino percorso da Giuda, divenuto un vero e proprio controtipo del cristiano. Quando Gilberto racconta come, prete ambizioso, cercasse un beneficio ecclesiastico, "Giuda presta la sua odiosa figura ai genitori, pieno di pericoloso zelo familiare". A un parente che gli propone di agire per procurargli un beneficio, Gilberto risponde:

[35] Ivi, p. 63-64.
[36] Lo Scorpione è stato associato in particolare a Filippo e Bartolomeo; cfr. ivi, p. 64, n. 33.
[37] Boureau, *L'inceste de Judas*, cit., p. 221.

"Quello che devi fare fallo al più presto"[38]. Si riconoscono le parole dette da Gesù a Giuda al momento della Cena, e nel contempo si intravede la nuova piega che il mito antisemita prenderà nel "suo nascente ribollimento". Ma non è questa l'unica rappresentazione di Giuda nell'opera. Il racconto che egli fa nel III libro della maledizione incestuosa all'origine della sanguinosa storia della comune di Laon formicola di allusioni a Giuda, sia che si tratti di tradimento o di morte di chi lo commette: il vescovo Adalberon tradisce nel giorno della Cena, il quarto vescovo muore nel coro come Giuda secondo il racconto di Luca, e Gaudry tradisce il re nel giorno della Cena e muore assassinato in una tomba nella quale si è rifugiato[39]. In breve, nel racconto di odio di Gilberto di Nogent la figura di Giuda diviene un'ossessione, assai prima della consacrazione letteraria che ne farà Jacopo da Varagine. E per lui, se non per Gregorio Magno o Rabano Mauro, egli è il simbolo di una colpa collettiva. La grande singolarità di Gilberto di Nogent è nel fare del gesto di Giuda un elemento di contrasto della sua narrazione tanto autobiografica quanto storica. A tale titolo, bisogna considerarlo come una svolta decisiva. Senza forzare il tratto, poiché a Gilberto di Nogent e alla sua autobiografia possiamo sempre opporre Abelardo con la sua etica fondata sul "conosci te stesso" il quale, partito da problemi etici personali, getta un singolare sguardo su Giuda, che tradisce insieme un diverso uso di Origene e una comprensione molto più benevola verso gli ebrei.

La questione di Abelardo

Nella sua struttura più elementare, la drammaturgia divina è di una semplicità sconcertante anche se, fin dall'inizio, non sempre si è avuta la certezza di aver ben capito o letto. Per cercare di risparmiare Giuda, Origene si è spinto fino a subodorare l'esistenza di "versetti satanici" nel racconto della Cena: "Quello che devi fare fallo al più presto" sarebbero parole rivolte a Satana, se non di Satana stesso. Basandosi poi sull'*Epistola ai Romani* (8, 32) e su Matteo (26, 2), nei frammenti del suo *Commento al Vangelo di Luca* Origene aveva avanzato l'ipotesi che Dio avesse consegnato suo figlio, come Giuda ha consegnato Gesù, per ragioni divergenti, certamente, ma che si incontrano nella stessa economia della salvezza. È questo il tema ripreso da Abelardo. Nessuno meglio di lui, nel XII secolo, doveva infatti circoscrivere con maggiore efficacia gli elementi della drammaturgia divina. Ed è importante segnalare che tali discorsi non figurano nelle tesi condannate del filosofo.

[38] Gilberto di Nogent, *Autobiographie*, a cura di E.R. Lalande, Les Belles Lettres, Parigi, 1981, p. 161, e Boureau, *L'inceste de Judas*, cit., p. 226.

[39] Ivi, p. 227-28.

Essi accusano semplicemente la difficoltà di presentare una versione credibile dell'episodio fuori dei piccoli accomodamenti tra teologi. Vale la pena di citare integralmente il testo nella sua scarna asciuttezza:

> Come ha ricordato [Agostino, *Enarrationes in Psalmos* LXV, 7, PL XXXVI, col. 793], nello stesso fatto in cui vediamo Dio Padre e il Signore Gesù Cristo, vediamo anche il traditore Giuda. Poiché è per Dio Padre che avvenne la consegna del Figlio, ed essa fu compiuta dal Figlio, e anche per mezzo di questo traditore, poiché il Padre consegnò il Figlio, e il Figlio si consegnò, come ricorda l'apostolo [*Romani* 8, 32 e *Galati* 3, 20] e Giuda consegnò il suo maestro. Di conseguenza, il traditore fece ciò che anche Dio fece, ma ciò significa forse che fu cosa ben fatta? Sebbene abbia fatto una cosa buona, in nessun modo la fece bene, vale a dire in maniera tale che potesse giovargli[40].

Abelardo, come Origene, ha percepito alla perfezione il parallelismo sottolineato dall'impiego della stessa parola "consegnare" per il Padre e per Giuda. Tutta la questione sul capitolo dell'etica, poiché è proprio di questo che si tratta, ruota intorno all'*intentio* e al consenso. Il fatto che il passaggio segua una perorazione *pro domo* in cui Abelardo spiega, seduta stante, che "non è dunque peccato desiderare la sposa d'altri o dormire con lei, quanto piuttosto acconsentire a questo desiderio o a quell'atto", prima di aggiungere che si è talvolta più colpevoli "di un peccato non ancora commesso" che di uno commesso al quale non si è acconsentito, finisce per generare confusione sul vero obiettivo della *soggettivizzazione* a oltranza intrapresa dal filosofo, al punto che non si sa più se si è ancora sul terreno della morale o già su quello dell'utilitarismo, anzi della morale utilitaria. Tra l'adulterio e il tradimento, o la consegna, il confine è sottile. Ma il semplice fatto di associare un problema teologico ed escatologico capitale a un problema di gestione coniugale molto terreno (senza parlare del quesito sulla strana coppia formata dalla Sacra Famiglia, che suscitò molte questioni all'epoca di Eloisa) la dice lunga sulla chiamata in gioco che ha inizio.

Ben presto, si indovina, senza che la cosa venga resa esplicita, che l'ambito rivendicato da Abelardo è quello del prologo di Giobbe, in cui Dio acconsente a che il diavolo tenti la resistenza o la resilienza dei fedeli in apparenza più intoccabili. Dio dà "licenza", ma il diavolo agisce sotto l'effetto della "malizia"[41]. Il caso di Abramo chiarisce nondimeno il discorso, o per lo meno testimonia delle risorse dialettiche di Abelardo in materia di peccato, convinto com'è che le "opere del peccato" siano spesso punite più del peccato stesso. "Se era giusto che fosse prescritta e vietata la stessa cosa...", non vi è altra

[40] Abelardo, "Connais-toi toi-même. Éthique", in P. Abelardo, *Conférences (et autrex textes)*, trad. Maurice de Gandillac, Cerf, Parigi, 1993, p. 223 (trad. it. *Conosci te stesso o Etica*, La Nuova Italia, Firenze, 1976).

[41] Ivi, p. 224.

conclusione possibile: "Tu vedi che solo l'intenzione del precetto, non l'azione effettuata, scusa Dio: bene fece a prescrivere ciò che non era bene fosse fatto. Poiché Dio non aveva per intenzione o precetto di azione che Abramo immolasse suo figlio, ma che in quel modo fossero provate in sommo grado la sua obbedienza e la costanza della sua fede o del suo amore per Lui"[42]. Ferma restando ogni altra cosa, ritroviamo lo stesso schema, la stessa economia nell'"affare Giuda". L'intenzione di Dio era pura. Giuda ha acconsentito. Fin qui, egli è salvo. Ha acconsentito a un'intenzione pura, il che è positivo, ma vi ha male acconsentito, poiché non l'ha fatto per il suo bene. La questione, che rientra allora nel campo della teologia dei fini ultimi, è sapere se Giuda avrebbe potuto essere animato da un'intenzione pura, se avesse potuto trovare una santificazione nel consenso alla consegna del Figlio dell'uomo. Tutte le aporie più o meno dirimenti dell'economia della Redenzione e dell'opera di Giuda, fuori da ogni considerazione psicologica o romanzesca (cfr. Nietzsche e la sua inclinazione a disseminare i Vangeli di Anfitrioni), sono riassunte in questo paradosso etico di Abelardo. Sono i trenta denari a tradire le cattive intenzioni di Giuda. E per chi non avesse compreso il trucco, ricordiamo che per Abelardo coloro che "condannarono in buona fede Gesù, considerandolo un agitatore e un bestemmiatore, non facevano nulla che non credessero conforme al volere divino": la loro colpa sarebbe stata più grave se, agendo contro la propria coscienza, lo avessero risparmiato[43].

Nella sua *Monarchia del Messia* (1606), composta in prigione, Tommaso Campanella risponde tuttavia implicitamente ad Abelardo citando de Soto: "Ciro, Alessandro e Nabucodonosor hanno peccato, come Giuda Iscariota che ha fatto la volontà di Dio, senza averne propriamente l'intenzione, poiché questa era loro ignota, ma hanno agito secondo la loro volontà personale, che per motivi opposti concordava con la volontà divina"[44]. Il mistero è mantenuto, anche se l'assoluzione non può essere acquisita. Infine, ricordiamo che al termine di questa casistica senza eguali, lo stesso Abelardo conclude con la dannazione eterna di Giuda, mentre il suo giustiziere e nemico giurato, san Bernardo, potrà spiegare ai suoi novizi scoraggiati che la regola cistercense avrebbe potuto salvare perfino l'anima di Giuda. Forse Abelardo aveva ragioni personali per non esporsi di più e non invocare nella fattispecie il suo "caro Origene". Ma altri, con ragionamenti analoghi, o semplicemente riprendendo Origene, si mostreranno più ottimisti.

Lo stesso vale per Rabano Mauro, Paschase Radbert o santa Gertrude, mistica tedesca del XIII secolo, la quale confida nelle *Rivelazioni* di aver udito

[42] Ivi, p. 225.

[43] *Ibid.*, e M. de Gandillac, *Genèses de la modernité*, Cerf, Parigi, 1992, p. 171-72.

[44] D. de Soto, *Commentaria in quartum Sententiarum*, I, disc. 5, a. 10, citato in T. Campanella, *Monarchie du Messie*, PUF, Parigi, 2002, p. 436-37 (trad. it. *La monarchia del Messia*, Ediz. Storia e Letteratura, Roma, 1995).

queste parole dalla bocca stessa di Dio: "Non ti dirò ciò che ho fatto di Salomone né di Giuda, affinché non si abusi della mia misericordia". L'idea sottostante era, beninteso, che l'Iscariota non fosse escluso *a priori* dalla suddetta misericordia. Verso il 1100, Teofilatte di Ocride (morto nel 1118) aveva già ugualmente suggerito che Giuda avrebbe finito per ritrovarsi in cielo[45]. Petrus Cantor (morto nel 1197) era tentato di riabilitare Giuda spiegando che questi aveva accettato il denaro per ragioni onorevoli, perché la sua famiglia ne aveva bisogno. Ancora più singolarmente, un certo san Vincent Ferrier (morto nel 1419) insisteva nell'immaginare, come Origene, un sincero pentimento di Giuda nel momento del suicidio. Incorrendo nei fulmini dell'Inquisizione, il santo catalano, in un sermone tenuto nel giorno di Pasqua, spiegò infatti che solo la folla aveva impedito a Giuda di gettarsi ai piedi della croce per implorare il perdono di Gesù: "Poiché non posso avvicinarmi al Cristo con i miei piedi di carne, andrò a trovarlo sul Calvario viaggiando in spirito; e una volta lassù, gli chiederò umilmente perdono". Tale è il senso della sua impiccagione: l'anima di Giuda si levò in volo verso il Calvario per chiedere perdono a Gesù, il quale lo perdonò subito: "Così Giuda si innalzò con il Cristo in Cielo, dove la sua anima benedetta è tra quelle degli eletti"[46]. Un apocrifo copto del VIII-IX secolo, gli *Atti di Andrea e di Paolo*, illustra una tradizione analoga, raccontando la visita di san Paolo all'inferno. Qui trova Giuda, che gli racconta la sua triste storia: si era pentito, aveva restituito il denaro, poi aveva visto Gesù e implorato il suo perdono. Gesù l'aveva invitato a fare penitenza nel deserto e a non temere altri che Dio. Ma il "principe della distruzione" era venuto a terrorizzarlo e lo aveva costretto ad adorarlo. Disperato, Giuda volle andare a chiedere perdono a Gesù; ritrovandosi nel pretorio, decise di impiccarsi. Gesù era poi venuto all'inferno per trarne tutte le anime, ma vi aveva lasciato quella di Giuda. E le potenze infernali si erano subito vantate di essere più forti di Gesù. Per non lasciare loro l'ultima parola, questi aveva incaricato l'arcangelo Michele di andarlo a cercare. Certamente, Giuda aveva vanificato tutte le sue opportunità di salvezza disperandosi e dandosi la morte, ma l'ultima parola verrà detta nel giorno del Giudizio.

Il Medioevo avrà dunque visto la consacrazione dell'ebraicità di Giuda e del suo suicidio, ma anche quella dell'ebreo usuraio. Ciò nonostante, lungi dall'essere concordi nella riprovazione e nella dannazione eterna del traditore, si cercherà nelle opere più diverse, dalla letteratura profana ai sermoni religiosi, di creare un Giuda molto più complesso di quanto non voglia l'imma-

[45] *Patrologia graeca*, 123, 459-60.

[46] H. Fagès, *Histoire de saint Vincent Ferrier*, Parigi 1893-94, Appendice I, p. xxiii-xxiv, e A. Murray, *Suicide in the Middle Ages*, Oxford University Press, Oxford, 2000, vol. 2, *The Curse of Self-Murder*, p. 361 s.

gine di Épinal. In quest'epoca si sarà inventato ormai tutto: da un inferno riservato a una salvezza riservata, pur essendo più o meno sensibili alle questioni che il caso Giuda poneva alla teologia e alla soteriologia. La dissonanza origeniana che si era fatta sentire nei primi secoli della Chiesa continuerà ad essere udibile, quantunque in sordina, nel Medioevo, per poi risorgere più vigorosa nel Rinascimento con gli stessi effetti, distruggendo prima di ogni altra cosa gli sforzi che miravano a imporre un Giuda uniforme.

Capitolo 7

VEDERE GIUDA IN OGNI UOMO...

Alla fine del Medioevo, tanto sul piano iconografico quanto nella scolastica, da Bonaventura a san Tommaso, da Abelardo a san Bernardo, la sorte di Giuda appare più o meno segnata. In essa, sembra che non possa più cambiare nulla. La Riforma e la Controriforma, rimettendo in causa le interpretazioni ricevute dell'economia della Passione, traendo le conseguenze teologiche dell'invenzione del purgatorio e della pratica delle indulgenze, e soprattutto tornando sulla teologia della grazia e del libero arbitrio ereditata da Agostino, stanno per schiudere a Giuda un altro avvenire, si sarebbe quasi tentati di dire malgrado i grandi riformatori Lutero e Calvino. Parallelamente, l'aristotelizzazione della teologia, battendo in breccia un platonismo finora intangibile, cambierà progressivamente, per lo meno agli occhi di alcuni, l'approccio al suicidio e la sua intelligenza teologica. Giuda se ne troverà poco a poco trasformato in un'evoluzione le cui conseguenze potranno essere veramente misurate soltanto nel XVII e XVIII secolo.

E, per cominciare, quel Giuda che finora non aveva granché ispirato stridor di denti e insulti, diviene con altri pretesto di ironia: così per un Ulrich von Hutten, che in una delle sue *Lettres des hommes obscurs* "sostiene (come riporta Voltaire) che Gesù Cristo era un monaco, Pietro il priore del convento, Giuda Iscariota il capocameriere e l'apostolo Filippo il portiere". Se Giuda capocameriere preannuncia già Prévert e i surrealisti, il suo personaggio è più che altro una scusa per interrogativi più metafisici che l'aristotelismo teologico permette di porre nuovamente.

Proprio come Lorenzo Valla nel suo *De libero arbitrio*, Erasmo evoca le sottigliezze di cui il ruolo di Giuda è oggetto quando si affronta la questione della libertà. Con ciò, egli si fa eco delle inquietudini e degli interrogativi del suo tempo:

> Dio sapeva già che Giuda avrebbe tradito il Signore – e pertanto, in certo modo, voleva questa realizzazione. Ecco perché, di fronte alla prescienza infallibile e alla volontà immutabile di Dio il tradimento di Giuda doveva necessariamente operarsi, e pertanto questi poteva modificare la propria volontà o per lo meno non accogliere quella volontà empia. Si dirà: ma se l'avesse modificata? Non vi sarebbe stato errore della prescienza di Dio né impedimento alla sua volontà, poiché egli avrebbe previsto e voluto precisamente questa modifica della sua volontà. Coloro che discutono [...] con sottigliezza scolastica ammettono "la necessità della conseguenza", ma respingono "la necessità del conseguente" [...]. In realtà essi riconoscono che, se la volontà di Dio l'avesse voluto da tutta l'eternità con una volontà efficace, il tradimento di Giuda sarebbe necessariamente seguito. Ma nel contempo essi negano che questi avrebbe necessariamente tradito, perché tale opera empia era nata dalla sua volontà perversa.

Erasmo non si accontenta di farsi eco dello scompiglio e delle difficoltà teologiche dell'epoca come aveva fatto Abelardo prima di lui e come farà Leibniz, più o meno negli stessi termini. Se gli accade di esprimere la propria compassione per gli ebrei spiegando che non è piacevole per nessuno farsi chiamare "figlio o nipote di Giuda", sotto la sua penna la figura del traditore è anche pretesto di ironia. Così, in una lettera del 15 gennaio 1501 ad Antoine de Berghes, evoca la morte di uno stregone al quale "un prete famelico ed empio" aveva consegnato "il corpo adorabile di Gesù nostro Salvatore" per una somma "penso, minore di quella con cui gli ebrei comprarono Gesù". Erasmo trema in tutte le membra al solo raccontare il sacrilegio, ma la caduta è meno definitiva: "Con il suo misfatto, questo criminale sacerdote ci restituisce Giuda, ma facendo ancor meglio di lui". Una morte repentina punirà l'empio. Con l'occasione, infine, Erasmo cede all'uso del suo tempo trattando da Giuda quanti l'hanno offeso. Ma siamo lontani dal "fetore di ebreo" denunciato nella stessa epoca da Lutero.

Da Moro a Shakespeare: abbozzo di un Giuda tragico

In compenso, il personaggio di Giuda viene sviscerato con una finezza psicologica in gran parte inedita dal Tommaso Moro della *Tristezza del Cristo* (opera scritta in prigione all'inizio degli anni Trenta del XVI secolo). Mentre attende la morte, l'autore dell'*Utopia* medita sul mistero della salvezza con gli accenti di Boezio nella *Consolatio philosophiae*. Evocando l'orto del Getsemani, egli contrappone il sonno degli apostoli a "Giuda il traditore" che "si dedica interamente con vigile cura a tradire il suo maestro, e in lui non rimane posto neppure per il pensiero di dormire". Ma per Moro, si tratta non tanto di opprimere Giuda, quanto piuttosto di denunciare il torpore di coloro che dovrebbero vegliare. Per il resto, il suo compendio dell'itinerario di Giuda è molto classico. Moro è tra quanti ritengono che "il traditore ha aggiunto la disperazione al tradimento", ma dice anche che "Dio ha tollerato la sua rovina solo a prezzo della sua disperazione". Quindi, non vi è alcuna ragione di disperare "della salvezza di nessun imitatore di Giuda". In altre parole, Giuda non è escluso. Dalla sua prigione, Tommaso Moro riapre una porta rimasta chiusa da Agostino in poi. Meglio ancora, l'episodio del tradimento diviene pretesto per un ossimoro: Giuda, osserva giudiziosamente il futuro martire che venne spesso stigmatizzato con il nome del traditore, è qui "inchiodato alla gogna dal suo sublime titolo di apostolo": uno dei dodici, diranno gli evangelisti. Tuttavia, ancora una volta Moro insiste sull'"insegnamento da cogliere per tutti coloro che esercitano una magistratura". Giuda è in ciascuno di noi (allo stesso modo Max Picard, scrittore tedesco ed ebreo convertito, parlerà dell'"Hitler in noi": condannare, senza stigmatizzare). È quindi in questo stesso ordine di idee che bisogna leggere la collera dell'inglese quando redarguisce Giuda per aver aggravato la sua rovina immischiandosi nei doveri dei soldati consigliando loro di "fare bene attenzione quando lo portano via". Viene evocato il timore che Giuda avrebbe avuto nel toccare il suo compenso, ma solo per aggiungere: le trenta monete d'argento "saranno pagate, questo è sicuro. Ma il tuo ardente desiderio di riceverle subito non è grande quanto la fretta impaziente con cui le getterai via dopo averle ricevute". E subito Moro prosegue con l'episodio del bacio, lo stesso bacio dato da ciascuno di noi che si finge discepolo del Cristo e si abbandona ad astute macchinazioni. "Chi più beato di Giuda che, con la sua, baciò la bocca divina?", chiede Erasmo, amico di Moro, nel suo *Manuale del soldato cristiano*, ma subito dopo aggiunge, citando san Giovanni, che "la carne non serve a nulla senza lo spirito" e che "la presenza del Cristo nei Vangeli è superiore alla sua presenza carnale in Galilea". Nei confronti di Giuda, Cristo agisce dunque come un "medico affezionato", chiamandolo prima "amico", poi smascherando la sua ipocrisia. "Conosce quella che si chiama ipostasi con sinderesi", dirà il grande Régnier: in altre parole, Gesù non aveva perso ogni speranza per Giuda. Errore consapevole... La menzogna è odiosa. Per dargli una lezione, Gesù si disinteressa di Giuda che, come i soldati, è fulminato dalla verità. E anche qui, ciascuno di noi ridiventa Giuda. "Vedere Giuda in ogni uomo", si potrebbe dire, parafrasando le parole di Mefistofele a Faust. Giuda non ha udito la promessa della sua dannazione profetizzata da Gesù, non ha ripreso il controllo di sé: è il sintomo della nostra cecità spirituale. "Il miserabile, infatti, ha superato con la sua morte il Cristo che aveva consegnato alla morte, triste e terribile esempio per il mondo intero: non si creda al sicuro dalla punizione colui che, senza rimorso per il proprio crimine, alza la testa e si pavoneggia con orgoglio". Ora, Giuda non si è pavoneggiato. Così termina il commento di Tommaso Moro. La decapitazione, avvenuta il 6 luglio 1535, gli impedì di proseguire il suo discorso, che si chiude sull'episodio del giovane che fugge. Vi si riconoscono gli accenti di Tertulliano (*De fuga in persecutione*) e di Origene. Fuggire piuttosto che tradire, sembra suggerire Moro. Nessuno può dire che cosa sarebbe divenuta la sua rappresentazione di Giuda se avesse potuto rimandare la propria morte. Rimane il fatto che, allo stato, la sua meditazione sulla Passione e la tristezza del Cristo brilla per il posto assegnato a Giuda e per un certo ritorno alle fonti patristiche. Chiosando le analisi di sant'Agostino, elogiandole per meglio discostarsene, Moro termina con l'"eccezione agostiniana". La via di Gesù è tanto la nostra che quella di Giuda. Gli affioramenti del pensiero di Tertulliano e soprattutto di Origene in quest'opera della fine sono segno di un cambiamento di tempo e di spirito, che in seguito non cesserà di affermarsi.

In realtà, quando Giuda affiora nell'opera di Shakespeare[1], è di nuovo sotto forma di una ripresa dei temi agostiniani della necessità e del libero arbitrio, almeno con i cavilli antipelagiani. All'infuori del *Mercante di Venezia*, in cui Giuda non viene nominato, ma il personaggio di Shylock esprime l'antisemitismo dell'epoca senza nulla dovere, se non allegoricamente, a Giuda, se ne trovano echi diretti in diverse opere, sia commedie che tragedie. Ancora una volta, abbiamo la prova che nel Rinascimento la storia di Giuda e quella dell'antisemitismo non si confondono o, più esattamente, che le loro traiettorie cominciano a divergere. Shakespeare sembra avere una visione convenzionale dell'ebreo, ma innovatrice nella sua teologia e nello spessore dei paradossi che egli inserisce nelle sue – rare – rappresentazioni di Giuda. In *Così è, se vi pare* (III, IV), si tratta di una semplice strizzatina d'occhio con l'evocazione dei "capelli rossi del tradimento" e dei "baci che discendono in linea retta da Giuda". *Pene d'amor perdute* (V, II, 595-630) mette in scena una rappresentazione dei "Nove Prodi" in cui vi è un equivoco, d'altro canto frequente, tra il personaggio di Giuda Maccabeo e quello dell'Iscariota: "Giuda, macché beo, è un Giuda puro e semplice", "uno che tradisce baciando". E non rimane altro che "costringere Giuda a impiccarsi". Se si aggiunge a ciò l'allusione del *Racconto d'inverno* (I, II, 412-19) e i passaggi del *Timone di Atene* (I, II, 40; III, II, 68) in cui i falsi amici sono dei Giuda e in cui Timone porge un fico ai candidati al suicidio[2], si constata che Shakespeare conosce il suo leggendario: tutto il repertorio del Giuda classico, con i suoi attributi e i suoi cliché, figura nelle sue opere. Se il Giuda di Shakespeare si fosse fermato qui, sarebbe stato faticoso distinguere

[1] Sull'interesse di Shakespeare per Giuda, cfr. P. Milward, *Shakespeare's Religious Background*, Indiana University Press, Bloomington-Londra, 1973, p. 99-100. Nel suo saggio d'altro canto pregevole, *Shakespeare and the Jews*, Columbia University Press, 1997, James Shapiro passa completamente sotto silenzio la questione di Giuda in Shakespeare.

[2] Timone di Atene (cfr. Shakespeare) voleva far costruire un'edicola nel suo giardino: a tal fine, doveva abbattere un fico ai rami del quale si era già impiccata più di una persona. Fece un annuncio pubblico, invitando i candidati ad impiccarvisi più rapidamente. Ma, come dice Jodelle, "Tutto il giardino di Timone / non può bastare".

i luoghi comuni del Rinascimento. In altre opere si scopre un altro Giuda, con caratteristiche talora più lusinghiere, mentre Shakespeare tratta, attraverso la sua figura, la questione del destino e del libero arbitrio.

Giuda è presente anche nelle opere storiche, ma è ancora abbastanza convenzionale. Nel *Re Giovanni* (V, VI, 23-30), la morte del monaco scellerato, le cui "viscere sono scoppiate bruscamente" come premio del tradimento rappresenta, al pari dell'accenno al puzzo di colui che "ha tradito il Giusto" nel *Racconto d'inverno*, un'evidente allusione alla morte di Giuda riferita da Luca, anche se il parallelo tra Gesù e il re non regge. Il richiamo evangelico si ferma a Giuda: un traditore avrà la morte di un traditore, vale a dire di un Giuda[3] o di un eretico come Ario. Il *Riccardo III*, in cui le parole "traditore" e "tradimento" ricorrono ventotto volte[4], moltiplica al contrario le allusioni. Mentre il re si paragona al Cristo e accusa i "Pilati" di averlo abbandonato alla sua "amara croce" (IV, I, 239-41), gli infedeli sono dei Giuda (III, II, 132; e IV, I, 170: laddove il Cristo aveva trovato undici fedeli per un Giuda, il "Cristo" Riccardo trova solo dodicimila Giuda), il vescovo di Carlisle paragona il paese a un "Golgotha di teschi umani". Quanto all'assassino del re (V, VI, 38-44) Exton, è egli stesso un Giuda, cui viene intimato di andarsene a "errare con Caino nelle tenebre della notte". Per la prima volta, forse, l'ombra di Giuda si sovrappone perfettamente all'Ebreo errante. I due esempi di regicidio illustrano il dilemma tragico dell'assassinio che dev'essere compiuto senza dover "ringraziare" chi l'ha commesso, come dice Bolingbroke a Exton. È tutto il dilemma del *Killing no murder* che assillerà la Rivoluzione inglese, con l'illustrazione del gesto necessario ma colpevole, dell'omicidio ineluttabile che tuttavia presuppone l'acquiescenza dell'assassino e alimenta la sua colpevolezza[5], secolare trasposizione dell'economia della salvezza. Lo strumento della Provvidenza è libero nella morte e assume lo spaventoso privilegio di aver voluto, anch'egli, ciò che Dio ha voluto. Shakespeare riprende il dilemma di Abelardo e lo formula a suo modo nel *Riccardo III* (I, IV, 107-110), quando fa dire all'assassino che ha paura non di uccidere, "poiché abbiamo un'autorizzazione, ma di essere dannato per avere ucciso".

Il Giuda più singolare, seppure meno appariscente, del corpus shakespeariano – il mito di Giuda si fa più discreto perché egli affina il testo dall'interno – è altrove. Alla fine dell'*Otello* (V, II, 347-48), interviene all'improvviso un

[3] Si pensi anche ai rimorsi di Enobarbo in *Antonio e Cleopatra*, che evoca alla lontana la figura di Giuda. Cfr. B. Paulin, *Du couteau à la plume. Le suicide dans la littérature anglaise de la Renaissance (1580-1625)*, Éditions L'Hermès, Lione, 1977, p. 303-04.

[4] Sul *Riccardo III*, vedi R. Marienstras, "Tradition et trahison dans *Richard II*", in *Le genre humain*, inverno 1987-88 (*La trahison*), p. 109-31.

[5] Cfr. O. Lutaud, *Des révolutions d'Angleterre à la Révolution française. Le tyrannicide et "Killing no murder"*, Martinus Nijhoff, L'Aja, 1973. Il parallelo con l'*Atalia* di Racine è particolarmente illuminante, ma non si parla più di Giuda.

personaggio composito che rinvia al passo di Matteo (13, 45-46) sul regno di Dio paragonabile alla "perla di grande valore" trovata da un mercante che, per comprarla, vende tutto ciò che ha. L'"ebreo immondo" l'ha gettata via, spiega Otello: in altre parole, ha rifiutato la salvezza. Il passo si presta a equivoci (una versione sostituisce l'"ebreo" con un "indiano"), ma Giuda è presente nel personaggio stesso di Otello: se si aggiunge, infatti, che questi ha appena scoperto che Desdemona era innocente, che pertanto si è reso colpevole di aver versato sangue innocente, uccidendola con un bacio, che sul suo mondo si abbatte una notte apocalittica ("Mi par d'essere come in un'eclissi di sole e luna, immensa"), e che si suiciderà poco dopo, perché vuole "disperatamente salvare il senso della vita, il senso della sua vita, forse perfino il senso del mondo"[6], si impone l'analogia Otello-Giuda ("Ti ho baciato prima di ucciderti... Non mi resta che uccidermi a mia volta per morire su un bacio"[7]) la quale, nel frattempo, non sfuggirà a Drieu la Rochelle quando, in *Cani di paglia*, tenterà di vedersi come Giuda. Come osserva per l'appunto Kim Paffenroth nella sua analisi di questo passo, Shakespeare si abbandona qui a quella che in altri tempi e in altri luoghi si chiamerà una "promozione" di Giuda: "Paragonare un eroe prestigioso come Otello a Giuda significa invitarci a paragonare Giuda a lui". Tutt'a un tratto, quest'ultimo non è più il male assoluto, ma diviene ambiguo come Edipo: in una parola, un eroe tragico di fronte al suo destino, come se l'associazione medievale tra Edipo e Giuda, lungi dall'aggravare il suo pedigree, avesse finito per strapparlo alla disgrazia per cominciare a salvarlo conferendogli un carattere contraddittorio. Ora, come ha giudiziosamente notato Northrop Frye, "la Bibbia non predilige i temi tragici". Eccetto Saul[8]. Affinché Giuda diventasse tragico, bisognava restituirgli una umanità e una complessità che presupponessero la preliminare rimessa in causa della sua dannazione automatica ereditata dal Medioevo. La Riforma e il trionfo della teologia del purgatorio al tempo di Amleto lo avrebbero aiutato in questo compito[9]. Ma bisognerà attendere ancora quasi due secoli perché il personaggio tragico ispiri una vera tragedia, che sarà scritta dal poeta simbolista russo Alexei Remizov.

La storia degli ebrei ai tempi di Shylock in Inghilterra testimonia di questo cambiamento di status ancora discreto di Giuda. Come in Moro, vi sono persone "peggiori di Giuda" (l'espressione si ritroverà più tardi in Victor Hugo,

[6] J. Kott, *Shakespeare notre contemporain*, trad. A. Posner, Payot, Parigi, 1978, p. 106 (trad. it. *Shakespeare nostro contemporaneo*, Feltrinelli, Milano, 2002).

[7] Cfr. la fine analisi di K. Paffenroth in *Judas. Images of the Lost Disciple*, Westminster John Knox Press, Louisville, 2001, p. 80.

[8] N. Frye, *Le grand code. La Bible et la littérature*, trad. C. Malamoud, Seuil, Parigi, 1984, p. 249-50 (trad. it. *Il Grande Codice. La Bibbia e la letteratura*, Einaudi, Torino, 1970).

[9] Vedi l'affascinante saggio di S. Greenblatt, *Hamlet in Purgatory*, Princeton University Press, Princeton, 2002, p. 34 e 138-39 (trad. it. *Amleto in Purgatorio: figure dell'aldilà*, Carocci, Roma, 2002).

grande estimatore di Shakespeare), anche se si tratta ancora di ebrei, come nell'affare del medico marrano di origine portoghese accusato nel 1593 di aver tentato di avvelenare la regina[10], mentre lo stesso Shylock non era – o non era più – sistematicamente associato a Giuda, a differenza del *Barabba* di Marlowe[11] o del Giuda di *All for Money* di Thomas Lupton (1558-1578), immagine ancora medievale della disperazione più nera legata alla cupidigia. Per questo, pur conferendo timidamente a Giuda una dimensione tragica, Shakespeare fu assai lontano dal riabilitarlo o, per lo meno, dal riscattarlo come avrebbe cercato di fare, a suo modo, John Donne. Scrivendo in un'epoca di acceso dibattito teologico sul purgatorio, che era anche una preoccupazione del Moro poeta e teologo, Shakespeare non oserà spingersi più lontano di lui: gli ebrei si salveranno invocando la nobiltà di un altro Giuda, il Maccabeo.

Da Rembrandt a John Donne

Laddove il Rinascimento vedrà rappresentare Giuda principalmente in scene di tradimento – Giotto, Duccio, Albrecht Dürer o i maestri Dirk van Delf, Paolo Zoppo e anche il Caravaggio – o addirittura, come nel Medioevo, di suicidio, il XVII secolo sembra imprimere al tema una leggera svolta. Se Van Dyck firma intorno al 1618 un *Tradimento del Cristo*, l'alba del secolo è contrassegnata soprattutto dal *Giuda rende i trenta denari* di Rembrandt, nel 1629. Gli stati d'animo sono cambiati. Dopo aver detto peste e corna di Giuda, che ha venduto Gesù per poco denaro, Quevedo si fa eco di un sentimento in gran parte condiviso in Europa quando, nel suo *Sogno dell'inferno*, gli riconosce di essere il solo economo ad essersi dannato vendendo: "Dovete accendermi una candela, io sono stata la vostra buona occasione, la vostra ancora di salvezza. E non pensate che io sia il solo Giuda; da quando Cristo è morto, se ne trovano di peggiori di me e più ingrati, che non solo lo vendono, bensì lo vendono e lo acquistano [...]". Vi sono perfino coloro che lo perseguitano "dichiarandosi suoi figli"[12]. Si riconoscono qui il Giuda di Tommaso Moro e insieme i temi della Riforma: simonia e traffico delle indulgenze. I trenta denari sono tutti qui, al centro del quadro: vicino al ginocchio destro di Giuda, un pentimento indica che Rembrandt aveva inizialmente pensato di rappresentare una borsa vuota, poi l'aveva cancellata per meglio sottolineare l'opposizione tra la luce profana del denaro e lo splendore della verità

[10] Cfr. J. Gross, *Shylock: A Legend and its Legacy*, Simon & Schuster, New York, 1994, p. 32.

[11] Ivi, p. 22-23 e 128.

[12] Quevedo, *Songes et discours*, trad. A. Louis e B. Tissier, José Corti, Parigi, 2003, p. 101-03 (trad. it. *Sogni e discorsi*, Garzanti, Milano, 1990).

delle Scritture. Ma al di là della sua pedanteria, è il personaggio di Giuda ad attirare l'attenzione. Constantin Huyghens, fratello del matematico e astronomo olandese, vi riconobbe subito un capolavoro paragonabile ai più grandi. A margine del quadro, sul punto di impiccarsi, Giuda esprime il suo sgomento tramite le mani e il corpo deformati in un parossismo di disperazione. Incapace di distogliere lo sguardo dai miserabili trenta denari, egli urla, aggiunge Huyghens, "ma ogni traccia di speranza ha lasciato il suo volto"; lo sguardo folle, si strappa i capelli, si lacera le vesti, si torce le mani, esangui a causa della stretta. "Un impeto cieco l'ha gettato in ginocchio, con il corpo inerme e al culmine del dolore"[13]. Mai, vivo Rembrandt, una tela d'artista aveva suscitato un commento tanto elaborato da parte di un osservatore raffinato ed erudito e al contempo uomo di cuore. Lo shock ricevuto da Huyghens fu così forte che egli terminò la sua descrizione contrapponendo il quadro "alle opere eleganti di ogni secolo". Attraverso l'opera del pittore, egli è divenuto il testimone diretto di questa scena di rimorso. Pertanto, Giuda è suo contemporaneo, commuove fino alle lacrime Huyghens, che d'altro canto è un poeta cristiano, traduttore e amico di John Donne. Forse l'olandese aveva trovato nel quadro echi del pensiero del suo amico inglese.

Nel 1608, appena prima di entrare nella Chiesa anglicana su ordine del re Giacomo I, il poeta metafisico inglese aveva in effetti composto un *Biathanatos*, in cui si era sforzato di mostrare che la tentazione del suicidio era tanto naturale in lui da non poter essere un peccato. Non è certo che Huyghens abbia avuto l'occasione di parlare della tela di Rembrandt con il suo amico. Ciò di cui non si può dubitare, in compenso, è il fatto che la sua reazione porti il segno della teologia di Donne, che consacra la prima rottura con la tradizione agostiniana per ciò che concerne la teologia del suicidio in generale e l'intelligenza del suicidio di Giuda in particolare.

Il Dio "barocco" di John Donne, se diamo per un istante credito all'ipotesi di Borges, avrebbe creato "l'universo per edificare il suo patibolo"[14]. In realtà, rivisitando nel *Biathanatos* la teoria del suicidio, John Donne non può che esaminare il caso di Giuda per meglio provare il suicidio del Cristo. La sua ambizione porta il segno del barocco assai meno di quanto non possa subodorare Borges, e il suo percorso è quello di un esegeta classico e di un eccellente conoscitore della patristica greca e latina. Non vi è quasi fonte che egli non confronti e non chiosi in un ambizioso riesame del dossier, anche

[13] C. Vogelaar *et al.*, "Huyghens over Rembrandt en Lievens", in E. van de Wetering, *Rembrandt en Lievens in Leiden*, Leida 1991, p. 129 e 133, citato in S. Schama, *Rembrandt's Eyes*, Knopf, New York, 1999, p. 267 (trad. it. *Gli occhi di Rembrandt*, Mondadori, Milano, 2000).

[14] J.L. Borges, "Le 'Biathanatos'", in *Autres inquisitions*, ripreso in Borges, *Œuvres complètes*, Gallimard, Bibliothèque de la Pléiade, Parigi, 1993, I, p. 744 (trad. it. *Tutte le opere*, Mondadori, Milano, 1985).

quando le sue conclusioni sono scontate. Cosciente con Abelardo che il gesto del Padre e quello di Giuda verso il Figlio siano paralleli, Donne sembra un grande conoscitore, se non di Bernardo Silvestre e del suo *Mathematicus* (XII secolo), per lo meno della problematica da questi esposta[15]. Nel *Mathematicus*, un astrologo profetizza a una madre che metterà al mondo un figlio, Patricida, che ucciderà il padre e diventerà re di Roma. Il bambino nasce, la famiglia è perfetta, l'intesa tra i tre membri è totale, ma il destino attende la sua ora, ineluttabile. Patricida ucciderà il padre; la lezione è implicita: il suicidio commesso per sfuggire a un destino calamitoso è una buona cosa. Nel poema ispirato allo Pseudo-Quintiliano (*Declamatio* 4, 4, 23) sulla legittimità del suicidio quando riceve l'approvazione ufficiale, l'autore medievale riattualizzava un tema che getta una luce interessante sul caso Giuda, anche se non è così che la questione della disperazione e del suicidio di quest'ultimo venne trattata nella sua epoca. Essa obbliga a porsi la seconda metà di una domanda alla quale il Medioevo aveva risposto solo in parte e che, in fondo, non diventa davvero comprensibile se non dopo Erasmo, nella metafisica di Leibniz e nella teologia di John Donne: e se Giuda si fosse suicidato prima di commettere l'atto fatale? Impossibile, diranno i teologi: doveva essere l'uomo che si sarebbe sottratto alla Redenzione per assicurare la redenzione di tutti. Tutt'al più si accettava di chiedersi cosa sarebbe accaduto se il suicidio di Giuda avesse preceduto la morte di Cristo, nel qual caso poteva sperare nella divina misericordia. Ma, da san Girolamo a Leone Magno, tutti concordavano con la tesi agostiniana: la disperazione di Giuda aveva messo il colmo a un peccato, raggiunto l'acme del male e reso la sua anima irremissibile. È tutta questa problematica che John Donne rimetterà in causa sviluppando prudentemente una pluralità di approcci fatti per modificare irresistibilmente la nostra prospettiva.

Giuda, egli comincia con l'osservare, è "lo strumento più peccaminoso dell'opera più misericordiosa": un ossimoro fatto uomo o un "segno di contraddizione", come si compiacciono di dire gli uomini di Chiesa. "L'opinione comune, senza essere generale, è che egli si sia ucciso. Che sia avvenuto o no per impiccagione è più controverso. In base agli Atti degli Apostoli, secondo i quali egli "precipitando in avanti si squarciò in mezzo e si sparsero fuori tutte le sue viscere" (*Atti* 1, 18), qualcuno pensa che sia stato salvato mentre si impiccava e sia stato portato via, oppure che si sia ucciso "precipitando in avanti", mentre qualcun altro ci lascia liberi di pensare ciò che vogliamo e agli occhi di altri ancora "sembra che non solo egli sia sopravvissuto all'impiccagione, ma sia divenuto così enorme, e un tal peso per se stesso, da non potersi ritrarre dalla strada su cui si trovava, facendosi schiacciare". Si rico-

[15] Cfr. la prefazione di J.-B. Hauréau, in *Le Mathematicus de Bernard Silvestris...*, Klincksieck, Parigi, 1895, p. 5-7.

nosce il famoso racconto di Papia, discepolo di san Giovanni, ripreso da Teofilatte. Il compendio di John Donne è perfetto, tanto più che egli si attiene alla *Vulgata* e non cerca più di attaccar briga con la traduzione di Girolamo. Almeno in un primo tempo. Poiché l'insinuazione si fa più precisa e ben presto insopportabile: "[...] Avviene assai spesso che un prete, godendo ai suoi tempi di grande reputazione e di grande autorità, si impadronisca di qualche interpretazione probabile delle Scritture per poi, assimilandola nelle sue omelie, applicarla per incoraggiare o dissuadere gli ascoltatori a seconda delle circostanze o delle loro malattie, o di ciò che la sua epoca esige. Così, si compiace di immaginare delle insinuazioni figurate che egli adatta alla musica del suo stile (allo stesso modo in cui ciascun uomo abituato alle meditazioni troverà spesso in lui un libertinaggio [*wantonness*] spirituale e uno smarrimento devoto in simili sottigliezze), in modo che il significato, che era solo probabile, diviene necessario; e coloro che gli succedono avranno apprezzato il suo ingegno piuttosto che offuscare il proprio. Come spesso accade, ci ripugna cambiare, o abbandonare, una pietra contraffatta per la semplice ragione che è stata messa là". E al termine di un ragionamento rigoroso, nonostante la sua forma tortuosa (Donne aveva fatto suo il proverbio portoghese secondo cui "la via tortuosa è la più corta agli occhi di Dio"), si lascia sfuggire l'espressione: il Giuda ricevuto dalla tradizione è una "contraffazione", come ve ne sono tante altre nella Bibbia ("molti altri esempi di questo genere si sono diffusi, senza alcuna prova nel testo, ma unicamente perché questa versione era utile e applicabile").

Il contesto è ben costruito: di conseguenza, il ragionamento di John Donne risponderà a una doppia ambizione, riabilitare Giuda e ripensare la questione della salvezza. La storia di Giuda poteva ben essere nel numero delle favole "utili" ma, "se non è questo il caso, il fatto di uccidersi non viene aggiunto alle sue colpe in nessun passo delle Scritture, e nemmeno nei due salmi di accuse particolari e basate su imprecazioni che di solito si ritengono profeticamente dirette contro di lui"[16].

Come Abelardo ai suoi tempi, John Donne, anch'egli "lasciando don Giovanni in Origene", invoca il Padre greco e osa sperare, non per il fatto della compassione fuorviata e della carità peccatrice che lo inducono a pensare che perfino il diavolo sarà salvato, ma a causa del pentimento di Giuda[17]. Egli spiega che fu il diavolo a spingerlo a peccare, ispirandogli anche l'afflizio-

[16] *Salmi* 69, 26 ("La loro casa sia desolata, senza abitanti la loro tenda") e 109, 8 ("il suo posto l'occupi un altro"), citati da Luca negli *Atti degli Apostoli* 1, 16-20. Donne riprende ancora una volta, senza citare l'autore, il commento di Origene. Cfr. Origene, *Contre Celse*, a cura di M. Borret, Cerf, coll. "Sources chrétiennes", Parigi, 1967, II, 11, p. 314-15.

[17] Cfr. *Commento al Vangelo di Matteo*, cap. 17; *Commento al Vangelo di Giovanni*, cap. 32, § 19; e *Commento alla Lettera ai Romani*, cap. 9, § 41.

ne che lo divorò. Ora, evocando il suo pentimento, Origene scrive: "Queste parole, quando Giuda vide che era condannato, appartengono allo stesso Giuda, poiché il Cristo non era allora condannato". E su questa coscienza e questa considerazione, iniziò il suo pentimento. "Poiché può darsi", dice Origene, "che Satana, entrato in lui, vi sia rimasto fino a quando il Cristo fu tradito, poi che l'abbia lasciato, e sia quindi iniziato il pentimento. E non vi è dubbio", continua, "che egli intendesse interporsi e precedere il maestro, che era sul punto di morire, per poi andargli incontro, con l'anima nuda, per poter ottenere misericordia mediante la confessione e la preghiera"[18]. Nella fattispecie, John Donne cita Origene su san Matteo, meglio conosciuto nel Medioevo per la sua *Filocalia*. Poi spinge la propria audacia fino a invocare un Riformato, mentre la Riforma, a cominciare da Lutero, che prometteva di soffocare qualunque ebreo che avesse avuto l'audacia di chiedergli la conversione, era poco clemente verso Giuda. Più precisamente, egli chiama alla riscossa Calvino, "benché il suo proposito sia innervosire e storpiare il pentimento (o almeno di dichiararlo insufficiente)", affermando che in Giuda vi fu una perfetta contrizione del cuore, confessione orale e soddisfazione pecuniaria[19]. Ma Petiliano, contro il quale sant'Agostino scrive, si è spinto più lontano di tutti nella giustificazione dell'ultimo atto di Giuda, aggiunge Donne, poiché afferma che "subendo la morte dopo essersi pentito, fu anche un confessore e divenne un martire"[20]. Per lo meno, ebbe più fede di un Pietro. Questa perifrasi, ormai lo si preavverte, aveva per oggetto il tentativo di evitare un attacco frontale contro sant'Agostino e la sua teologia del suicidio. Donne riconosce che Petiliano è perentorio, ma questo è un peccato veniale, mentre la scolastica ha fatto della "collera" un vizio capitale. Ora, a questa "opinione singolare perentoriamente formulata", sant'Agostino risponde anch'egli "collericamente": *Laqueum talibus* [*de*]*reliquit*, "egli ha lasciato in eredità il nodo scorsoio ai suoi simili"[21]. "Eppure, sant'Agostino stesso confessa che un innocente avrebbe peccato più di Giuda commettendo un atto simile, perché vi era un certo grado di giustizia nella sua esecuzione". Alla collera, sant'Agostino aggiunge quindi l'incongruenza. Più che di un crimine, si tratta di una colpa. "Ciò nonostante", conclude John Donne, "non mi prefiggevo di parlare della sua reale impenitenza, né del suo penti-

[18] Questa volta, Donne cita il suo "singolare Origene" su *Matteo* 27, 3, *via* Tommaso d'Aquino, "Sanctum Iesu Christi Evangelium Secundum Matthaeum", in *Catena aurea*, vol. I, p. 401-02 (trad. it. *Catena aurea*, ESD-Edizioni Studio Domenicano, Bologna, 2006).

[19] Calvino, *Harmonia*, a proposito di *Matteo* 27, 3.

[20] Donne rinvia a Graziano, *Decretum Gratiani*, Basilea 1500, vol. 2, S7^{v}, II, *causa* 2, *quaestio* 5, cap. 10.

[21] *Ibid*. la formula completa di Graziano rende più comprensibile il passaggio: *Laqueo traditor periit: laqueum talibus dereliquit*, "il traditore è morto con il nodo scorsoio: egli ha lasciato in eredità il nodo scorsoio ai suoi simili". La fonte dei due canoni è sant'Agostino, *Contra litteras Petiliani*, libro II; PL 43, 299 (*Œuvres de saint Augustin*, vol. 30, *Traité anti-donatistes*, III).

mento, ma unicamente farvi osservare che quest'ultimo fatto [il suicidio] non gli viene imputato e che nessun pentimento, ciò facendo, viene escluso".

Più nulla si oppone, pertanto, alla notte serena di Giuda, il quale può dormire il sonno del giusto. Con il prudente riesame del dossier Giuda si articola in seguito la teologia del suicidio nella quale, per la prima volta dai Padri in poi, Gesù e Giuda, entrambi martiri e confessori della fede, sono collocati sotto la stessa insegna. La prova del non pentimento è la recidiva, la ricaduta: il criminale, anche se assolto, dà prova delle sue cattive intenzioni sprofondando di nuovo nella "sentina di tutti i vizi". Non è questo il caso del Giuda suicida per John Donne: mentre la natura violenta della sua morte potrebbe gettare l'ombra del dubbio sulle sue buone intenzioni, la natura irrevocabile del gesto depone a suo favore. La sua vita è nella morte, perché la sua morte era nella vita stessa. Il gesto omicida porta in sé la sua assoluzione, poiché Giuda non può essere recidivo. E se si deve cercare un colpevole, tanto vale rivolgersi a Dio. "Spetta a lui, scellerato, fornirci delle ragioni". Il suicidio è quasi sempre, nella teologia di Donne, una forma di contrizione virtuale. Se si persiste nel voler condannare il peccato del gesto omicida, bisogna dire anche che il gesto in questione riscatta colui che lo commette. Non c'è morale che tenga riguardo al suicidio. Giuda ne è la prova, in quanto incarnazione della volontà di redenzione e della sventura degli uomini. Egli rappresenta l'intermediario tra due leggi. Condannato per l'antica, salvo per la nuova, non sfugge all'opera di redenzione, di cui il suo atto di tradimento è parte integrante[22].

Per quanto sconcertante possa risultare agli occhi dei moderni questa analisi di John Donne, un riesame degli apocrifi mostra che essa si inserisce in una lunga tradizione. Nel *Vangelo di Bartolomeo*, Giuda ascolta i cattivi consigli di sua moglie, poi si lascia convincere da Satana a suicidarsi prima della resurrezione, poiché il Cristo discenderà agli inferi per liberare le anime in pena. Ma è stato tratto in inganno, perché l'inferno lo inghiottirà al pari di Caino ed Erode. Giuda si riduce a lamentarsi della scaltrezza del diavolo con sant'Andrea. Negli *Atti di Pilato*, rientra in sé e spiega alla moglie che intende suicidarsi perché Gesù resusciterà dopo i tre giorni. Lo scherno della donna, in procinto di cucinare del pollo, è specificamente diabolico: "Egli resusciterà quando questo gallo, che è quasi cotto, canterà!". Ma il pollo bollito agita le ali e canta per tre volte. Giuda ha ancora una speranza. John Donne si era impegnato nel darne una dimostrazione filologica e teologica. Un po' più tardi nel secolo, l'autore del *Viaggio del pellegrino* John Bunyan, anch'egli ossessionato da Giuda al punto di identificarsi con lui e credere di aver venduto il suo salvatore, inserirà nella propria autobiografia le lezioni della scolastica di John

[22] Vedi la nostra introduzione a John Donne, *Biathanatos*, PUF, Parigi, 2001 (trad. it. *Biathanatos*, SE, Milano, 1993). Donne tratta di Giuda nelle parte III, V, sez. 7.

Donne: *Grace Abounding to the Chief of Sinners* (1666) abbozza un autoritratto dell'autore in veste di Giuda torturato dal rimorso, sballottato dalla tempesta. L'identificazione con Giuda è ormai permessa. Se ne era già intravista la possibilità con l'autore dell'*Utopia*. Da ora in avanti, Giuda cessa di autocondannarsi impiccandosi: giustizia sarà fatta più tardi, in cielo[23]. Se Bunyan non pare mettere in dubbio la dannazione di Giuda, gli sembra implicito che un nuovo Giuda possa ancora credere alla propria salvezza.

Leibniz o l'idea del Giuda perfetto

Alla fine del XVII secolo, nel suo *Discorso sulla metafisica* (1686), Leibniz torna sulla questione di Giuda che non ha cessato di interessarlo in un'ottica che non può non ricordare il *Mathematicus* di Bernardo Silvestre. All'improvviso, secondo la sua teoria delle monadi e l'idea che tutto è per il meglio nel migliore dei mondi possibili, egli annuncia: "Ecco ciò che possiamo approssimativamente dire di Giuda: non bisogna domandarsi perché Giuda pecca, ma perché Giuda il peccatore venga ammesso a esistere a preferenza di altre persone possibili. [...] Poiché Dio" egli risponde "ha visto da sempre che vi sarebbe stato un Giuda la cui nozione o idea che Dio ne ha contiene *questa futura libera azione*".

> Rimane dunque la domanda sul perché un tale Giuda, il traditore, che è possibile nell'idea di Dio, giunga realmente a esistenza. Ma a tale domanda non vi sono risposte da conoscere quaggiù, a meno di non dire, in generale, che dal momento che Dio ha giudicato positiva la sua esistenza, nonostante il peccato che prevedeva, è necessario che questo male sia ricompensato con usura [*sic*] nell'universo, che Dio ne tragga un bene più grande, e che, tutto sommato, si scopra che l'insieme di cose che comprende l'esistenza di questo peccatore è il più perfetto tra tutti gli altri modi possibili.

Alla fine, un po' meno di diciassette secoli dopo il Golgotha, Giuda viene posto sotto il segno della perfezione di una "mirabile economia": "È sufficiente sapere senza comprendere", conclude Leibniz. In questa lettura, più che apofatismo o teologia negativa, vi è ottimismo escatologico e semipelagianesimo, sotto la penna di un ingegno che giudicò fosse bene resuscitare, non senza prudenza, le teorie dell'apocatastasi. Come ogni monade, Giuda esiste in quanto elemento predefinito di un tutto che egli completa: appartiene al mondo in cui

[23] In francese, cfr. anche J. Bunyan, *Abondance de la grâce*, seguito da *La vie et la mort de Monsieur le Mauvais*, trad. R. Métivert-Guillaume, L'Âge d'Homme, Losanna, 2001 e F. Ohly, *The Damned and the Elect. Guilt in Western Culture*, con prefazione di G. Steiner, Cambridge University Press, Cambridge, 1992, p. 122-25 (trad. it. *Il dannato e l'eletto. Vivere con la colpa*, Il Mulino, Bologna, 2001).

dimora perché apporta un elemento di male senza il quale il mondo sarebbe stato meno vario. Come ogni monade, il suo posto è predestinato. Gli sarebbe impossibile cambiare l'ordine delle cose. Infine, come ogni monade, è soggetto alle conseguenze dei suoi atti. Analogamente, nella stessa epoca alcuni ne dedurranno che Giuda sarebbe potuto sfuggire alla dannazione se il suo movente immediato – l'interesse pecuniario, che apparteneva unicamente a lui – non avesse corroborato i decreti della Provvidenza, che volevano che egli tradisse perché si compissero le Scritture. Per Leibniz, tuttavia, e malgrado un'escatologia che porta la traccia di Origene, apparentemente il dubbio non è permesso: Giuda ha peccato perché ha potuto e voluto farlo: potuto perché Dio gliene ha dato il potere, e voluto perché lo ha giudicato opportuno. In altre parole, se Giuda è dannato è a causa della disposizione d'animo in cui è morto, vale a dire l'odio contro Dio di cui bruciava al momento della morte, osserva Leibniz nella sua *Confessio Philosophi*[24] del 1673, ma aggiungendo subito dopo che quest'odio è al presente. Giuda non eredita dalla sua dannazione, la accompagna, commenterà Gilles Deleuze. Nella fattispecie, Leibniz (e Deleuze) ritrovano qui un'idea di Didimo (*De Trinitate* II, 6, 4), secondo cui solo Dio è eterno, mentre tutte le altre creature sono soggette al cambiamento. Nello stesso ordine di idee, Tommaso d'Aquino, nella *Summa theologica* (I, 10, 3 ad 2), osservava con sottigliezza e generosità: "Nell'inferno non vi è vera e propria eternità, quanto piuttosto del tempo"[25]. Per il dannato, questo tempo è al presente: "La dannazione è al presente, perché l'odio è al presente". Ecco perché il Giuda che è in ogni uomo diviene ben presto più reale del Giuda del passato prossimo o remoto. Tutta l'anima del dannato è piena di quell'odio in cui trova il suo unico piacere. "È opportuno concepire dei dannati felici", arrischia Deleuze facendo eco a Camus. Un Giuda felice, in mancanza della salvezza? Poiché la dannazione di Giuda non è legata al tradimento del Cristo, quanto piuttosto al fatto che egli continua a odiarlo. Ora, secondo Leibniz, "il dannato non è dannato in eterno, ma è sempre dannabile e si danna in ogni istante". Egli rimane nel tempo e può quindi "de-dannarsi". Se Giuda cessasse di vomitare Dio e il proprio odio, la salvezza sarebbe alla sua portata. È ciò che John Donne aveva immaginato. La Chiesa, ricorda Hans Urs von Balthasar, "che ha proclamato santi tanti uomini, non si è mai espressa sulla perdizione di uno solo tra loro. E nemmeno su quella di Giuda che è stato, più o meno, il prototipo di ciò di cui tutti i pec-

[24] G.W. Leibniz, *Confessio Philosophi. La profession de foi du philosophe*, trad. Y. Belaval, Vrin, Parigi, 1993, p. 37 s. (trad. it. *Confessio Philosophi e altri scritti*, Cronopio, Napoli, 1992); *Discours de métaphysique*, Vrin, Parigi, 1994, cap. XXX (trad. it. *Discorso di metafisica*, La nuova Italia, Firenze, 1992), e "Conversatio cum domino Stenonio de libertate" (1677), in *Textes inédits*, PUF, Parigi, 1983, vol. 1, p. 268-73, qui p. 270, e anche p. 343 e 381. Cfr. G. Deleuze, "Judas", in *Leibniz: âme et damnation*, doppio CD, Gallimard, Parigi, 2003, CD 2, 1.

[25] Cfr. il commento di H. Urs von Balthasar, *Espéres pour tous*, Desclée de Brouwer, Parigi, 1987, cap. 8.

catori sono colpevoli. Chi può sapere qual è stato il pentimento da cui egli è stato colto quando ha visto Gesù condannato (*Matteo* 27, 3)?"[26].

La teologia cede il passo alla casistica: abbiamo visto ciò che John Donne ha potuto fare della disperazione e del suicidio di Giuda. In termini leibniziani, il suicidio di Giuda, mettendo fine al suo odio senza sosta rinnovato e alla sua disperazione, è l'inizio di un amore. Quindi, egli sarà salvato. Lo stesso Leibniz si è ben guardato dall'oltrepassare questo punto, ma la sua teodicea, riattualizzando alcuni temi patristici, ha lasciato intravedere per Giuda, con l'opera di John Donne e la pittura di Rembrandt, un altro destino.

La voce di Giuda: Schütz e Bach

Nella musica vi è stata la stessa evoluzione. Se è vero che l'ortodossia non viene minacciata, Giuda è anche qui restituito alla sua complessità e umanità. In tempi di chiaroscuro, guadagna in sfumature, pur conservando spesso, come Caifa, "quella voce penosamente stridula che un'antica tradizione assegna alla sinagoga"[27] e di cui il poeta latino Giovenco aveva già dato un'idea con le sue sibilanti nei primi secoli del cristianesimo. Per lo meno, Giuda diviene di nuovo udibile. Un secolo prima di Bach, il luterano Heinrich Schütz (1585-1672) consacra la rottura con i misteri del Medioevo e innova utilizzando la voce da contralto, che in Bach sarà tradizionalmente riservata a Gesù, per far udire la voce di Giuda – cantata da un contralto falsettista – nella sua *Passione secondo Matteo*[28] (1666). Nel contempo, dà al personaggio di Pilato un'ampiezza che non aveva ancora quasi conosciuto. Il suo discepolo Johann Theile riprenderà lo schema, come anche Haendel nella *Brockes Passion*[29].

Testimoniando di un'autentica "generosità teologica"[30], la *Passione secondo Matteo* di Bach (1685-1750) è tuttavia il migliore esempio di questa resurrezione di Giuda, con l'aria 42 in cui, contro ogni aspettativa in una versione "storica" della Passione, una voce di basso solista, facendo eco a Giuda che ha appena ricevuto i trenta denari, grida la sua collera e urla che gli sia reso Gesù[31] –

[26] Id., *L'enfer. Une question*, trad. J.-L. Schlegel, Desclée de Brouwer, Parigi, 1988, p. 32.

[27] J.-F. Labie, *Le visage du Christ dans la musique baroque*, Fayard/Desclée, Parigi, 1992, p. 484.

[28] M. Delgutte, "Heinrich Schütz et la passion luthérienne: tradition et ouverture", in *Ostinato Rigore. Revue internationale d'études musicales*, 2003, p. 103-114.

[29] Labie, *Le visage du Christ*, cit., p. 566.

[30] Il termine è di H. Blumenberg, *La Passion selon saint Matthieu*, L'Arche, Parigi, 1996, p. 46 (trad. it. *La Passione secondo Matteo*, Il Mulino, Bologna, 1992).

[31] Cfr. L.A. Harper, "Judas, Our Brother", in *St. Luke's Journal of Theology*, 29, n. 2, 1986, p. 96-102, soprattutto p. 101-102; K. Paffenroth, "The Character of Judas in Bach's *St. Matthew's Passion*", in *Midwest Quarterly*, 36, 2, inverno 1995, p. 125-35; e J. Pelikan, *Bach among the Theologians*, Fortress Press, Filadelfia, 1986, p. 89-101, in particolare p. 98 (trad. it. *Bach teologo*, Piemme, Alessandria, 1994).

Gebt mir meinen Jesum wieder! – con un accompagnamento di violino e di altri strumenti a corda:

> Restituitemi il mio Gesù.
> Guardate questo denaro, il prezzo dell'assassinio.
> Il figlio perduto
> lo getto ai vostri piedi.
> Restituitemi il mio Gesù.

È opportuno precisare in proposito che, se Bach era tenuto ad attenersi alle pericopi del Venerdì Santo (*Matteo* 26-27) nella versione di Lutero, la sua drammaturgia era libera, dal momento che si conformava alla teologia luterana. E la scelta delle "risonanze teologiche" della composizione era di sua pertinenza. Così, nel primo e nell'ultimo recitativo – il 17, l'annuncio del tradimento con la Cena, e il 32, quello del bacio – in cui figura, la voce di Giuda è dissonante: si ritrova nella sua partitura il famoso e pericoloso tritono (*diabolus est in musica*), l'intervallo di tre toni interi tradizionalmente associato al male e proscritto dai trattati di musica religiosa fin dal Medioevo[32]; qui, i *diaboli* infiorano tutta la storia della *Passione*, dagli interventi di Caifa all'episodio di Barabba fino alla crocifissione. Ma altri due recitativi sono associati a Giuda e cantati dalla voce di un basso. Mentre l'aria 42 esprime una rabbia umana che suscita simpatia, ritroviamo la collera nell'aria 65, la sola aria di basso che segua la morte del Cristo, ma anche l'ultima della *Passione*. Il tono resta fermo, ma l'oboe e la lentezza del movimento suggeriscono una possibile riconciliazione. Giuda ci chiama a sondare il nostro cuore e a purificarci dai nostri peccati. Il fatto che gli stessi coristi cantino il testo evangelico e i corali, in particolare le pagine in cui il popolino (*turba*) reclama la morte del Cristo, è un'ambiguità voluta che permette a Bach di rendere "conto di una possibile remissione dei peccati"[33]. La stessa fine di Giuda, come dichiara Hans Blumenberg, è "ritrattata"[34]. Non possiamo che sottoscrivere la conclusione di Denis Laborde, anche se il suo campo di applicazione supera largamente la persona di Giuda: "In tal modo Bach partecipò alla sua maniera, senza parole né trattati, ma facendo della propria opera un esempio, al dispiegarsi di uno spazio critico inedito [...]"[35]. Nietzsche, che ebbe occasione di ascoltare per tre volte nella stessa settimana questa *Passione*, osservò: "Colui che ha completamente disimparato

[32] Su questo punto e, più in generale, il passaggio dalla "rappresentazione" alla "presentificazione" nella *Passione secondo Matteo*, cfr. il magnifico studio di D. Laborde, "Bach à Leipzig, le Vendredi saint 1729", in P. Roussin (a cura di), *Critique et affaires de blasphème à l'époque des Lumières*, Honoré Champion, Parigi, 1998, p. 129-84, in particolare p. 139-42 e 162-63.

[33] Ivi, p. 142.

[34] Blumenberg, *La Passion selon saint Matthieu*, cit., p. 215.

[35] Laborde, "Bach à Leipzig, le Vendredi saint 1729", cit., p. 184.

il cristianesimo lo sente qui davvero come un vangelo", e non un "disvangelo", come amava dire[36] (nell'epilogo, torneremo sul senso di queste parole in Nietzsche, in rapporto con la figura di Giuda nel nichilismo moderno).

L'oratorio del compositore ceco Frantisek Xaver Brixi (1732-1771), uno dei pochissimi consacrati a Giuda Iscariota, porta le tracce di questo ridimensionamento teologico. Ispirata a un testo anonimo, l'opera si svolge sotto forma di dialogo: Giuda, un tenore, posto a confronto, secondo la tradizione barocca, con tre figure allegoriche: la Giustizia, la Morte e la Speranza. Egli viene invitato a fidarsi dell'Agnello di Dio, il quale è "morto per te". Se solo egli volesse sperare! Giuda è la pecorella smarrita. Ma Giuda si impicca: "Muore colui che avrebbe potuto essere salvato, e che ha liberamente voluto essere dannato per l'eternità". Ma l'incubo viene subito mitigato da una promessa: vi sono criminali peggiori di Giuda. Che non si disperino e invochino la misericordia di Dio, e saranno salvati. Che non si crogiolino nella disperazione, che non si impietosiscano per un Giuda appeso alla sua abominevole corda. Il male di Giuda era la sua disperazione, il rifiuto di ascoltare la propria coscienza. Tutta l'ampiezza della sua anima, come diceva Leibniz, era occupata dall'odio, anche se non sappiamo bene se fosse odio di sé o di qualche altra cosa. L'evoluzione sarebbe proseguita fino alla scomparsa quasi completa di Giuda nelle *Passioni*. Così, nella *Passione di Gesù Cristo* di Giovanni Paisiello (1782-1783), su un testo di Pietro Metastasio, Giuda è completamente scomparso. Pietro, allontanato dal Golgotha per aver rinnegato, incalza Giovani, Giuseppe e Maria Maddalena perché gli raccontino gli ultimi istanti. E Giuda è sparito anche dalla testimonianza di Giovanni. Sembra che sia divenuto possibile scrivere la storia della Passione e della salvezza anche senza di lui.

Il Giuda dei Lumi

Paradossalmente, l'ateismo dei Lumi ha risparmiato Giuda, ovvero sembra assai più retrogrado nelle sue citazioni o nelle analisi di un Fontenelle il quale, nella sua *Origine delle favole*, osserva ciò che i discorsi puerili sul sambuco dovevano alla leggenda cristiana di Giuda, per lasciar subito dopo emergere il dubbio sul contenuto stesso della suddetta leggenda. Ecco un punto essenziale che si spiega forse con una ragione semplicissima: l'ateismo caricaturale forza i tratti, ghigna, si crede scettico, mentre il credente legge i testi con l'occhio della fede. Giuda, se non è un comodo capro espiatorio, pone al cristiano un autentico problema tanto storico quanto escatologico – i più sensibili, da Origene e John Donne, soffrono perfino di quello che si potrebbe chiamare il

[36] Blumenberg, *La Passion selon saint Matthieu*, cit., p. 81.

"complesso di Giuda". Da qui la necessità di tornare continuamente ai testi e di interrogare la "rivelazione continua" per vedere cosa ne è stato di Giuda, oggi, "al presente", come dice Leibniz, non più semplicemente nel momento della Passione.

Così, nel suo manifesto del 1729, il curato Meslier si accontenta di osservare che la salvezza si compie grazie a Giuda e a pochi altri, mentre Dio merita la dannazione per aver curato il male con il male[37]; il barone di Holbach, nella sua *Histoire critique de Jésus Christ ou Analyse raisonnée des Évangiles*, lo passa quasi interamente sotto silenzio, accontentandosi di dar ragione ai seguaci di Giuda evocati da Ireneo: come incolpare l'uomo senza il quale non vi sarebbe stata salvezza?[38] Mentre il Mandeville della *Favola delle api*, d'altronde assai sottile nelle sue analisi della religione, non ha parlato di Giuda, il suo schema dei vizi privati che fanno il bene pubblico appare come un leit motiv dell'epoca, una sorta di laicizzazione dei pensieri di Origene e di Gregorio di Nissa, e insieme un prolungamento di Leibniz (in proposito, Marx non si era ingannato). Il vizio di Giuda o la sua dannazione sono la nostra salvezza. E questo tema, o "tragedia eterotelica", per impiegare una terminologia ispirata alla critica letteraria[39], tornerà a ossessionare la teologia due secoli dopo.

Voltaire, spesso e volentieri sferzante, evoca pochissimo l'Iscariota, e anch'egli citando, come Holbach, il *Vangelo dell'infanzia*. E quando Rousseau pubblicherà l'*Emilio*, spiegando che non esiste società perfetta senza defezione – perfino gli apostoli hanno avuto il loro Giuda, ricorda Jean-Jacques ai suoi detrattori –, non avrà paura di trattarlo da "Giuda della filosofia" (nella sua corrispondenza, è stato osservato, Giuda diviene sinonimo di Rousseau come lo era già stato di Ario). Da un lato il mito che si spiega, dall'altro l'ingiuria alla quale non si vuole rinunciare, con un grande scarto comune ai migliori ingegni cristiani come agli apostoli dei Lumi. Più tardi, nella stessa opera di demitologizzazione, anche Ludwig Feuerbach, nella sua *Essenza del cristianesimo*, arriva a un vicolo cieco: come se il personaggio di Giuda non dicesse nulla di essenziale. Non più sul Cristo che su di sé, non più con il suo tradimento che non con il suicidio. Ciò facendo, egli dà il tono a quella che sarà in seguito la vulgata agnostica o atea. Giuda non è più il Giuda dei cristiani, ma rimane colui che incarna il "vizio radicale", il simbolo stesso della "falsità nelle relazioni sociali", dichiara chiaro e tondo Charles

[37] J. Meslier, *Œuvres complètes*, Anthropos, Parigi, 1970, vol. I, p. 497.

[38] Barone d'Holbach, *Histoire critique de Jésus Christ ou Analyse raisonnée des Évangiles*, a cura di A. Hunwick, Droz, Ginevra, 1997, p. 503-04.

[39] Cfr. J. Kott, *Manger les dieux. Essais sur la tragédie grecque et la modernité*, Payot, Parigi, 1988 (trad. it. *Divorare gli dèi. Un'interpretazione della tragedia greca*, Mondadori, Milano, 2005), per la nozione di "tragema". La nozione di "eterotelia" è stata sviluppata da Jules Monnerot, di preferenza rispetto a quella di "effetto perverso", che ha più ampiamente corso nelle scienze sociali (cfr. R. Boudon e A. Hirschman).

Fourier nel *Nuovo mondo industriale e societario*. Si chiama gatto un gatto e Giuda un briccone, asseriscono i nuovi Beoti. Lo stesso Rousseau-Giuda, al libro IV dell'*Emilio*, aveva spiegato perché la voce dei Lumi era muta su questo argomento e non poteva pretendere di correggere i testi canonici su Giuda: "Non è così che si inventa. Mai gli autori ebrei trovarono questi toni o questa morale. Il Vangelo ha caratteri di verità così grandi, così sorprendenti, così perfettamente inimitabili, che l'inventore di essi sarebbe più straordinario dell'eroe". Certo, se ha piacere di farsi trattare da Giuda...

Anche quando si pretende di riscrivere la storia con un certo umorismo, si rischia di cadere sulle strade battute e sui cliché più triti e ritriti. Diviso tra il sublime e lo scherno, Heinrich Heine non è stato risparmiato dalla tentazione: le poche parole che gli sono sfuggite su Giuda (così come sono giunte fino a noi) non brillano certo per raffinatezza. In una leggenda già fin troppo piena di adulteri, avventure sessuali e incesti, egli non trova nulla di meglio che scherzare sull'adulterio della madre di Giuda. Nel 1850, infatti, nel corso di una conversazione tra amici che verteva sul personaggio di Giuda, Heine finse di citare Giuseppe Flavio: "Per come conosco i Giudei, la personalità di questo discepolo del Salvatore mi è sempre rimasta incomprensibile. Ciò che egli ha fatto non rientra nel temperamento degli ebrei più della piromania o del brigantaggio; esiterei a rilasciare un certificato di fedeltà coniugale alla signora Iscariota sua madre, tanto più che i centurioni romani, a voler credere a Giuseppe Flavio, erano assai portati per queste belle ebree"[40]. In altre parole, Giuda non era un traditore, visto che non era veramente ebreo, poiché la madre era sicuramente stata infedele al marito. Una battuta da studenti liceali che crede di emanciparsi dai cliché cristiani rimettendo in discussione una nascita.

Se è vero che simili motteggi della critica al cristianesimo non si focalizzano quasi affatto sul personaggio di Giuda, nondimeno il suo mito è presente e produce rinascite inattese nelle opere in apparenza meno cristiane. Quando Hölderlin riscrive *Edipo*, ad esempio, la continuità dell'ordine cosmico (suggerisce assennatamente George Steiner) gli impone di immaginare che alcuni esseri umani, a cominciare dallo stesso Edipo, "diventino volontariamente *Verräter*, 'traditori di Dio'. È necessario, per così dire, che commettano un tradimento contro frontiere naturali e ontologiche che separano i mortali dal divino". Il modello implicito sembra essere quello dell'Iscariota, quando Hölderlin evoca "forse senza esserne completamente cosciente, il 'tradimento' con cui Giuda provoca l''epifania' del Cristo": il doppio tradimento, sul piano umano e divino, non può fare a meno di questo riferimento

[40] *Gespräche mit Heine*, a cura di H.H. Houben, Francoforte 1926, p. 813, citato in I. Tabak, *Judaic Lore in Heine*, The Johns Hopkins Press, Baltimora, 1948, p. 64 e 257.

nell'ora della Rivoluzione francese[41]. Come ci ha mostrato la storia di Giuda nel Medioevo, però, è dubbio che questa scelta di Hölderlin possa essere una semplice coincidenza: fin da allora Edipo aveva troppo spesso arricchito il personaggio di Giuda perché un'epoca meno religiosa non si permettesse poi di arricchire Edipo con Giuda. Assistiamo qui, in verità, a una sorta di ritorno al mittente, dove il tragico greco recupera un mito cristiano per ammantarlo della dimensione religiosa che gli è propria. Anche qui, malgrado le apparenze, non vi è alcuna innovazione, bensì un semplice prolungamento di una tradizione secolare più o meno caduta nell'oblio.

Nella storia che ci interessa, questi fenomeni di recupero non modificano nulla in profondità nella percezione che l'epoca ha di Giuda. Che si abbia a che fare con un apostata o con un ateo, con Heine od Hölderlin, Giuda non cambia. Egli è disperatamente fissato nel suo tradimento e nelle strutture – troppo – elementari della sua parentela. È altrove, in altri tempi, altri luoghi e altre problematiche, che bisogna cercare i nuovi Giuda. Nel secolo dei Lumi, la metafora sarà ormai divenuta folle. Ciascuno sarà il Giuda dell'altro, a rischio di provocare associazioni per lo meno inopportune.

Nel settembre 1776, infatti, quando un criminale avvelenò il vino della comunione nella cattedrale di Zurigo, il teologo e inventore della fisiognomica Lavater si arrischiò a paragonare l'avvelenatore a Giuda e l'avvelenamento alla crocifissione, senza evidentemente riflettere su quanto il boccone avvelenato potesse far pensare a quello teso da Gesù a Giuda[42]. Evocando la versione dell'evangelista Giovanni che mostra Gesù mentre designa Giuda tendendogli il pane e aggiunge poi "dopo quel boccone, satana entrò in lui", Michel Tournier nelle *Celebrazioni* azzecca in pieno affermando: "Queste poche righe sono terribili. Come non provare pietà per Giuda, letteralmente avvelenato dalla mano di Gesù e poi gettato nelle tenebre? Nessun pittore ha ancora osato rappresentare questa anti-Cena, questa diabolica eucaristia"[43]. Nessun pittore, forse, ma Lavater sì! O poco ci è mancato. Giuda avvelenato. Giuda che avvelena. A partire dai Lumi, tutto ormai si può dire e scrivere, tutto si equivale, tutto si rivolta a mo' di guanto, come in quella facezia salace di Prévert, perfettamente rappresentativa del "libero pensiero" e dei suoi deleteri effetti su Giuda: "Già la cosa non andava più liscia, quando un giorno eccolo che tradisce Giuda, uno dei suoi collaboratori. Una storiella spassosissima: egli afferma di sapere che Giuda deve denunciarlo a persone che

[41] G. Steiner, *Les Antigones*, trad. P. Blanchard, Gallimard, Parigi, 1986, p. 87-88 (trad. it. *Le Antigoni*, Garzanti, Milano, 2003).

[42] Su questo episodio, cfr. J. Freedman, *A Poisoned Chalice*, Princeton University Press, Princeton, 2002; sul legame con Giuda, p. 1 e 101.

[43] M. Tournier, *Célébrations*, Gallimard, coll. "Folio", Parigi, 2000, p. 298 (trad. it. *Celebrazioni*, Garzanti, Milano, 2001).

lo conoscono benissimo da lungo tempo, e quindi, sapendo che Giuda deve tradirlo, lo previene"[44]. Non si credeva più abbastanza in Giuda per conservarlo tal quale, ma vi si credeva ancora un po' troppo per sbarazzarsene completamente. Non tutte le questioni erano ancora state poste. A quanto sembra, Gesù aveva ancora qualcosa da dirgli, e lo stesso Giuda non aveva pronunciato l'ultima parola. Gli interrogativi dei Lumi, dopo le revisioni del XVII secolo, avranno per lo meno il merito di mostrare che altri Giuda erano possibili e che, anche se la monade Giuda si addice a meraviglia al migliore dei mondi possibili, l'idea ricevuta dalla tradizione non esauriva tutti i possibili Giuda.

[44] J. Prévert, *Souvenirs de famille ou l'ange garde-chiourme*, 1930, ripreso in *Paroles*, Gallimard, Parigi, 1946 (trad. it. *Parole*, Guanda, Milano, 1993).

Capitolo 8

IL NUOVO GIUDA È ARRIVATO

Capovolgimento marcionita

Con il XIX secolo, Giuda cambierà quadro di riferimento. Si emanciperà dai Vangeli, mentre la separazione progressiva, per non parlare di divorzio, tra Chiesa e Stato farà intravedere altre vie e altre soluzioni meno convenzionali. Per lo meno, un pensiero laico, non necessariamente ateo, cesserà di porre all'enigma Giuda le sole domande "da poliziotti" – quanto, perché, con chi? – che i cristiani avrebbero voluto porgli. E prenderà in considerazione un Giuda capace di esprimere il suo punto di vista e, se del caso, di dire di no a Gesù. Per la prima volta, diventerà possibile un vero Vangelo di Giuda. Nerval, per la sua vicinanza al romanticismo tedesco, sarà uno dei primi a cambiare le carte.

Negli anni Quaranta del XIX secolo, osserva Paul Bénichou in *L'école du désenchantement*[1], Gérard de Nerval "non ha mai smesso di cercare la soluzione di un problema universale di fede e di salvezza, da cui tutto il pensiero contemporaneo era ossessionato". Ma fu come "pensatore laico" alla ricerca di una nuova fede, come grande conoscitore del romanticismo tedesco, di Jean Paul e in particolare del *Faust* di Goethe, che egli affrontò tali questioni. Se è vero che Giuda brilla per la sua assenza nel romanticismo tedesco, la sua presenza più o meno discreta nelle lettere inglesi e francesi spiega forse

[1] P. Bénichou, *L'école du désenchantement*, Gallimard, Parigi, 1992, p. 353-55; vedi anche B. Sarrazin, *La Bible parodiée*, Cerf, Parigi, 1993, p. 161-64; J.-P. Lacassagne, "Lectures romantiques de la Bible", in C. Savart e J.-N. Aletti (a cura di), *Le monde contemporain et la Bible*, Beauchescne, Parigi, 1985, p. 211-28; A. Dabezies, "Dérives de la figure de Jésus dans le romantisme français", in Centre de recherches sur l'imaginaire, *La Bible, images, mythes et traditions*, Albin Michel, Parigi, 1995, p. 121-38.

anche quella in Nerval. Prima della proclamazione della morte di Dio ad opera di Nietzsche, il sentimento se ne era già imposto. Nella sua meditazione sul *Christ aux Oliviers* (1844), Nerval è tutto penetrato dall'idea, al punto che nella sua ripresa di questi cinque sonetti, nel 1852, aggiungerà in epigrafe un estratto del *Songe* di Jean Paul, o "Discorso del Cristo morto dall'alto dell'edificio del mondo, dove Dio non esiste più" (*Rede des todten Christus vom Weltgebäud herab, dass kein Gott sei*), noto in Francia attraverso l'adattamento fattone da Madame de Staël nel secondo volume della sua opera *Sulla Germania* (cap. 9). I versi scelti come epigrafe – "Dio è morto! Il cielo è vuoto.../Piangete! Figli, voi non avete più padre" – danno un'idea del sentimento di desolazione che regna e dello smarrimento degli animi. La singolarità di Nerval sarà di riportare questo sgomento fin negli animi del Cristo e di Giuda, mentre il Getsemani è divenuto un "tema quasi inevitabile della meditazione romantica". Lo stesso Cristo non crede più alla sua missione; amareggiato, come il Cristo del *Mont des Oliviers* di Vigny, ha la sensazione di aver tradito e comincia a gridare che "Dio non esiste!":

Fratelli, vi ho ingannato: Abisso! abisso! abisso!
Manca il Dio sull'altare su cui io sono la vittima...
Dio non c'è! Dio non c'è più! [...]

Parafrasando Jean Paul, Nerval trasforma il brutto sogno: in lui, non si tratta mai del conforto della fede. La morte di Dio è un sogno da cui non ci si risveglia. "Così Gesù", commenta Paul Bénichou, "non sarà più Cristo se non per il privilegio di sentir Dio morire o saperlo già morto, e di sapere che anch'egli morirà, e tutto con lui". In questo contesto, che peso ha il tradimento di un Giuda, di fronte all'inganno di Cristo stesso? Più che mai, per salvare la crocifissione e la storia del cristianesimo, Gesù ha bisogno di un Giuda, ma Giuda è il solo ad essere rimasto sveglio e da quell'orecchio non ci sente. Il quarto sonetto è uno dei più toccanti nella storia del Giuda moderno:

Nessuno udì i gemiti dell'eterna vittima,
che invano consegnava al mondo il suo cuore spalancato;
ma sul punto di venir meno, curvo e privo di forze,
chiamò il solo – sveglio in Solima:

"Giuda!", gridò. "Tu sai che sono stimato,
affrettati a vendermi, poni fine a questo mercato:
soffro, amico mio! a terra prostrato...
Vieni! Tu che, per lo meno, hai la forza di commettere un crimine!".

Ma Giuda se ne andò, scontento e pensieroso,
non ripagato, pieno di un rimorso sì vivo
da leggere le proprie nefandezze scritte su tutti i muri...

Giuda presagisce che sarà diffamato e oppone un *non possumus*. Io non sono colui che credono, non entro in questo gioco. Gesù insiste affinché Giuda si pieghi alla lettera delle Scritture, ma Giuda, soffocato dal rimorso – il "non ripagato" sembra assai strano se preso alla lettera (Giuda doveva sperare, come salario per i suoi uffizi, di ritrovarsi alla destra di un Padre al quale il Figlio stesso non crede più) – rifiuta. Solo Pilato si muoverà a pietà e farà giustiziare, su sua richiesta, il disperato.

In una storia che non teme di ripetersi, tanto è abituata a cercare il malvagio e a trovare sempre lo stesso, non si insisterà mai troppo sulla svolta decisiva, il "capovolgimento copernicano" segnato da questi pochi versi di Gérard de Nerval. In realtà, traendo implicitamente le conseguenze dello spostamento paradigmatico iniziato da Rembrandt, Bach, Leibniz e Donne, egli segue le orme di Jean Paul e del suo *Setteformaggi* per avviare una linea, una scuola di pensiero i cui migliori rappresentanti, nel XX secolo, saranno Roger Caillois e Mario Brelich, e la cui ambizione, in fondo, sarà quella di riscrivere la *Divina Commedia*. In un'epoca di decristianizzazione e di morte del padre, Nerval, dopo Jean Paul, osa prendere alla lettera la morte di Dio e si sforza di trarne le conseguenze.

In un vero e proprio "romanzo teologico", l'italo-ungherese Mario Brelich (1910-1982) ha scritto nel 1975 un sorprendente racconto che porta alle conseguenze ultime la "rivoluzione" intellettuale operata da Nerval nella storia di Giuda. Quest'ultimo rifiuta di essere complice, come in alcune versioni russe, ma Gesù ha bisogno di lui. Con lo scenario del *Gesù di Nazareth* del cineasta Carl T. Dreyer, rimasto nel cassetto, *L'opera del tradimento* è certamente l'ultimo grande romanzo su Giuda. Brelich immagina Dupin, il detective di Edgar Allan Poe, che riprende da zero il dossier dell'"affare Giuda". Passando in rivista tutte le ipotesi, nessuna riesce a convincerlo. Giuda non ha moventi, mentre Gesù ne ha a profusione: come ha affermato Roger Caillois un decennio prima, "deve provare a se stesso la propria natura divina"; pertanto vuole la morte. Ma non può accontentarsi di essere la vittima del potere costituito. Egli deve affrontare il Male: sarà Giuda, malgrado la sua volontà, a essere scelto come complice, poiché il suo intervento è necessario al compimento dei disegni del maestro. Per il detective, ciò significa che Giuda solo "sa" che Gesù è Figlio di Dio, ma anche e soprattutto che la sua Missione era in realtà una rivolta contro il Padre, come per adeguarsi alla sua stessa ingiunzione di odiare il padre e la madre (*Luca* 14, 26). Sull'esempio del *Giuda* di Dreyer, la fede nel Figlio è "assoluta" anche quando il Figlio dubita del Padre. Egli conosce il Credo meglio di Pietro. "Tale plausibile ipotesi, che mi sembra perfino la sola di questo tipo, ha il merito di dare un'idea del 'come' del tradimento, e nello stesso tempo di escludere brutalmente e rendere inutile una gran parte delle induzioni romanzesche e delle teorie riguardanti il movente, costruite sul nulla"[2]. Non si poteva dire meglio e, d'altro canto, ecco perché l'intuizione di Nerval, che non è altro che una secolarizzazione del problema escatologico, ha reso insussistente in anticipo la tanto prolissa produzione romanzesca di un secolo e mezzo intorno a Giuda. Il mito non funziona più. A Giuda e al suo proposito sono state poste tutte le domande, tranne una: quella della fede. E la fede di Giuda finirà per diventare più grande di quella del Crocifisso, al punto di commettere un crimine che solo lui non aveva alcun interesse a commettere, poiché sarebbe l'unico escluso dalla salvezza. L'*id fecit cui prodest* ("a chi giova il crimine?") è molto semplice, trattandosi di Giuda: il crimine avvantaggia Gesù, e in nessun modo Giuda (ritroviamo qui una versione secolarizzata della teologia del suicidio del Cristo).

Il romanziere portoghese José Saramago, nel *Vangelo di Gesù Cristo*, si colloca nella stessa vena di Jean Paul e Brelich quando pretende di restituire ai personaggi biblici la loro umanità, se non la loro psicologia, e si trova ridotto ad attingere a un buon senso che si qualificherebbe voltairiano: il Cristo di Jean Paul aveva cessato di credere in Dio nell'ora dell'ultimo respiro, quello di Saramago ci gratifica con un'apostrofe quasi timida: "Perdonalo perché non sa ciò che fa!", esclama il Cristo in croce a proposito di suo Padre. Non vi è altro da fare, ormai, se non sbarazzare il quadro della Cena: a tavola, si è ucciso. Il mandante dell'omicidio è stato identificato: il Padre. L'omicidio del Padre che genera il Figlio e lo vota alla morte, ed ecco il Figlio che, nella sua grazia paterna, con un gesto generoso (o cinico?) fa indossare al Padre il manto della follia, della demenza. Come se il primo "folle in Cristo" non fosse altro che il Padre stesso, avido della morte di suo Figlio (come le mezze maniche della III Repubblica lo furono della morte dei loro figli e neonati nel 1914-18). E che si perdoni, ovviamente. Il perdono del Padre reclamato dal Figlio, vale a dire duemila anni di cristianesimo, con in meno il marcionismo, ma con in più Courteline. Quanto a Giuda, egli è cortese, questa volta, e adempie il ruolo che gli è stato assegnato. È Gesù che, salendo al Golgotha, vede per primo Giuda che si è impiccato a un fico. Il suo cadavere è ancora caldo. Egli pensa che potrebbe resuscitarlo, come era stato tentato di fare, prima che Maria Maddalena gli facesse osservare che "nessuno nella vita ha peccato tanto da meritare di morire due volte". E quando alcuni soldati romani frugano nelle tasche dello sventurato, non vi trovano nulla. "Non è stato pagato per la sua delazione", pensa Gesù.

Ma naturalmente le cose non sono così semplici. La caricatura gnostica e marcionita di un Dio geloso e malvagio dell'Antico Testamento contrapposto al tenero agnellino del Nuovo soffre di una dissonanza che sottolinea alla perfe-

[2] M. Brelich, *L'Œuvre de trahison*, trad. A. Piasecki, Gallimard, Parigi, 1979, p. 34-35 (tit. orig. *L'opera del tradimento*, Adelphi, Milano, 1975).

zione lo stratagemma di Saramago. Per lo meno, il Dio dell'Antico Testamento colpisce i suoi nemici, addirittura i miscredenti, i fedeli in cattiva fede, come un Giobbe, forse. Quello del Nuovo Testamento se la prende con suo figlio in una specie di furore suicida, secondo un tropo ripetuto e messo in evidenza da Jack Miles in *Dio, una biografia*, il Padre cede alla tentazione di annientare tutto: "Perisca il giorno in cui sono nato!", "Meglio sarebbe se non fossi mai nato!", si lascia sfuggire, quasi a parafrasare Edipo. Come minimo, vi è dell'accanimento. Si obietterà a Saramago la sua psicologia post-freudiana: ciò significa dimenticare che le stesse categorie avevano contrapposto Erasmo e Moro in una famosa *Disputatiuncula*. In mancanza, si invocheranno allora la teologia e l'economia della salvezza. Proprio l'economia: quella del torchio mistico, che da ogni goccia di sangue spremuta dalle sventurate arterie e vene del Figlio dell'uomo ricava un'oncia di resurrezione, una sorta di acconto.

Il merito minimo del poema di Nerval in forma d'apologo, dunque, sarà stato quello di mettere il dito sull'aporia del cristianesimo: lo stesso Cristo, nell'ora più alta in cui si giocano il suo destino di Figlio e la nostra Salvezza, quasi non crede più ad altro che a Giuda, che supplica di salvare il Salvatore e la sua "opera di salvezza". Se Giuda fosse stato meno credente, il cristianesimo avrebbe abortito. Nerval sarà stato il primo, attraverso la sua fede dolorosa, ad attirare l'attenzione sul dilemma cristico e a cercare di capire perché il secolo continua a credere in Giuda mentre non crede più in Gesù.

Tutti questi nuovi Giuda, da Gérard de Nerval a Brelich e a Saramago, segnano la rinascita del marcionismo. Come abbiamo visto, Marcione aveva soppresso come ambigue tutte le pericopi concernenti Giuda. A distanza di secoli, il problema ha assunto un'altra forma: Giuda è divenuto un mito incrociato con la storia, a meno che non si tratti del contrario, ed è presente. Ma la sua presenza rimane ingombrante. Pertanto, bisogna porre di nuovo la questione marcionita. Nell'opera di Brelich, il Giuda di Nerval riprende il controllo di sé e si appresta a fare ciò che il destino si attende da lui. Tuttavia, poiché possiede la fede si interroga sulla propria Salvezza. E la risposta, dalla bocca di Gesù, è chiara quanto definitiva. Vi sono due leggi: quella del Padre e quella del Figlio. Nella legge del Figlio, il gesto di Giuda non è una colpa e nemmeno un crimine, perché il Figlio ha bisogno del suo gesto. Nella legge del Padre, al contrario, il tradimento è l'atto supremo, tanto più in quanto aiuta il Figlio. Così, Gesù ha buone ragioni per rispondere che agli occhi di tutti, salvo che ai suoi, egli rappresenta l'archetipo del criminale: "Poiché tu appartieni alla legge del Padre e [...] secondo la legge del Padre tu sei il più grande peccatore del mondo... Quanto a me, io sono impotente di fronte a questa legge fin quando non avrò strappato il potere di benedire; ma sicuramente ciò non accadrà mai...". Il conflitto tra le due leggi esclude Giuda, il quale non può sperare nell'assoluzione perché la legge di Gesù "non prevede il suo caso" di "responsabile ma non colpevole": "La mia legge fa appello al rimorso, non alle tragedie. Gli eletti del destino resteranno sempre di competenza del Padre. Non posso far nulla per te, Giuda..."[3].

Ecco perché il Giuda di Nerval esita a compiere il passo decisivo davanti a un Figlio che sente vacillare l'economia della Salvezza. La crocifissione permetterà al Figlio di prendere il posto del Padre, se scenderà dalla croce. Nel rendersi complice della Salvezza degli altri, Giuda perde la propria. Egli è il derelitto del cristianesimo. A Giuda che chiede a Gesù se sarà perdonato, quest'ultimo risponde che dovrebbe piuttosto essere lui a porre la domanda: Giuda può perdonare? È difficile far parlare i morti, soprattutto quando sono morti per nostra sollecitudine. E, come chiedeva Vladimir Jankélévitch a proposito di altri innocenti straziati e massacrati, chi ha mai chiesto perdono?

All'opposto di Nerval e della sua posterità marcionita, Victor Hugo, rimasto più credente o in ogni caso più ortodosso (le figure di Giuda sono in genere tanto più ortodosse quanto più i loro autori hanno rotto con l'establishment ecclesiastico o la *doxa* catechetica), immaginerà per Giuda un destino diverso, riprendendo il dossier escatologico in cui lo avevano lasciato il XVII e XVIII secolo per portarlo un passo più avanti. Se Giuda rifiuta di tradire agli occhi di un Nerval che non riesce più a credere, è salvo per un Victor Hugo che, forse sotto l'influenza inglese, immagina una redenzione universale a immagine di un Leskov (1831-1895) e di un Saltykov-Chtchedrine (1826-1889). Pur essendo nemico dei preti e della religione, Hugo non ha perduto la fede, e il suo *La fine di Satana* è in fondo una parafrasi ispirata, ma molto convenzionale, dei Vangeli. Nella seconda parte, Giuda è oppresso dai cliché hugoliani. Innanzi tutto, egli ispira sospetti in Maria Maddalena, che svela i suoi presentimenti a Maria: Giuda è un "calcolatore di frodi e profitti", "è un mostro". Nell'orto del Getsemani, tuttavia, il Cristo non guarda nulla "per risparmiare Giuda". Contrariamente all'evangelista, egli rifiuta di opprimerlo.

Victor Hugo che, nei *Castighi*, tratta Napoleone III da "Giuda" tra un "Mandrin slavato mascherato da Cesare" e un "Pollicino-Attila", si attiene a un Giuda molto convenzionale. Così, nell'*Asino* del 1881:

> Uomo, sei rapido a porti sullo stesso livello;
> sei stato tu a tradire, a ingannare, a consegnare;
> è tua la carne che Shylock venderà alla libbra a Cesare,
> è tuo il sangue con cui traffica Giuda, tua la pelle
> che Ganelon commercia, o genere umano, o gregge!
> Uomo, al mattino ti svegli con la corda al collo;
> ma che! Ai tuoi occhi e alle mie orecchie,
> ciò è ben fatto! E, ne prendo a testimone l'azzurro cielo,
> i traditori hanno ragione, poiché tu fai loro buon gioco.

[3] Ivi, p. 257.

Poi, *La fine di Satana* è occasione di uno strano "peggiore di Giuda", apparentemente simile al "peggiore di Giuda" di un Moro o di un Bunyan, ma che subodora un peggiore del peggiore: restituito ai suoi scudi tra le risate dei sacerdoti, "quest'uomo disgraziato / se ne andò in un luogo sinistro e si impiccò":

Dove? In quale vile burrone? In quale recondito recesso?
In qual modo il criminale subì la sua condanna?
Di quale spaventoso albero fece una forca?
Forse a qualche vecchio chiodo di muro marcito
appese il nodo vendicatore? Nessuno sa.
Questa corda ormai fluttua per sempre nelle tenebre.

Sarà opportuno tornare su questa corda fluttuante, autonoma, in cerca di impiccati, come per un concetto di suicidio impazzito in cerca di incarnazione, la quale ricorda irresistibilmente il nodo scorsoio che secondo sant'Agostino Giuda avrebbe lasciato in eredità ai suoi simili. Ma, nell'attesa, il destino di Giuda si aggrava. Sempre nei *Castighi*, "uno che vuole liberarsi" gli ispira queste parole:

Tu non te ne andrai! Che! Lasciare la loro casa!
Fuggire il loro destino!
Che! Tu vorresti tradire fino al Tradimento,
esso stesso si indigna!
Che! Tu vuoi rinnegare questo ladrone dalla bassa fronte
che ti ammira e ti onora!
Che! Giuda per Gesù, tu vuoi per Barabba
essere Giuda ancora!

Giuda ha un altro vantaggio: "Sui pubblicani ebrei voi avete un vantaggio,/ maledetti! Giuda è morto, Tartufo non muore". Nell'*Échafaud* si trova perfino un "Giuda pontefice" tra un "Satana re" e un "Caino giudice".

Ma Hugo manifesta la sua rottura con l'inferno su misura. Pur dubitando ancora che Satana finirà, sa che Giuda fa parte del destino comune, cui non sfuggirà:

[...] Ho appena sentito Giuda dire
nella prigione in cui il suo crimine e io lo teniamo avvinto:
– Ora non ho più che quattro milioni
di secoli da trascorrere in catene nell'ombra.
– Felice Giuda, che ha numeri da contare!
Per tutti, per tutti, per tutti, l'orizzonte sbiadirà.
Caino, il vecchio Caino, perfino lui uscirà!

"Se fossi Gesù Cristo, salverei Giuda", promette ancora nell'"anno terribile". Il XIX secolo francese, da Balzac a Flaubert, da Baudelaire a Verlaine e a

Huysmans, moltiplicherà le allusioni a Giuda, ma con le sue apparizioni fugaci – così nei *Poemi saturniani* di Verlaine o "I sette vecchi" dai *Fiori del male* di Baudelaire – questi non è altro che un cliché e quasi non innova nei confronti di altri Giuda inglesi e soprattutto russi.

Thomas de Quincey ovvero il dottor Giuda

Implicita o laicizzata per i francesi, la teologia della salvezza e dell'apocatastasi è in compenso dichiarata in colui che i suoi detrattori, condannandone l'assuefazione all'oppio, soprannominarono il "dottor Giuda", lo scrittore, teologo e polemista inglese Thomas de Quincey (1785-1859). L'intento è subito dichiarato: ricusare le ipotesi pericolose che imputano il tradimento di Giuda alla cupidigia per "ricondurre all'ovile del perdono cristiano chiunque sia stato a lungo tenuto lontano dalla carità cristiana, occupando una tomba da paria". Restituire Giuda alla "compassione dei suoi fratelli umani". Se si fosse fermato qui, la sua impresa non avrebbe fatto altro che rendere di nuovo attuali le vecchie teorie già presenti presso i Padri. È l'originalità del percorso che cambia tutto in Quincey il quale, affidandosi espressamente all'esegesi tedesca del suo tempo – a cominciare dalla *Vita di Gesù* di David Friedrich Strauss – e richiamandosi al "cristianesimo in evoluzione" di Newman, intende rendere a Giuda la sua onestà e la sua sincerità. Pur continuando a imputargli un tragico errore, di aver creduto di poter forzare il destino, obbligando Gesù a dichiararsi per restaurare il "trono di Davide".

In Thomas de Quincey, dunque, la speranza escatologica si ricollega all'analisi storica della situazione politica al tempo di Gesù: cresceva la "paura del cambiamento" che "agita i monarchi". Tutti gli apostoli, e non solamente Giuda, condividevano tale speranza, anche se la coscienza dell'Iscariota era più acuta, il suo impegno maggiore, la sua risoluzione più ferma. È con questo spirito che Thomas de Quincey tratteggia un ritratto di Gesù come Amleto che segna una nuova fase dell'incontro tra Shakespeare e Giuda, ma anche della trasformazione del mito di Giuda in tragedia. Chiedendosi perché le ambizioni terrene di Gesù siano state neutralizzate, ci propone il punto di vista di Giuda:

> È evidente che per un uomo della tempra di Giuda e con le sue opinioni, [la colpa era nel] carattere stesso del Cristo, sublime nell'eccesso dei talenti di cui dava prova nell'ambito della speculazione ma, come la grande creazione shakespeariana del principe Amleto, privo delle qualità corrispondenti quando si trattava di passare all'azione e di rispondere alle palesi esigenze della vita[4].

[4] T. de Quincey, *Judas Iscariote*, traduzione di É. Dayre, Ombres, Tolosa, 1990, p. 16 (trad. it. *Giuda Iscariota*, Ibis, Como, 2007).

Negli affari umani, Gesù procrastinava e indugiava fin troppo volentieri. Per un po', Giuda avrebbe voluto essere il suo Pigmalione, o per lo meno "comprometterlo". Egli aveva la presunzione, che lo ricollega con il Giuda della tradizione marcionita moderna, di comprendere gli scopi del Cristo meglio del Cristo stesso. Se peccò, dunque, fu per audacia, piuttosto che per perfidia: "Immaginava che, a causa del vigore che *egli* poneva nelle *sue* azioni, avrebbe potuto compiere i grandi cambiamenti politici che il Cristo approvava senza avere l'audacia di compierli". E, quando capì il suo tragico errore, fu lui a bere "l'amaro calice" e a cedere alla disperazione per ragioni tanto egoistiche quanto altruistiche. Dimostrato il suo impegno politico – "uno sforzo spasmodico di patriottismo e di ribelle ambizione" – Giuda ritrova una fine "tragica" tra "i rimorsi e le angosce del penitente", la "collera frenetica" e il "patriottismo esagerato". Ma Thomas de Quincey sa fin troppo bene ciò che la tradizione ha fatto del tradimento di Giuda per rischiare un attacco frontale proclamando la caducità di qualsiasi esegesi prima dei tedeschi. Per lui, il dubbio che circonda l'azione di Giuda – sotto le sembianze del tradimento, non impedire, ma affrettare – si ritrova nelle narrazioni della morte. Dopo aver invocato a più riprese un grossolano errore di traduzione[5] (l'elogio del tradimento non può basarsi altro che sulla coppia traduzione/tradimento) intorno alle tre morti di Giuda (suicidio, rottura degli intestini ed effusione delle viscere), egli spiega che le Scritture, proprio per quanto concerne Giuda, ci invitano a "sospendere il giudizio". Se Giuda è semplicemente morto con il cuore spezzato, nulla ci autorizza più a rifiutare l'ignominia di una morte inventata di sana pianta sul suo passato. Egli ha diritto al "beneficio del dubbio".

Situandosi su un triplice piano – filologico, storico ed esegetico – l'analisi di Thomas de Quincey, meno innovatrice di quanto non si sia creduto da Borges in poi, è notevole soprattutto per il tentativo di riabilitare Giuda, almeno in parte, e di mettere in evidenza le zone d'ombra delle Scritture, al fine di preservarle "piuttosto che attribuire loro un solo significato chiaro per escludere gli altri", come asserisce sant'Agostino nelle *Confessioni*. Senza alcun dubbio, Giuda risalta in modo più umano. Se gli sfondi escatologici della dimostrazione del dottor Giuda, in particolare il suo dialogo con Farrar e i teologi del suo tempo sull'apocatastasi, sono in genere passati sotto silenzio, il suo Giuda politico ha avuto tuttavia un avvenire più certo, per quanto paradossale e foriero di molte sorprese. L'idea moderna di un Giuda Zelota è nata dalle sue analisi, ma avrebbe conosciuto più di una deviazione che invita a non sottoscriverla troppo precipitosamente.

[5] Ivi, p. 22-23, 36-41, 42.

L'apologo di Borges

Se Borges fosse stato un evangelista, non è certo che il Cristo avrebbe resistito a lungo – senza parlare di Gesù. Una cosa almeno è certa: si sarebbe suicidato. Borges conosceva fin troppo bene John Donne e il *Biathanatos* per risparmiare al suo personaggio una fine simile, foss'anche per fare del mondo il teatro barocco del suo patibolo. Trattandosi di Giuda, in compenso, le congetture sono meno rischiose: mentre il Giuda dei Vangeli rimane abbastanza mal definito, una sorta di personaggio in cerca d'autore, il Borges teologo gli assicura una consistenza che le Scritture non avevano saputo dargli. Se ne dev'essere davvero invaghito per inventare tre Giuda con un solo nome![6]

Riparandosi dietro la maschera di un contemporaneo di pensiero di Basilide, egualmente caro a Cioran, per il quale il mondo era l'"improvvisazione temeraria" di un angelo deficiente, al quale Dio aveva "concesso" il XX secolo, Borges fa suo il punto di partenza di Thomas de Quincey: "Non una sola, ma tutte le cose che la tradizione attribuisce a Giuda Iscariota sono false". Tuttavia, laddove l'inglese immaginava che Giuda avesse tradito il Cristo per "costringerlo a dichiarare la sua divinità" e a dare il segnale della ribellione contro il giogo romano, si tratta ormai di avanzare una giustificazione di carattere metafisico. Mentre Thomas de Quincey voleva ristabilire una verità storica, Borges ambisce di proposito alla finzione teologica. Il suo studioso svedese, una specie di positivista mascherato da teologo, si appresta a percorrere le "tre epoche dell'umanità", rivisitando Giuda sul piano della storia, poi della psicologia e infine della storia sacra. La conclusione farebbe impallidire d'invidia Jung! Giuda e Gesù sono due espressioni di una stessa anima. Giuda e Gesù. Malgrado l'evidente audacia del discorso, non bisogna ingannarsi. Borges non innova: non fa altro che riassumere con molta chiaroveggenza, addirittura intuire il percorso contemporaneo di Giuda, il cui punto culminante sarà l'opera di Romain Gary, il quale ultimo, infatti, confermerà la sua tesi.

Borges immagina uno studioso svedese, Nils Runeberg, membro dell'Unione evangelica, al passaggio dal XIX al XX secolo, in un'epoca in cui visibilmente ci si interessava molto di più a Giuda, in Svezia come nel resto d'Europa. E non è certo sfuggito a Borges che il famoso abate Oegger (che ritroveremo più avanti), caro ad Anatole France, aveva abbracciato la teosofia di Swedenborg dopo la sua "rivelazione di Giuda". Tutto avviene come se Borges avesse ripreso l'episodio per trasporlo nel mondo della ricerca erudita. La prima tappa del percorso borgesiano, o piuttosto del suo Runeberg, con-

[6] J.L. Borges, "Trois versions de Judas", in *Fictions*, ripreso in *Œuvres complètes*, Gallimard, Bibliothèque de la Pléiade, Parigi, 1993, I, p. 542-46 (trad. it. "Tre versioni di Giuda", in *Finzioni*, Einaudi, Torino, 1955).

siste quindi nel "separare tutto ciò che è superfluo dall'atto di Giuda": a che pro il tradimento di un apostolo quando tutti, proprio tutti, sapevano dove trovare Gesù? Dal momento che non sarebbe possibile valutare un *errore* nelle Scritture pena la bestemmia e, in materia, non si potrebbe nemmeno concepire un *atto gratuito*, il tradimento di Giuda non è gratuito: esso era "prefissato nell'economia della redenzione". Fin qui, null'altro che buon senso e perfetta ortodossia. La conclusione, pur possedendo una sua logica, è più eterodossa:

> Quando si incarnò, il Verbo passò dall'ubiquità allo spazio, dall'eternità alla storia, dalla beatitudine senza limiti al cambiamento e alla morte; per rispondere a un simile sacrificio, bisognava che un uomo, in rappresentanza di tutti gli uomini, facesse un sacrificio adeguato. Quest'uomo fu Giuda Iscariota. Egli solo tra gli apostoli intuì la segreta divinità e il terribile intento di Gesù. Il Verbo si era abbassato a essere mortale; Giuda, discepolo del Verbo, poteva abbassarsi ad essere un delatore [...].

La delazione diviene in certo modo l'immagine speculare della Redenzione, proprio come Giuda riflette Gesù "in un qualche modo" così vero che "le forme della terra corrispondono alle forme del cielo". Come in *Alice nel paese delle meraviglie*, solo uno specchio separa i due uomini, che fanno esattamente le stesse cose nei loro due modi diversi: i trenta denari e il bacio sono la sintesi terrena dell'economia del riscatto; la morte volontaria di Giuda fa eco a quella del Cristo, anche se l'una perfeziona la Redenzione, mentre l'altra consuma la Riprovazione.

Mentre questo primo Giuda è un doppio gemello e cosmico del Cristo, l'autore, rispondendo alle accuse di eresia, concepirà, sotto il nome di Giuda, un altro uomo di "gigantesca umiltà", al punto di far impallidire il Cristo: "Egli si credeva indegno di essere buono". Se il Salvatore l'aveva scelto per portare la Buona Novella, non poteva essere interamente malvagio: "maldicente per bontà", "traditore per amore", fosse anche per tradire l'amore, poiché questa era la sua missione nel concerto degli apostoli. Dando per scontato che la felicità e il bene sono attributi esclusivamente divini, Giuda sarebbe divenuto ai suoi occhi un usurpatore che osava fare un bene che non gli spettava. Avrebbe finto di essere il Cristo mentre non era altri che Giuda. Con un ascetismo a tutta prova, "iperbolico", "Giuda scelse delle colpe che nessuna virtù visita mai: l'abuso della fiducia [...] e la delazione". Più ancora di Gesù, egli prende su di sé i peccati del mondo, spingendo l'abnegazione fino a cercare l'inferno "perché la felicità del Signore gli bastava".

Attraverso slittamenti progressivi, Giuda finisce in tal modo per confondersi con Gesù, come Caino con Abele in certe opere del XIX secolo[7]. Sotto que-

[7] Vedi C. Hussherr, *L'ange et la bête. Caïn et Abel dans la littérature*, Cerf, Parigi, 2005, p. 174 s.

sto stesso nome nasce infine un personaggio inatteso. Essendosi Dio incarnato, la sua natura era fallibile come quella di ogni essere umano: egli si è fatto "totalmente uomo, ma uomo fino all'infamia, uomo fino alla riprovazione e all'abisso".

> Per salvarci, avrebbe potuto scegliere *uno qualunque* dei destini che intessono la rete incerta della storia; avrebbe potuto essere Alessandro, Pitagora, Rurik o Gesù; scelse invece un infimo destino: fu Giuda.

L'autore di questa felice idea, secondo Borges, vede nell'indifferenza dell'opinione il segno che Dio ordinò di non propagare sulla terra il suo terribile segreto e implorò il cielo che gli fosse "accordata la grazia di dividere l'inferno con il Redentore". Giuda, ovvero il segreto meglio conservato del cristianesimo (vi è qui un'implicita interpretazione del bacio del Grande Inquisitore di Dostoevskij: il bacio che Gesù dà al Grande Inquisitore è pensabile solo se Giuda è Gesù e viceversa).

Al di là della favola e dell'apologo della progressiva trasformazione di Gesù in Giuda e viceversa, Borges segnala le insufficienze della teologia a pedaggio: se Gesù diviene Giuda, ciò significa che non si è lasciata a quest'ultimo la possibilità di essere il nostro prossimo. Il divenire Giuda di Gesù non è altro che il segno del nostro rifiuto di permettere a tutti noi Giuda di seguire Gesù sul suo cammino. Vi è dunque tutta una teologia dell'Incarnazione prima, e della Redenzione poi, che si può leggere in filigrana in questa visione.

Poteva Gesù prendere su di sé i peccati del mondo senza visitare gli inferi? Qui Giuda gli mostra la strada. Poiché il miracolo del Redentore consiste proprio nell'andare agli inferi senza alcun timore. Solo allora egli sarà il Salvatore, e l'inferno resterà vuoto. Come in numerose "finzioni" di Borges, appare la teologia dell'apocatastasi, del ristabilimento di tutte le cose e della fine degli inferi – anche se quest'ultima deve più a Leibniz che a Origene, Gregorio di Nissa o Evagrio Pontico. Lasciando il terreno della teologia dei fini ultimi per quello della pietà popolare, osserviamo inoltre che questo viaggio di Giuda agli inferi non è privo di affinità con alcuni aspetti di quella che il grande slavista Pierre Pascal ha chiamato la "religione del popolo russo". Nei *Fratelli Karamazov*, infatti, prima di lanciarsi nella *Leggenda del Grande Inquisitore*, Dostoevskij evoca per bocca di Ivan "un piccolo poema monastico": il *Pellegrinaggio della madre di Dio tra i tormenti*[8], in cui si vede la Vergine visitare l'inferno e chiedere grazia per i "dimenticati da Dio". Se è vero che in nessun punto si parla di Giuda, almeno nelle versioni più brevi, l'"ebreo rinnegato e incestuoso" – la trinità con cui egli viene definito – non-

[8] Cfr. P. Pascal, *La religion du peuple russe*, L'Âge d'Homme, Losanna, 1973 e, per il "Pellegrinaggio", ivi, p. 67-105.

dimeno questi non viene dimenticato: quando Dio cederà alle implorazioni della Vergine, anche Giuda verrà ammesso a cantare la Sua gloria e la Sua giustizia. È forse necessario ricordare che Borges scrive nel momento in cui Daniélou, de Lubac, Hans Urs von Balthasar, riesumando i Padri greci, resuscitano questa teologia e rimettono furtivamente in causa le interpretazioni tradizionali di Giuda? Le disavventure del mito in letteratura e nelle arti trovano perlomeno corrispondenze nel risveglio della patristica e nella rinascita della teologia dei fini ultimi. Il mito di Giuda e il suo ritorno in auge hanno posto alla teologia domande che si era scelto di passare sotto silenzio fin da John Donne e Leibniz.

Capitolo 9

I GIUDA RUSSI

La Russia godrà del triste privilegio di aver dato all'Occidente l'esempio dei pogrom e di aver tratto le conseguenze del nazismo preparando, sotto uno Stalin prossimo alla fine, un nuovo genocidio e nuove esecuzioni di ebrei con il pretesto – da Hitler ampiamente condiviso – che ogni ebreo è un Giuda. Scomparvero così, fucilati per ordine del padrone del Cremlino, i grandi scrittori yiddish David Bergelson, Peretz Markish e Leyb Kvitko, insieme ad altre quattrocento personalità del mondo intellettuale yiddish. Un secolo di disgrazia ebraica in una terra che aveva promesso loro tutt'altro e nella qule, un po' meno di due secoli prima dell'affare Dreyfus, un singolare caso di tradimento sotto Pietro il Grande (1682-1725) aveva resuscitato il mito di Giuda promettendone un utilizzo meno stereotipato e brutale o, per lo meno, assai più ambiguo. In altre parole, esiste una tradizione del cristianesimo russo molto meno centrata su Giuda.

Pietro il Grande e l'Ordine di Giuda

Tutto ha inizio nell'ottobre 1708 con un affare di tradimento che non ha nulla a che vedere con gli ebrei. Alexandre Danilovitch Menchikov, amico e consigliere dello zar, scopre che Ivan Stepanovitch Mazepa (1644-1709), comandante in capo dei Cosacchi ucraini, ha tradito la sua alleanza con Pietro I per raggiungere l'accampamento del re di Svezia Carlo XII, avversario dello zar nella grande guerra del Nord (1700-1721).

Menchikov e Mazepa erano entrambi cavalieri dell'Ordine di Sant'Andrea (rispettivamente dal 1703 e dal 1700), istituito nel 1698 dallo zar per ricompensare tutti coloro che si distinguevano al suo servizio. Se è vero che questo divenne un ordine monarchico ufficiale soltanto nel 1720, nondimeno stabiliva un legame di fedeltà tra il cavaliere e lo zar. In piena guerra, il tradimento di Mazepa fu un brutto colpo per l'autorità di Pietro. Il traditore venne solennemente scomunicato e pubblicamente degradato in contumacia, e la sua effigie impiccata in gran pompa per significare che aveva doppiamente tradito, la sua fede e la sua patria. Parallelamente, in una corte in cui la parodia aveva già largo seguito, Menchikov creò l'Ordine di Giuda, imitazione dell'Ordine di Sant'Andrea.

Sette mesi più tardi, il 22 luglio 1709, un mese dopo la battaglia della Poltava che aveva visto la vittoria dello zar sugli svedesi, e mentre gli apologisti del sovrano già si dilettavano nello sviluppo dell'analogia tra Giuda e Mazepa, Menchikov ordinò a Kiev la coniatura di una medaglia dell'Ordine di Giuda: una medaglia d'argento sospesa a una massiccia catena di quasi un chilo, che rappresentava un uomo impiccato a un albero con un sacco di monete ai suoi piedi[1]. Per Ernest Zitser, che ha studiato le attività dell'Ordine di Giuda[2], esso aveva una vocazione tanto di propaganda quanto punitiva. Dopo aver pensato a un'iscrizione che stigmatizzasse personalmente Mazepa ("Giuda, figlio fatale, tre volte maledetto"), Menchikov ripiegò su una citazione dal Vangelo di Matteo (27, 9), che promette il destino di Giuda a quanti avranno "mercanteggiato" il tradimento, i quali erediteranno a loro volta il "campo del vasaio".

La medaglia era quindi destinata al traditore stesso, al fine di umiliarlo, in sostituzione della medaglia di Sant'Andrea, ma Mazepa morì in Ucraina senza averla mai vista. In compenso, quest'ultima ebbe un uso diplomatico poco comune. Fu mostrata per la prima volta a Narva, nel 1709, all'emissario danese Joost Jules, il cui Paese aveva appena rotto la sua alleanza con lo zar. Il principe Yuri Federovitch Chakhovskoj, che la portava intorno al collo, e che lo stesso zar presentava ufficialmente come un giullare, osservò scherzosamente che il salario di Giuda era stato decisamente troppo modesto, e che egli stesso avrebbe volentieri tradito, ma per una somma più consistente. Sembra che il principe sia stato il solo a indossare la medaglia di quell'Ordine che aveva unicamente un'esistenza simbolica, e che divenne egli stesso l'esecutore delle più meschine azioni dello zar. A quanto pare, doveva questo dubbio privilegio al fatto che la sua famiglia aveva vissuto momenti delicati con i Romanov ed egli era ansioso di rientrare nelle grazie della corte imperiale[3]. La medaglia che portava intorno al collo costituiva quindi

[1] Cfr. S.F. Platonov, "Orden Judy 1709 goda", in *Letopis' zaniatii postoiannoi istoriko-arkheograficheskoi komissii*, I, 1927, p. 193-98.

[2] E. Ztiser, *The Transfigured Kingdom. Sacred Parody and Charismatic Authority at the Court of Peter the Great*, Cornell University Press, Ithaca-Londra, 2004, p. 97-107, p. 98, per un'immagine della medaglia di Giuda Iscariota.

[3] Ivi, p. 102 s.

una minaccia all'indirizzo di chi fosse tentato da idee di ribellione. Proprio nella sua qualità di "occhio dello zar" e membro del "Regno trasfigurato", parodia di un ordine ecclesiastico, Chakhovskoj era stato ricevuto nell'Ordine di Giuda. Il semplice fatto che il principe portasse una medaglia inizialmente coniata per Mazepa la dice lunga sul singolare connubio tra parodia e *Realpolitik*. Deliberata contraffazione dell'Ordine di Sant'Andrea, quello di Giuda appare allo storico come il mezzo per coltivare un legame simbolico tra i consiglieri dello zar, che erano i cavalieri di Sant'Andrea, e gli apostoli del Cristo. Quanto alla medaglia di Giuda, nelle mani della corte era al contempo una maniera per commemorare una vittoria militare, un avvertimento diplomatico, una punizione e una fonte di autorità carismatica. Alla morte del principe, un parodistico corteo avrebbe seguito le sue spoglie, accompagnate all'ultima dimora dall'Anti-Cesare e dal Principe-Papa, presentati come i santi patroni dell'Ordine di Giuda: "Così", scrive lo storico a proposito di questo episodio, "gli organizzatori del grottesco corteo funebre si servirono delle spoglie del secondo cavaliere dell'Ordine di Giuda come lo zar aveva impiegato quelle dei santi di Pertominsk, e come si sarebbe fatto con le ossa di Alexandre Nevski", al fine di santificare i luoghi ma anche di far valere la sacra autorità imperiale[4]. All'infuori dei calcagni di Giuda e delle sue calzature, sono queste le sole "reliquie" conosciute, e non vengono utilizzate per denigrare Giuda, ma solo a scopi parodistici.

Senza equivalenti in Europa, la medaglia di Giuda segna una evidente singolarità, come una modulazione russa del mito di Giuda, cui diverse manifestazioni avrebbero in seguito dato conferma. Il primo dettaglio che colpisce è il fatto che il traditore non è ebreo; il secondo è l'uso semiparodistico, semiminaccioso, che viene fatto dell'episodio evangelico. Fin dai primi anni del XVIII secolo, e malgrado il carattere eminentemente simbolico e religioso dell'Ordine, Giuda sarebbe parzialmente uscito dagli stereotipi. E questo primo Giuda sarebbe stato seguito da molti altri, raramente ebrei.

Un "piccolo" Giuda

È difficile misurare la portata dell'effimero Ordine di Giuda sull'evoluzione in Russia dell'antisemitismo in generale, e della figura di Giuda in particolare. Nel XIX secolo, con la *Légende de Fiodor le Chrétien et d'Abraham le juif*, Nikolaj Leskov sentirà il bisogno di denunciare l'odio fratricida, in un modo che non può non ricordare *Nathan il saggio* del poeta tedesco Lessing. Lo stesso Leskov redigerà un rapporto dal titolo *L'ebreo in Russia. Alcune osservazioni sulla questione ebraica*, che venne stampato solo in poche decine di

[4] Ivi, p. 107.

esemplari, per battere in breccia tutte le opere letterarie sull'antisemitismo russo, di cui *Le chant du Dniepr*, di Zalman Shneour, fornisce qualche esempio per la fine del XIX secolo. All'opposto, Dostoevskij affermerà con forza nel suo *Diario di uno scrittore* del marzo 1877 ("La questione ebraica") che non vi era "nel nostro piccolo popolo alcun odio preconcetto, *a priori*, ottuso, religioso, nei confronti degli ebrei, del tipo : 'È un Giuda, ha venduto il Cristo'"[5]. Eppure, nelle sue *Memorie dalla casa dei morti*, è una delle prime accuse che Loutchka lancia a Isaïe Fomitch che arriva in carcere: "Ebreo rognoso! [...] Tu hai venduto Cristo!"[6].Come sia, non vi è necessariamente motivo per contrapporre i due autori: l'antisemitismo, come d'altronde si è visto molte volte, può svilupparsi alla perfezione al di fuori della figura di Giuda. Forse Dostoevskij aveva ragione, e invano si cercherebbe nella sua opera un Giuda autentico: "Tu sai bene che non sei il Cristo, e che io non sono Giuda", dice Rakitine ad Alioscia nei *Fratelli Karamazov* (III, VII, 3). Nessun personaggio di Giuda, se non vagamente Svidrigaïlov in *Delitto e castigo*, Ivan Chatov o ancora quello del Grande Inquisitore, nella leggenda raccontata da Ivan Karamazov al fratello Alioscia. Il Grande Inquisitore è un traditore superlativo, ma la cui costruzione evita qualsiasi riferimento a Giuda, salvo uno. Qui è Cristo che, alla fine dell'incontro, "si avvicina improvvisamente al vecchio e bacia con dolcezza le labbra esangui del nonagenario". Si fa fatica a non assimilare la scena al bacio di Giuda che tradisce il Cristo. E, anche qui, la sola scelta di prestare a Gesù un gesto di Giuda, come Shakespeare aveva prestato a Otello alcuni suoi tratti, sortisce l'effetto di conferire al personaggio la dimensione di un "romanzo-tragedia" (V. Ivanov). Il semplice fatto che, nella conversazione che precede, il Grande Inquisitore abbia esposto un programma che coincide con i consigli dati da Satana al Cristo in pieno deserto, aggiunge maggior credito a questa sensazione. Ma allora, dietro questo Giuda, dietro il Grande Inquisitore, si nasconde Satana, e lo scontro Gesù-Giuda cede il posto a un duello escatologico tra il Figlio dell'uomo e Satana. Ciò nonostante, la "leggenda del Grande Inquisitore" ammette interpretazioni troppo numerose perché in essa si veda, per quanto qui ci interessa, niente altro che un punto di riferimento nella cronaca di Giuda attraverso le epoche. E, per finire con Dostoevskij, egli si interessa solo secondariamente a Giuda: è la questione dell'elezione e della salvezza a tormentarlo... come Giuda. Quando si pone la questione ebraica, essa riguarda l'elezione: possono esistere due popoli eletti?

[5] F.M. Dostoevskij, *Œuvres. Journal d'un écrivain*, Gallimard, Bibliothèque de la Pléiade, Parigi, 1972, p. 945 (trad. it. *Diario di uno scrittore*, Bompiani, Milano, 2007). Vedi D.I. Goldstein, *Dostoïevski et les juifs*, Gallimard, Parigi, 1976, p. 69.

[6] Id., *Récits de la maison des morts*, trad. P. Pascal, Garnier, Parigi, 1961, p. 182 (trad. it. *Memorie dalla casa dei morti*, Newton & Compton, Roma, 1995).

Dopo tutto, l'epoca di Leskov e di Dostoevskij ha conosciuto un Giuda che spicca in modo diverso e diviene subito leggendario in un romanzo di Saltykov-Chtchedrine, *Les Golovlev*, considerato come una delle opere più cupe della letteratura russa. Ora, questo Giuda, "Ioudouchka" o "piccolo Giuda", non è ebreo, ma cristiano: l'uomo così soprannominato dai suoi, a cominciare dai fratelli, è un debosciato, più "nichilista" che ipocrita, nel senso che è interamente privo di valori. Egli appartiene a un'epoca decristianizzata e, se pure percorre l'itinerario di un Giuda laico e commette tutte le turpitudini che si possano immaginare, il suo suicidio è una redenzione, un atto di fede in tempi che non ne possiedono più. Giuda lascia affondare i suoi fratelli, poi i due figli che saranno da lui diseredati. Si prende un'amante che gli dà un figlio, ben presto abbandonato fra i "trovatelli". La famiglia conta anche due nipoti che diventano attrici, ma poi falliscono: una si suicida, l'altra si rifugia presso lo zio Giuda che vuole farne una compagna di orge. È allora che tutto comincia a vacillare, e il tradimento di tutti i valori trova una redenzione laica: la nipote, divenuta l'amante dello zio, fa nascere in lui il rimorso, poi un desiderio di espiazione. Giuda, pentito, si suicida sulla tomba della madre: la prova che aveva mantenuto un residuo di coscienza. Ben presto questo Giuda è entrato nella leggenda, ed è divenuto normale in terre russofone trattare un ipocrita da Golovlev o "piccolo Giuda", conservandone unicamente il cliché e disprezzandone la redenzione (come si vedrà, Lenin e Stalin ne usarono e abusarono). Ora, in questo romanzo della compassione Porphyre Golovlev, alias "Piccolo Giuda", è indubbiamente Giuda tanto nella follia quanto nel pentimento, e il suicidio è la sua ancora di salvezza[7]. Abbiamo qui uno dei primi Giuda totalmente estranei al cristianesimo della Chiesa, in ogni caso emancipati dall'escatologia agostiniana, anche se non è per caso che la "rivelazione del suicidio" di Giuda Golovlev ha luogo nella Settimana Santa, perché "il rispetto dei giorni santi [...] agiva ancora su di lui". Più rivelatore è il fatto che Giuda Golovlev non si concepisce come un Giuda. È un semplice peccatore, e l'occasione della Passione fa nascere in lui "un tumulto confinante con la disperazione". Ora, esiste un epilogo: gettarsi sulla tomba di sua madre, "e annientarsi tra i gemiti dell'agonia". Getsemani!

> "Egli ha perdonato tutti noi!", diceva ad alta voce, parlando a se stesso. "Non solo a coloro che l'hanno dissetato *allora* con aceto e fiele, ma anche a coloro che [...] nei secoli dei secoli hanno avvicinato alle sue labbra dell'aceto mescolato con fiele..."[8].

[7] Cfr. I. Paperno, *Suicide as a cultural institution in Dostoevsky's Russia*, Cornell University Press, New York, 1997.

[8] Saltykov-Chtchedrine, "Les Golovlev", trad. S. Luneau, in Leskov-Saltykov-Chtchedrine, *Œuvres*, Gallimard, Bibliothèque de la Pléiade, Parigi, 1967, p. 1223-533, qui p. 1528-33.

Ridivenuto semplice Porphyre, Giuda contempla "l'immagine del Cristo di dolore" ed esce per andare a darsi la morte sulla tomba di sua madre. Un Venerdì Santo. Il Sabato Santo, il "giorno senza Dio", sarebbe dovuto andare a comunicarsi con sua nipote. Ma forse sapeva che "domani è un altro giorno" e che non si rimane mai Giuda per l'eternità. L'inferno del dolore appartiene al registro del tempo, non dell'eternità, come aveva osservato Tommaso d'Aquino. Tuttavia, una volta di più il suicidio viene spontaneamente associato alla morte del Cristo e presentato come una redenzione. Forse questa salvezza di Giuda si spiega con il posto assegnato alla morte del Cristo e con l'importanza della settimana della Passione nella religione russa, in cui quella morte si accompagna con la pace dell'anima. Quanto influiscono i maneggi di un Giuda, *a fortiori* pentito, di fronte all'immolazione del Figlio e allo spirito sacrificale del cristianesimo russo?[9]

Questo Porphyre di Saltykov-Chtchedrine non è altro che il primo Giuda di una lunga serie che, da Leonid Andrejev a Remizov e a Voloshin, avrebbe profondamente trasformato l'immagine di Giuda nella letteratura e nella mitologia. Non vi è più la minima traccia di antisemitismo. Il cliché del Giuda è rivolto semplicemente contro i cristiani, è quello che da noi si direbbe un "Tartufo" (cfr. Victor Hugo). "Ioudouchka" non è che un Tartufo vinto dalla redenzione del suicidio. In questo romanzo russo, un Tartufo che non si è convertito si chiama Giuda, prima che la contrizione gli restituisca il nome di battesimo che gli è proprio.

La Salvezza, certamente, ma a che pro un Giuda? Giuda avrebbe fatto volentieri a meno di rendere questo inutile servigio, presentendo, come il Giuda di Nerval, che avrebbe pagato l'infamia imposta con un'eternità di diffamazione. Pertanto, non ci si meraviglierà di trovare un Giuda che ricusa i valori nei quali una certa teologia e la "leggenda aurea" hanno voluto racchiuderlo. È Giuda in tutta la sua semplicità. Nessun bisogno di denigrarlo affinché adempia al suo ufficio. L'apocatastasi, tanto cara a Leskov[10], è passata per di qua. Storicamente, tutti i pensatori del "ripristino di tutte le cose" avevano sempre avuto una visione assai più conciliante del giudaismo, convinti, come dirà Leopold von Ranke, del fatto che "ogni epoca è immediata davanti a Dio". Lungi dal tenere i cristiani in ostaggio rifiutando la conversione, gli ebrei sono vicini alla salvezza né più né meno dei cristiani. Tale approccio,

[9] Cfr. A. Besançon, *Le tsarévitch immolé*, Plon, Parigi, 1967, in particolare p. 47-51, e soprattutto p. 50 a proposito delle *Meditazioni sulla divina liturgia* di Gogol. Per questo testo, in cui Giuda brilla per la sua assenza financo nella liturgia della Settimana Santa, come in una teologia liberata dal suo folklore, cfr. N. Gogol, *Œuvres complètes*, Gallimard, Bibliothèque de la Pléiade, Parigi, 1966, p. 1775-835 (trad. it. *Opere*, Giunti, Firenze, 1969).

[10] W. Benjamin, "Le conteur. Réflexions sur l'Œuvre de Nicolas Leskov", in *Œuvres*, a cura di R. Rochlitz, Gallimard, Parigi, 2000, III, p. 114-51, qui p. 142 (trad. it. *Opere complete*, Einaudi, Torino, 2004): influenza di Origene e dell'apocatastasi sui racconti di Leskov.

mai interamente sottoscritto da Dostoevskij, si ritrova nella sua posterità. È stato questo a ispirare, pur implicitamente, ad Andrejev la sua visione di un Giuda ostile al sacrificio. Se vi è stato tradimento, per lui come per Dostoevskij, esso è posteriore all'instaurazione della cristianità.

Giuda contro la teologia del sacrificio

Il Giuda di Leonid Andrejev[11], che risale al 1907, si presenta quindi come una sorta di riabilitazione in un'epoca in cui, da Vladimir Soloviev a W. Dorochévitch, Giuda era in procinto di diventare un'ossessione *fin-de-siècle* in Russia come in Francia. Proprio come il luogotenente di Cafarnao di Ernst Wiechert, questo Giuda ha in orrore l'idea stessa di sacrificio: "Come se un sacrificio potesse essere magnifico! [...] Laddove vi è un sacrificio, vi sono anche un boia e dei traditori! Un sacrificio è sofferenza per uno solo e vergogna per tutti. Traditori, traditori, che avete fatto della terra?".

Ma in Andrejev non vi è alcuna traccia di semplicismo che possa condurre al giochetto cristiano del "è lui che dice di esserlo", meglio conosciuto sotto il nome di "parabola della pagliuzza e della trave". Giuda si è addossato il suo tradimento: come potrebbe negarlo, dal momento che è stato proprio questo ad aprirgli gli occhi?

L'argomento è tanto semplice da stupirsi che non sia stato invocato più spesso: uomini di poca fede, i discepoli si sono piegati alla giustizia degli uomini, quando sarebbe spettato a loro ribellarsi e fare atto di fede, difendendo il loro Salvatore. Il silenzio-assenso al sacrificio segna per sempre la loro apostasia. Non è il Cristo ad aver "preso su di sé i peccati degli uomini", ribatte Giuda a Giovanni:

> No, siete voi [gli apostoli] ad aver preso su di voi tutti i peccati. Discepolo prediletto! Non è forse da te che nascerà la stirpe dei traditori, la razza dei vili e dei bugiardi? Ciechi, che avete fatto della terra? Avete voluto provocare la sua rovina, e ben presto bacerete la croce sulla quale avete crocifisso Gesù! Certo, certo, è Giuda a predirvelo, la bacerete, quella croce!

E, dal momento che sono traditori, tutto sarà deformato. Ritroviamo qui uno dei temi della leggenda dostoevskijana del Grande Inquisitore e perfino certi accenti di Nietzsche. Essi affermano di testimoniare dopo la morte di Gesù di una Verità che la viltà ha fatto loro rinnegare quando potevano an-

[11] L. Andrejev, "Judas Iscariote" (1907), in *Judas Iscariote (et autres récits)*, trad. S. Benech, José Corti, Parigi, 2000, p. 51-119 (trad. it. *I sette impiccati: Giuda iscariota e altri racconti*, Rizzoli, Milano, 1955).

cora salvarlo. Non potranno essere altro che guardiani di una camera mortuaria:

> Che cos'è la verità in bocca ai traditori? Non diviene forse menzogna? Tommaso, Tommaso, non capisci che ormai non sei più altro che un custode che veglia sulla tomba di una verità morta? Quando il custode si addormenta, sopraggiunge un ladro che ruba la verità e la porta con sé... Dimmi, dov'è ora la verità?

Duplicità fa obbligo, Giuda tradisce il tradimento, come dice il Victor Hugo dei *Castighi*. Chi tradisce di più non è quello che si crede. Ed è questa la migliore ricusazione del processo vittimario fantasticato da René Girard: nessun bisogno di sacrificio e di vittima espiatoria per rovesciare la logica del mondo. Basta Giuda, nella sua propria persona, a sottolineare la poca fede.

Scritto prima della guerra, il romanzo di Andrejev avrà messo in evidenza, con profetica chiaroveggenza, il capovolgimento dei valori provocato dalla carneficina e diagnosticato nella letteratura tedesca da Ernst Wiechert. La ridistribuzione delle carte sarà tale che si vedranno sorgere dei Giuda dove meno sono attesi, con valenze per lo meno sorprendenti. Pur non appartenendo a quest'epoca, l'apologo di Borges ne costituisce un compendio perfetto. Giuda è cambiato. Continuerà a trasformarsi in Russia, con velleità di riabilitazione sempre più marcate, sul tono dello scherzo quanto su quello più grave. Con un certo gusto per la parodia, Isaac Babel darà l'esempio nella storia del pittore Apolek, una novella di *Cavalleria rossa*, in cui per pochi zloty è possibile far fare il ritratto del proprio nemico in veste da Giuda o farsi raffigurare come un santo. In compenso, nel suo *Poema della fine* (1924), la filosemita dichiarata Marina Tsvetaeva deplorerà, più o meno nella stessa epoca, il fatto che "la vita non è altro che per i convertiti, i Giuda di tutte le confessioni", illustrando ancora la propensione a impiegare un cliché al referente del quale ormai non si crede più. In seguito, da Remizov a Dombrovski, passando per l'Ilya Ehrenburg delle *Straordinarie avventure di Julio Jurenito*, Giuda rinascerà da una finzione all'altra, e ogni autore si compiacerà nel citare più o meno esplicitamente i propri predecessori, fino a cancellare quasi del tutto il mito.

Remizov e Voloshin, ovvero la riabilitazione di Giuda

Dopo Andrejev, la riabilitazione di Giuda avrebbe seguito altre vie, talvolta inattese. Appena un anno dopo Remizov (1877-1957), poeta e romanziere simbolista, artista e calligrafo, firmava la prima tragedia dedicata esclusivamente a Giuda dopo le *Vite* o *Passioni* medievali. Ciò nonostante, mentre in precedenza si era cercato di riabilitare Giuda avanzando spiegazioni più ragionevoli, Remizov attingerà nel folklore russo e riprenderà la leggenda così come era stata trasmessa da Jacopo da Varagine, ma per trattenerne solo una metà, cioè il dramma edipico, onde accentuare il parallelismo Giuda-Edipo, ma anche Edipo-Gesù, come partendo dalla *Filocalia* di Origene e dalla sua interdipendenza, per fermarsi infine al romanzo di Tebe. A questo titolo, la sua *Tragédie de Judas, prince d'Iscariote* è di un anacronismo quasi fastidioso[12], con certe tirate che si crederebbero ispirate dall'*Amleto* e altre degne di Alfred Jarry. Ma proprio perché egli sceglie di fermarsi qui, in ambiente cristiano, e di dare al suo Giuda alcuni tratti del Cristo, la sua tragedia è una delle più provocatorie che esistano, tanto più suggestiva in quanto non ha bisogno di far valere la tragedia di Gesù. L'odissea dell'uomo della sofferenza, come nell'opera del giapponese Endô di mezzo secolo posteriore, è quella di Giuda. È lui che porta sulle sue spalle tutti i peccati del mondo. Solo Gary, dopo lo sterminio, darà prova di un'audacia paragonabile alla sua e arrischierà una simile confusione di identità tra Gesù e Giuda. In apparenza, tutto rispetta la leggenda medievale, con Ciborea che diviene Siboria, e Reuben che diventa Simone. Il conflitto tra i fratelli è ancora presente, ma Remizov ha la buona idea di introdurre altri personaggi: oltre al grottesco e surreale Re delle Scimmie, egli immagina una nipote del re di Iscariota, che fa di tutto per aiutare Giuda a salire al trono. Tuttavia, assillato da premonizioni – Tre Parche si accaniscono a predirgli che ucciderà il padre e sposerà la madre – egli rifiuta di ascoltare la cugina e fugge. Tutto si svolge inesorabilmente come il destino ha voluto. Dopo l'episodio del frutteto e del pomo, Giuda ha di nuovo un orribile presentimento, che esprime con la sensazione di essere crocifisso: "I miei piedi sono trapassati da chiodi, le mani sono trapassate da chiodi, il mio cuore è trafitto – ma io sono ancora vivo!" (II, 7). È facile comprendere che il suo calvario non è ancora terminato. Quindi viene condotta a palazzo Siboria, infelice per la morte del marito: "Io sono il principe di Iscariota", dice Giuda. "Avevo un figlio che si chiamava Giuda", ella risponde. Così termina il secondo atto. La situazione si snoda con la semplicità di una tragedia greca. All'inizio del terzo e ultimo atto, ricompare all'improvviso la nipote del re d'Iscariota e si viene a sapere che "tutto è consumato": Giuda ha sposato Siboria.

Poi ritroviamo Giuda che ha una visione apocalittica. Si comprende che egli parla a Pilato di Gesù, dell'uomo che "vuole giustificare la vita, portare una nuova legge": "Egli si è fermato all'incrocio di tre strade. Attende qualcun altro... un uomo deve venire da lui, un tormentato, un uomo che non trova conforto in nulla, pronto a prendere su di sé la colpa suprema, la più

[12] Per uno studio d'insieme di Giuda in Remizov, cfr. E. Manouelian, "Remizov's Judas: An Apocryphal Legend into Symbolist Drama", in *Slavonic and East European Journal*, 1, 1993, p. 46-66. Si troverà una traduzione inglese di quest'opera con precisazioni sulle fonti e il contesto in M. Green (a cura di), *The Russian Symbolist Theatre. An Anthology of Plays and Critical Texts*, Ardis, Ann Arbor, 1986, p. 309-52.

terribile. Che la coppa del peccato trabocchi e che, con il suo sacrificio, si apra la via a colui che attende...". Ma Giuda riflette e si chiede se un uomo possa essere capace di sopportare questo peccato supremo. Ha gli stessi dubbi di Gesù all'inizio della sua missione. Manca poco che implori il cielo di allontanare da lui questo calice.

Ma per amore della sua donna, accetterà la grave missione. La quarta scena è quella della confidenza al melo. Giuda sorprende Siboria e le giura amore eterno: che gli apra dunque il suo cuore! A lei ripugna confessare il proprio peccato, ma Giuda si dice pronto, per terribile che sia, a prenderlo su di sé: "È un peccato senza assoluzione, senza pentimento", risponde lei, "perché ha distrutto inutilmente un'anima innocente". Finisce poi per confessare di aver ucciso il suo bambino, il suo unico figlio: Giuda! E gli rivela la profezia: "Meglio sarebbe stato se non fosse mai nato!". Giuda ha capito e confessa a Siboria di aver ucciso suo marito per ordine di Pilato. Comprende inoltre che ella, sua madre e sposa, non può perdonarlo. È annientato. Giunge Unkrada, che gli comunica la morte di suo fratello e gli rivela che sua madre non era sua madre: la prova consiste in una pergamena e in una mela d'oro dell'albero, fiorito nel giorno stesso della sua nascita. "Le vie del destino sono imperscrutabili", dice a Giuda. "Le profezie sono false, non hai più nulla da temere". Lo invita poi a lasciare la moglie per rientrare a Iscariota, dove il re si appresta a cedergli il trono. Quanto a Siboria, si è sdraiata sotto il melo ed è vinta dal sonno. I suoi capelli dorati sparsi a terra come raggi di sole non attendono che la folgore.

Giuda, divenuto così un prototipo di Gesù, si fa il segno della croce (!) e dichiara: "Sono pronto". Se ne va "all'incrocio delle strade" per prendere su di sé il peccato supremo. Unkrada si propone di seguirlo, di essere sua discepola, ma vuole sapere qual è questo peccato... E, dal momento che Giuda rimane in silenzio, risponde lei stessa: "il tradimento". Cerca disperatamente di trattenerlo, scoprendo in preda al panico che "la sua ombra lo sta lasciando". "Tu non hai più ombra! Giuda! Traditore... traditore... traditore...". Egli ha tradito, ma non tradirà il suo destino. Prenderà su di sé i peccati del mondo per far posto alla verità. Ma quell'"Io sono la verità" che sorprenderà Pilato e il mondo ancora non è altro che un presentimento.

Remizov è stato il primo ad aver compreso e detto che, passato il Cristo, rimane Giuda. Giuda è più sicuro, Gesù è solo ipotetico. In realtà, non lo si vedrà in scena. Il suo nome non verrà mai pronunciato. Si verrà a malapena a sapere che l'agitazione regna a Gerusalemme, dove è atteso un Messia. Ma lo si viene a sapere dalla bocca di Giuda. E se, in seguito, qualcuno verrà crocifisso, tutto lascia pensare che si tratterà dello stesso Giuda. Su di lui sono già presenti tutte le stigmate.

Maximilian Voloshin (1877-1932), mentore di Marina Tsvetaeva, che fu contemporaneamente esteta, poeta e pittore, doveva spingere ancora oltre il sincretismo di Remizov, facendo del personaggio di Giuda una faccenda quasi personale[13], fino al coronamento del poema del 1919, *Iuda Apostol*, in cui riprende il tema, caro al suo cuore, dell'eroe "demoniaco" i cui atti incompresi formano il fermento del progresso storico. Ma prima di arrivare fin qui, questo francofilo e germanofilo avrà percorso l'intera Europa e passato in rivista tutti i possibili Giuda, dal Giuda di Oberammergau, che avremo occasione di ritrovare, fino al famoso abate Oegger, reso popolare da Anatole France e C.G. Jung[14]. Mentre lo spettacolo di Oberammergau lo lascia scettico, con il suo Giuda caricaturale dall'aria di cane famelico, tanto da strappare applausi quando si impicca, è il racconto di Andrejev che sembra aver catalizzato la sua riflessione su Giuda: per lui, Andrejev ha rovinato il proprio soggetto cedendo ad un "gusto eccessivo per la crudezza dei dettagli"[15], che lo ha condotto a riprendere il cliché del traditore avido. Se è vero che il racconto di Andrejev è alquanto più complicato, è facile comprendere ciò che ha potuto far sentire Voloshin a disagio. Egli non vuole credere alla leggenda nera: "Poiché il sacrificio del Cristo richiede che la mano del sommo sacerdote rimanga ferma e pura, soltanto il più devoto degli apostoli può prendere su di sé il peso dell'immolazione, vale a dire del tradimento". È in tal senso che va inteso il gesto del Cristo, che immerge un boccone nel sale prima di tenderlo a Giuda: si tratta di una comunione, con la quale il "Cristo trasmette il suo potere" al più fedele tra i fedeli. Il gesto è tanto più forte, il sacrificio tanto più grande in quanto, per essere efficace, egli doveva rischiare il tutto per tutto: Giuda sarebbe incorso nell'obbrobrio per tutti i secoli dei secoli. Il Giuda di Rudolf Steiner, troppo vicino alla versione cristiana tradizionale – Giuda era un provocatore che voleva spingere Gesù a mettersi alla testa di una rivolta, non prendere su di sé il peso del tradimento – non poteva più soddisfarlo. Egli continuò la sua ricerca e, negli stessi anni, compose un articolo inedito, *Evangelie ot Iudy*, direttamente ispirato all'"abate Oegger" di Anatole France. La sua parafrasi altera la versione su un unico punto: quando l'abate chiede a Gesù di provargli che Giuda è il discepolo prediletto, sente una mano, non due, posarsi su di lui: "la mano di Giuda", quella che ha ricevuto il boccone dalla mano di Gesù. Riferito l'episodio, Voloshin si mette subito a speculare, come tanti altri in tutta Europa nella stessa epoca, su quello che poteva essere il contenuto del "quinto vangelo", detto "di Giuda". In realtà, Giuda è il sacerdote che dà inizio al sacrificio di Gesù. Modificando i Vangeli di Marco (14, 17-21), Luca (22, 23-26) e Matteo (26, 22), egli im-

[13] A. Gibson, "The Image of Judas in the Work of M.A. Voloshin", in *The Russia Review*, 1998, 57 (2), p. 264-78; e M.-A. Albert, "Judas Iscariote ou les avatars littéraires du douzième apôtre (L. Andreev, M. Volosin, P. Claudel)", in *Revue des études slaves*, 71, 1999, p. 359-75.

[14] Cfr. infra, "La promozione di Giuda" (cap. 10).

[15] Cfr. M.-A. Albert, *Maximilian Volochine*, L'Harmattan, Parigi, 2002, p. 184.

magina una disputa tra gli apostoli per essere l'"eletto" che avrà il privilegio di tradire. Nella sua versione, gli apostoli sono delusi non di sapere che vi è un traditore tra loro, ma di pensare che non sono loro. Che uno solo sia Giuda! (Si pensi al "che uno solo sia l'amico" di Montaigne a proposito di La Boétie). La comunione, il sacramento dell'eucaristia, è nata da questa divisione dei ruoli tra Gesù e Giuda. E se Voloshin non spiega il rimorso di Giuda, ce ne ha dato in precedenza le ragioni: bisognava che il suo sacrificio rimanesse segreto per assicurare l'universalità della salvezza. Altri dopo di lui riprenderanno questo tema. Nella sua opera poetica, Voloshin non avrà tregua, da ora in poi, nel trasporre la leggenda di Giuda, arrivando fino a conferirgli una dimensione cosmica nel suo ciclo del *Printemps cimmérien*: la terra commemora la Passione mentre le "rocce ricevono la comunione del sale amaro delle onde". Anche qui, l'ispirazione poetica fa presagire a Voloshin che il destino del mondo e la riconciliazione (l'apocatastasi) non fanno altro se non incidere sulla "comunione" tra Gesù e Giuda. L'itinerario di Giuda in Voloshin terminerà quindi nel 1919 con *Iuda Apostol*, che comincia col parafrasare le quattro narrazioni della Cena per riferire poi, in una seconda parte, l'episodio dell'abate Oegger a Notre-Dame. Tutti gli apostoli si comunicano "con il corpo e il sangue di Cristo", vale a dire con quest'ultimo, ma uno solo con la terra "attraverso il pane e il sale", quella che egli chiama la "comunione amara". Si ritrova quindi il tema marcionita, ma anche origeniano, della riconciliazione tra l'alto e il basso. Nel giorno del Giudizio, Giuda sarà giustificato e verrà a prendere posto alla destra del Padre.

Giuda sotto Stalin

L'originalità di Bulgakov, in *Il Maestro e Margherita*[16], è quella di proporre una versione di Satana attraverso il personaggio di Woland, creando in tal modo un legame diretto tra Giuda e Faust, che si era già intravisto senza che mai nessuno dei due, per così dire, calcasse troppo la mano. La lettura di Farrar, come vedremo in seguito, invitava forse Bulgakov a varcare la soglia, poiché l'arcidiacono anglicano era di quelli per cui la speranza della salvezza valeva perfino per Giuda. Tuttavia, come fine conoscitore dei Vangeli e della liturgia, il romanziere sapeva forse ciò che si era presagito fin dai tempi di Origene, cioè che il diavolo mente, e gli accade di essere un bugiardo che dice la verità, ed è stato il primo, talvolta per diavoletti interposti, a dichiara-

[16] M. Bulgakov, *Le Maître et Marguerite (et autres romans)*, trad. F. Flamant, Gallimard, Bibliothèque de la Pléiade, Parigi, 2004, I parte, cap. 2, e II parte, cap. 25-26 (trad. it. *Il Maestro e Margherita*, Einaudi, Torino, 2005).

re la divinità di Gesù[17]. Sembra quindi che abbia qualche diritto legittimo a dire la sua verità su Giuda, anche se la strada che si accinge a percorrere non può non essere tortuosa.

Nel capitolo II di *Il Maestro e Margherita*, in cui Giuda appare per la prima volta, è lo stesso Woland a raccontare, affermando di aver assistito agli eventi. Gesù racconta a Pilato di aver fatto la conoscenza di un "ottimo uomo, desideroso di sapere" che ha "espresso il più vivo interesse per le [sue] idee" e lo ha "accolto con molta cordialità", e gli ha posto domande sulle sue idee. Giuda di Kiriat voleva sapere ciò che egli pensava del "potere statale". Jeshua gli ha spiegato che "ogni forma di potere era una violenza sull'uomo" quando era stato arrestato e condotto in prigione. È facile immaginare un Giuda ansioso di resistere al potere romano. Il tradimento lo ha apparentemente abbandonato. Meglio ancora, è Gesù a temere che al giovane possa accadere qualcosa perché ha parlato con lui, ma Pilato si affretta a rassicurarlo: conosce una persona in questo mondo che avrà sorte assai peggiore. L'interrogatorio di Jeshua segue il suo corso. Giuda scompare per riapparire soltanto nella seconda parte, al capitolo XXV: "Come il procuratore tentò di salvare Giuda di Kiriat", poi nel capitolo XXVI, in cui Giuda viene assassinato. Anche qui è Woland a intervenire, assicurando la ricomposizione dei capitoli di un romanzo su Pilato distrutto dal Maestro.

Pilato riceve il suo agente segreto, un tale di nome Afranio[18], testimone degli ultimi istanti dei crocifissi. Essi evocano la loro fine, poi il procuratore si informa a proposito di Giuda:

> – Passiamo alla seconda questione, che riguarda quel... come si chiama... Giuda di Kiriat [...]. Dicono [...] che abbia ricevuto del denaro per aver accolto così cordialmente a casa sua quel filosofo pazzo.
> – Ne riceverà – lo corresse sommessamente il capo del servizio segreto.
> – Una grossa somma?
> – Questo non lo può sapere nessuno, *hegemon*.
> – Nemmeno tu? [...]

L'invitato risponde di no, ma dice che Giuda riceverà il denaro quella sera, perché Caifa l'ha convocato a palazzo. A torto, Pilato crede che si tratti di un "avido vecchio", ma il suo agente lo disinganna: si tratta di un giovanotto "bellissimo" (alla fin fine, la bellezza del diavolo?), che ha la passione per il denaro. "Lavora nella bottega di un cambiavalute suo parente". Il procuratore sembra sorpreso, poi aggiunge: "Ebbene, ecco cosa gli accadrà: ho ricevu-

[17] Cfr. P.-E. Dauzat, "Les Pères de l'Église et la divinité de Jésus: l'exégèse du diable", in AA.VV., *Les premiers temps de l'Église*, Gallimard, Parigi, coll. "Folio", 2004, p. 745-51.

[18] Bulgakov avrebbe mutuato questo nome dall'*Anticristo* di Renan, che lo presenta come il "carceriere" di Roma che finì per simpatizzare per san Paolo.

to oggi delle informazioni secondo cui stanotte sarà assassinato". Un amico del crocifisso, "sdegnato dal mostruoso tradimento di quel cambiavalute", complotta con i suoi complici per ucciderlo e "riconsegnare di nascosto al sommo sacerdote il denaro pagato per il tradimento, accompagnato da questo messaggio: 'Restituisco il denaro maledetto'".

Ma Pilato sarà intervenuto invano. Evidentemente, il suo agente segreto è in combutta con la donna di Giuda, "Nisa", che conduce questi all'oliveto del Getsemani. Un attimo prima di essere colpito da una coltellata, Giuda confessa di aver ricevuto trenta tetradracme. "Il corpo di Giuda cadde a terra con tale violenza da farla rintronare". Tre uomini, con la complicità dell'amante, gli avevano teso un agguato. Gli assassini impacchettano la borsa insieme a un breve messaggio in un "pezzo di pelle che legarono a croce". Qui la croce è quella di Giuda. Non vale la pena di soffermarsi sulla descrizione della sua spoglia, poiché vi si ritrovano le caratteristiche secolari del cadavere dell'apostata. Chinandosi, l'uomo intravede una "bellezza ispirata": "Il corpo inanimato [...] giaceva con le braccia allargate. Il piede sinistro era finito in una chiazza di luce lunare, così che risaltava nettamente ogni cinghia del sandalo"[19]. Ancora i sandali dell'eresia. Poi l'uomo incappucciato se ne va, si veste da cavaliere romano per entrare in città e raggiunge il palazzo di Pilato nel suo paludamento abituale, annunciando al procuratore che non ha potuto evitare l'omicidio e riportandogli la borsa con un messaggio. Il denaro torna dunque alla fonte: apparentemente, Caifa non è coinvolto. Afranio chiede di essere messo sotto processo, ma Pilato rifiuta e, al di là delle ipotesi che egli avanza – il gusto per il lucro, il *cherchez la femme* – si pone la domanda (al capitolo XXVI): "Chi aveva interesse a uccidere Giuda?". Bisogna ragionare con la logica, obietta Afranio. Giuda avrebbe voluto nascondere il suo denaro nel Getsemani. Poi, l'agente dei servizi segreti riferisce la sua conversazione con Caifa, al quale aveva restituito il denaro del tradimento: "Alla mia domanda se fosse stato effettuato un pagamento a qualcuno nel palazzo di Caifa, mi fu risposto categoricamente di no". Pilato non capisce e conclude che per questo tanto più difficile sarà ritrovare gli assassini. All'improvviso, gli viene l'idea che Giuda abbia potuto darsi da solo la morte. Nuova smentita categorica di Afranio, ma Pilato è "pronto a scommettere che tra pochissimo tempo si diffonderanno voci in questo senso". Afranio, di cui si comprende ormai chiaramente che ha intrallazzato tutto l'affare e manipolato Giuda come Pilato, assicura a quest'ultimo che "il sangue di Giuda scorreva a fiotti". Quando il procuratore vuole sapere se risorgerà, risponde: "Risorgerà quando suonerà su di lui la tromba del Messia che qui stanno aspettando. Ma prima non risorgerà". Il seguito proverà che il procuratore aveva

[19] Per alcuni esperti, tale descrizione sarebbe una citazione nascosta nel racconto di Lev Tolstoj, *Hadji Murad* (1904).

visto giusto. Quando ritrova Levi Matteo, l'esattore di imposte che aveva seguito Gesù e tentato di recuperare il suo corpo, per avere dei dettagli sull'"affare Jeshua" Levi promette di pugnalare un uomo, "Giuda di Kiriat", e a ciò consacrerà, aggiunge, il resto della sua vita. Pilato si illumina e lo informa che Giuda è già stato pugnalato. E che è stato lui a ordinarlo come se, dopo i suoi sogni angosciosi, dopo aver vanamente cercato di salvare Jeshua, si sentisse sollevato dal fatto di aver eliminato un capro espiatorio. Levi, presentato da Bulgakov come un ambiguo annotatore di *logia*, chiede una nuova pergamena per mettere per iscritto la storia di questi ultimi sviluppi. Ora, Bulgakov ci aveva prevenuto: egli rappresenta la prima maglia di una catena di testimonianze su Gesù, ma di primo acchito questi aveva negato la veridicità delle sue annotazioni.

Alla fine del romanzo, ci ritroviamo con una serie di interrogativi e una certezza. Tutti avevano interesse a manipolare Giuda e a ucciderlo, per poi affermare che si era suicidato. Egli è stato la vittima vagamente interessata di un gioco di potere in cui solo Satana conduce veramente le danze. Lo stesso Pilato, in quest'ultimo capitolo, è toccato dalla Redenzione. Si vuole credere che quella di Giuda fosse stata presa in considerazione.

Nella sua comprensione di quello che chiama "l'affare Giuda", Bulgakov si basa sulla *Vita di Gesù* di Renan, ma anche su un'opera teatrale antireligiosa di un certo Sergei Tchevkin, *Iéchoua Ha-Nostri. Révélation impartiale de la vérité* (Simbirsk, 1922). Ciò nonostante, si lascerebbe da parte l'essenziale e ci si fermerebbe a un eclettismo di buona lega se si omettesse l'influenza su Bulgakov della *Vita di Gesù Cristo* (1873) di Frederick W. Farrar (1831-1903). Questo arcidiacono, che fu uno dei maestri intellettuali di T.S. Eliot, dopo essere stato uno degli interlocutori di elezione di Thomas de Quincey, scrisse in effetti una biografia estremamente vivace del Cristo, dando la sensazione che, lungo il filo della narrazione, nulla sia stato ancora deciso. In compenso, egli tratteggia sullo sfondo il ritratto di un Giuda cupido alquanto convenzionale (vedi in particolare il Capitolo 30 su Cafarnao, il 48 su Betania, il 54 sui moventi di Giuda e "Satana che entrò in lui", il 59 e il 60 sul pentimento e la morte). Più che la sua interpretazione, quindi, Bulgakov ha mantenuto la ricchezza delle indicazioni e la filosofia generosa del religioso, di cui non poteva ignorare le speranze escatologiche. Così, il Giuda di Bulgakov, vittima di una manipolazione, è ispirato dalle riflessioni di uno dei migliori rappresentanti anglosassoni della teologia della "speranza eterna" e dell'apocatastasi. L'inflessione propriamente russa che gli fa subire è, del resto, in perfetto accordo con la tradizione cui abbiamo già accennato. La salvezza di Giuda è indipendente dalla bassezza del suo crimine. Ma Bulgakov è un romanziere troppo grande per credere a una storia tanto semplicistica e complica a suo piacere il ritratto, obbligandoci a dubitare della stessa narrazione canonica. Di citazione in citazione, decostruisce la leggenda e il mito in un racconto in cui si mescolano le allusioni politiche (le autorità del suo tempo abusano del mito di Giuda) e le citazioni letterarie.

È la stessa vena che sarà seguita dallo scrittore dissidente Jurij Dombrovskij (1909-1978) nel suo *La facoltà delle cose inutili*, geniale romanzo[20] in cui, come Bulgakov, l'ex prigioniero dei gulag riscriverà la Passione del Cristo in contrappunto a un affresco storico sul regime relativo ai campi di concentramento. Ma lo scopo si vuole meno allegorico: laddove Bulgakov si accontentava di insinuare, Dombrovskij denuncia chiaramente l'impostura e ostenta più manifestamente la sua cristologia, che ricorda in modo sorprendente quella di Dostoevskij e di Leskov, ma anche quella del filosofo Fedorov, ossessionato dalle condizioni materiali della resurrezione dei morti[21]. Egli fa dialogare padre André e un ateo militante, Kornilov, che vuole credere al Cristo-Uomo, ma considera la Redenzione una favola. L'ateo sogghigna: "Per quanto riguarda la scelta dell'organico, avremmo molto da imparare da lui. Sbagliarsi fino a questo punto! Pensate alla squadra di cui si è circondato: Pietro ha rinnegato, Tommaso dubitato, Giuda tradito... Tre su dodici: il venticinque per cento di rifiuto. Un qualsiasi capo del personale vi avrebbe lasciato la testa". Ancora una volta scopriamo la persistenza del mito di Giuda in un militante comunista che ha cessato di credere in Gesù, mentre padre André si inserisce nella più perfetta tradizione russa. Quando il suo interlocutore gli chiede se potrebbe assolvere Giuda, risponde sorridendo:

> Perché no? Chi è Giuda, in fin dei conti? Un uomo che ha terribilmente sopravvalutato le proprie forze, che ha assunto su di sé un fardello troppo pesante ed è crollato sotto il peso. Vi è una lezione eterna per noialtri, deboli esseri umani: non sollevare una pietra che non puoi portare, non giocare scioccamente a fare l'eroe. I tre quarti dei traditori sono martiri mancati.

"Martiri" è da intendere qui nel senso etimologico di "testimoni". E l'inserimento del dialogo in pieno terrore stalinista evoca irresistibilmente le dispute dei Padri intorno alla tentazione del martire volontario. Chiaramente, il padre russo propende per un atteggiamento comprensivo. Giuda ha semplicemente abusato delle sue forze. Dombrovskij dice ciò che Bulgakov, dopo Andrejev e Remizov, si era accontentato di suggerire.

Ma "l'affare Giuda" sembra decisamente troppo semplice. Come scrive Marcel Pagnol più o meno nella stessa epoca, "è una faccenda che non sta in piedi. Deve esservi qualche altra cosa". L'altra cosa prende qui la forma di

[20] J. Dombrovskij, *La faculté de l'inutile*, trad. D. Sesemann e J. Cathala, Albin Michel, Parigi, 1979, in particolare p. 184-86 e 209-13 (trad. it. *La facoltà delle cose inutili*, Einaudi, Torino, 1979).

[21] Ivi, p. 445 (postfazione di J. Cathala).

una meditazione "sulla Passione del Cristo". E ancora una volta si tratta di Giuda. Kornilov riporta una conversazione sul tema di Giuda: "Vedo, vedo", dice Surovtsev. "Ma è tutto chiarissimo. Non vi è nulla da scrivere qui. Ebbene, Kutorga afferma per l'appunto che in tutta questa faccenda vi è una strana confusione perché, alla fine dei conti, Cristo non si nascondeva. Non vi era alcun bisogno di Giuda per catturarlo in qualsiasi momento". In breve, la presenza di Giuda non aveva che un motivo operativo: il suo ruolo val bene trenta denari, ma egli è ben lungi dall'aver avuto l'importanza che gli è stata attribuita. Perché Gesù fosse condannato dal Sinedrio, bisognava che vi fosse un testimone: "Non sappiamo chi fosse. Certo è che si trattava di uno degli uomini più cari al Cristo". Questi sapeva di cosa si trattasse, ma non aveva potuto informarne i discepoli. Giuda si era semplicemente "impegolato": non aveva alcun interesse a tradire, ma il Sinedrio voleva, oltre alla morte del Cristo, "la pelle e l'anima di Giuda". Il secondo traditore passò inosservato. Era partito rassicurato quando il Maestro aveva detto: "Oggi uno di voi mi tradirà". "Uno e non due. Dunque si trattava di Giuda, non di lui. Tutto bene".

È qui che Dombrovskij riprende il dossier là dove Andrejev e Bulgakov l'avevano lasciato, e produce una fonte inattesa. Per la prima volta, dopo le *Toledoth Yeshu*, una fonte ebraica – verosimilmente apocrifa – viene invocata per scagionare Giuda, come avevano chiesto anche Remizov e Voloshin: "L'opera in cui compare il secondo traditore – un Talmud di Gerusalemme pubblicato nel 1645 ad Amsterdam – dice testualmente: '*Due discepoli lo denunciarono, lo condussero davanti al tribunale e lo accusarono*'. [...] Ora, conclude l'autore, noi ne conosciamo solo uno, Giuda. Ma l'altro chi è?".

Al di fuori del bisogno incontenibile di riscrivere la storia della Passione e di scagionare Giuda, si è colpiti dalla persistenza e dall'attualizzazione del tema di Giuda nella letteratura russa, in pieno terrore stalinista. Lungi dall'essere un capro espiatorio, Giuda appare allora come un pover'uomo sopraffatto di cui è fin troppo facile liberarsi. Anche lui ha un Vangelo, che si riassume in una sola massima: "Non vivere nella menzogna", come dirà Solgenitsin. A tale titolo, il Giuda di Dombrovskij suona le campane a morto del mito e insieme prolunga una tradizione propriamente russa. Il fatto che il romanziere David Markish abbia scelto di chiamare Giuda l'eroe della sua immaginaria vita di Isaac Babel ne è un segno. Avremo occasione di constatare come il mito di Giuda abbia fatto molta più fatica a morire nella cristianità d'Occidente.

* * *

"Per me", scriveva Voloshin nel 1929, "Giuda è la nazione ebraica che, come più antico apostolo del Cristo, ha preso su di sé tutti i mali del mondo"[22]. Tale sembra essere il Giuda dominante nella tradizione russa, del quale è giocoforza constatare che ha ben pochi punti in comune con il Giuda occidentale, contraddistinto da altre preoccupazioni. Per trovare analisi comparabili, è necessario rivolgersi ad ebrei convertiti o tentati dal cattolicesimo, come il romanziere austriaco Franz Werfel o lo scrittore yiddish Sholem Asch.

Per Voloshin, già nel 1920-1921 questa incomprensione di Giuda era un segno del "declino incosciente del cristianesimo". Quando Franz Werfel, ebreo attratto dal cattolicesimo, riprende lo stesso tema dopo lo sterminio del suo popolo, la parola "declino" appare assai debole. Ma sembra ancora che la poesia e il romanzo abbiano una lunghezza di vantaggio sulla teologia. Gli scrittori sanno lasciarsi affascinare dal mito, mentre i teologi si accontentano di credere ad esso e vi si rintanano come in uno spazio chiuso e limitato. Poco tempo prima della sua morte, il cineasta russo Andrej Tarkovskij pensò di girare un film sulla vita di Gesù in cui Giuda avrebbe occupato ancora un posto di rilievo. Una volta di più ritroviamo complicità tra Gesù e Giuda, piuttosto che compassione del primo per il secondo: "Molto importante: perché Giuda ha tradito? I suoi motivi. [...] Gesù si sente in certo modo colpevole nei confronti di Giuda, ed è prostrato dalla necessità implacabile che deve fare di lui un traditore. Egli osserva con precisione come maturi a poco a poco in Giuda l'idea del tradimento. Come questi, pieno di stupore, porga l'orecchio a una simile ispirazione; e come Gesù, simile a un uomo che abbia dato del veleno a un altro, attenda con ansia che esso cominci a fare effetto. Gesù muore sulla croce. Pausa. Un usignolo. Giuda lancia una pietra tra il fogliame degli alberi. L'usignolo tace per un istante. D'altronde, l'usignolo non ha paura dell'eclissi, perché canta di notte"[23]. Ancora più vicino a noi, la poetessa russo-americana Nina Kossman ha immaginato, in un breve poema intitolato *Juda's Reproach*, un Giuda debole che si rimprovera in eterno di non aver respinto il boccone di pane che Gesù gli tendeva.

Alla fine del XX secolo, la dissonanza russa continua a farsi sentire, mentre il Giuda occidentale è rimasto sorprendentemente statico e caricaturale. Come se dovesse uscire indenne dall'Olocausto. L'approfondimento del personaggio di Giuda al volgere del XX secolo nella letteratura russa lasciava sperare un altro itinerario. E vedremo che è ancora dall'Est, con Asch e Gary, che sono giunti in Occidente i rari rinnovamenti in profondità di questo personaggio.

[22] V. Kupchenko, "Ikh nado zashchishchat izo vsekh sil': M.A. Voloshin – o evreiakh", in *Vestnik*, 21 febbraio 1995, p. 47-50, qui p. 48, che riferisce una conversazione di Voloshin. Citato in Gibson, *The Image of Judas*, cit., p. 277.

[23] A. Tarkovskij, *Journal 1970-1986*, Éditions Cahiers du Cinéma, Parigi, 2002, p. 555 (26 ottobre 1986).

Capitolo 10

LA PROMOZIONE DI GIUDA

Dalla seconda metà del XIX secolo all'inizio del XX, numerosi furono gli autori che diagnosticarono un cambiamento di attitudine nei confronti di Giuda. Le sue vite e le riletture si moltiplicarono in maniera irresistibile. Giuda sfugge alla teologia e al leggendario cristiano per entrare nel "dominio pubblico". Si è parlato molto del "quinto evangelo" evocato da Ireneo di Lione a proposito dei seguaci di Caino, che avrebbe reso la parola a Giuda: perché questi è stato "l'unico tra i discepoli a possedere la conoscenza della verità, [Giuda il traditore] ha compiuto il 'mistero' del tradimento: è così che, con la sua mediazione, sono state distrutte tutte le cose terrene e celesti" (*Adversus haereses* I, 31, 1). E i cristiani sembrarono interessarvisi quanto gli atei o gli anticlericali. Se è vero che nessun convento ha mai affermato di possedere "una lacrima di Giuda ritrovata su un ghiacciaio svizzero"[1], e nemmeno di aver rinvenuto un capo della corda con cui si è impiccato, nonostante l'eredità del nodo scorsoio attestata da sant'Agostino, l'armamentario del perfetto suicida era presente a tutte le menti e sembrava dover ammettere ogni sorta di fantasie ed elucubrazioni, o per lo meno autorizzare nuove interpretazioni.

Impegnati a fare a pezzi i fabbricanti di leggende, alcuni si diedero a fabbricarne altre: ad esempio Georg Friedrich Daumer (1800-1875), primogenito di cinque giovani hegeliani che, mossi dall'ardente desiderio di abolire la teologia cristiana, si arrischiarono a rivolgere contro i cristiani le accuse di infanticidio e di cannibalismo mosse agli ebrei. E Giuda, come era logico aspettarsi, ebbe nella fattispecie un ruolo decisivo, che non ha ancora finito

[1] "La semaine anticléricale", 28 novembre 1879, citato in J. Lalouette, *La libre pensée en France, 1848-1940*, Albin Michel, Parigi, 1997, p. 199.

di pagare: Gesù constata che Giuda è pericoloso perché rifiuta di apprezzare "questo cibo troppo speciale". Sconvolto e indignato per ciò che ha visto, "si affretta a denunciare l'accaduto protetto dal silenzio"[2].

L'altro partito, se così possiamo dire, non doveva essere da meno. Dopo Alber [*sic*] Jhouney, che nel 1892 prometteva una "faticosa assunzione di Giuda" per la bocca stessa del Cristo, Rémy de Gourmont, nelle sue *Passeggiate filosofiche*, deplorava la mancanza di civismo cristiano che deturpava i Vangeli: "Si è voluto, in questi ultimi tempi, riabilitare Monsieur Homais. E tutto in onore di Flaubert, poiché in tal modo si confonde una creazione dell'intelletto con un personaggio vero. Si è voluto anche riabilitare Giuda, e ciò non fa onore a nessuno. D'altronde, l'errore è lo stesso in entrambi i casi. Si confondono gli atti o le parole con i termini che sintetizzano quegli atti e quelle parole. Si possono giustificare degli omicidi; la parola 'omicidio' non può cambiare il suo significato generale. Giuda è Giuda e Homais è Homais". Giuda sarebbe Homais? Ma allora chi è Gesù?

Tuttavia, invano si cercherebbe in Flaubert la minima allusione in questo senso, perfino quando si tratta delle velleità cristiane dei due eroi della tranquilla stupidità. Pécuchet: "Attraverso il suo decesso [di Dio fatto uomo], egli ha reso testimonianza dell'essenza della morte; dunque, la morte era in lui, faceva e fa parte di Dio". "Ed essi esaminarono la questione del suicidio", commenta Flaubert dopo che il pensiero del Nulla ha divorato Bouvard e Pécuchet: "Dov'è il male di respingere un fardello che vi schiaccia? E di commettere un'azione che non nuoce a nessuno? Se essa offendesse Dio, avremmo noi questo potere?". Per mettere in atto la loro decisione, Bouvard e Pécuchet scelsero la notte del 24 dicembre[3]... in cui li tratterrà, all'ultimo momento, il pensiero che hanno dimenticato il loro "testamento". Poi verrà la rivelazione dell'ufficio divino. Essi sono passati a fianco della "rivelazione del suicidio", e di tutto ciò di cui si sono finora occupati: "Ed essi sentirono come un'aurora levarsi nella loro anima". Nel momento di mettere fine ai loro giorni, pensano al Cristo, associando questi alla morte volontaria e Giuda al tradimento. E vogliono conservare la loro "veste immacolata": "Poi fu la volta dei grandi [di comunicarsi]. Il primo dalla parte del Vangelo fu Pécuchet; ma era troppo turbato, e oscillava con la testa a destra e a sinistra. Il parroco fece fatica a mettergli l'ostia in bocca, ed egli la ricevette roteando gli occhi. Bouvard, al contrario, aprì tanto le mascelle che la lingua gli pendeva sul labbro come una bandiera. [...] Gli ultimi due furono Placquevent e Petit l'istitutore; quando a un tratto si vide comparire Gorju. Non aveva più

[2] Cfr. H. de Lubac, *La postérité spirituelle de Joachim de Flore*, Le Sycomore, Parigi, 1981, vol. 2, p. 348-49 (trad. it. *La posterità spirituale di Gioacchino da Fiore*, Jaca Book, Milano, 1984).

[3] E. de Gegenbach, in *Judas ou le vampire surréaliste* (Losfeld, Parigi, 1970, p. 20) se ne ricorderà, immaginando "l'abate Giuda" che annuncia il proprio suicidio per la notte di Natale.

la barbetta, e riprese il suo posto, le braccia incrociate sul petto, in una maniera assai edificante. Il parroco fece una predica ai ragazzi: che curassero di non fare come Giuda che aveva tradito il suo Dio, e di conservare sempre la loro veste immacolata. Pécuchet rimpianse la sua". Non è dunque qui che troveremo tentativi di riabilitazione.

I due Giuda di Maurras e il Giuda di Claudel

Tuttavia, quasi mezzo secolo più tardi, nel 1948, sotto lo pseudonimo di Pierre Garnier, Charles Maurras se la prendeva con la "promozione di Giuda"[4] in termini di cui Pierre Boutang, che gli fu vicino, offre un'eco per lo meno inattesa, per non dire sconveniente, ma rivelatrice nella sua *Ontologie du secret*: "Che cos'è questa avarizia di Giuda, sul cammino del suo tradimento? Certamente, egli ama il denaro [...], ma la sua avarizia è una sorveglianza gelosa non solo del tesoro dei dodici, ma della Novella che egli ha sicuramente amato e adorato quanto il più amorevole degli apostoli; ciò che non vuole e di cui non si fida è la sua divulgazione che, nel caso del Vangelo, coincide paradossalmente con l'atto di affidarlo a ognuno in particolare. La non-fiducia non lo riporta al 'custodire' ormai insostenibile, ma lo spinge a tradire, a segnalare, a tradire per denaro, aspettando con impazienza l'occasione, e il mezzo di designazione sarà il bacio dato a colui che viene tradito, affinché l'amore stesso, ogni amore, si trovi sprecato in un sol colpo, gettato nel commercio del mondo, più rapidamente dei trecento denari di olio profumato versato sui piedi di Gesù"[5]. La scena e la morale da piccolo catechismo confusamente invocate sono quelle del vaso di olio profumato versato da Maria Maddalena[6]. In nota, Boutang precisa il suo intento: Giuda amava il denaro. Come aveva potuto Paul Claudel sottovalutare "questo tratto dell'*habitus* di Giuda?"[7]. Tutto il discorso di Maurras, al quale Boutang rinvia, è in effetti una ripresa del cliché antisemita: Giuda è interessato unicamente al denaro (*dixit* sorella Anna Katharina Emmerich), basta leggere San Giovanni e, se Claudel non lo vede, è egli stesso un Giuda, che difende i suoi. Il suo atteggiamento in occasione del processo contro il padre dell'Action française ne è la prova. D'altro canto, aggiunge Maurras, come osare leggere Claudel e i suoi scritti assurdi e contorti? "Non si legge volontariamente

[4] P. Garnier, *Une promotion de Judas*, Éditions de la Seule France, Parigi, 1948.

[5] P. Boutang, *Ontologie du secret*, PUF, Parigi, 1973, p. 138.

[6] Siamo lontani dalle sottili analisi di F. Kermode nel suo *The Genesis of Secrecy*, Harvard University Press, Cambridge, 1979, p. 84-95 e *passim* (trad. it. *Il segreto nella parola: sull'interpretazione della narrativa*, Il Mulino, Bologna, 1993).

[7] Boutang, *Ontologie du secret*, cit., p. 488, n. 97.

Claudel". Si sarebbe deciso a farlo solo dopo che un suo amico, che non viene nominato, gli ebbe segnalato un passo del *Dramma dell'umanesimo ateo*, in cui padre de Lubac, evocando l'allergia di Auguste Comte a Gesù, cita qualche riga tratta dalla *Mort de Judas*, in cui Claudel presta a Giuda una "specie di grossolano buonsenso"[8], analogo a quello immaginato da Drieu la Rochelle nei *Cani di paglia*: "Questo Giuda [...] era un ometto che capiva la dialettica e che, conoscendo la tesi, si faceva brevemente carico dell'antitesi, desideroso di generare la sintesi". In breve, Claudel si compiaceva di immaginare un Giuda che abusa delle cattive letture razionalistiche e kantiane al punto di darsi "questa solida massima: 'Agisci sempre in modo che la formula del tuo atto possa essere assunta a massima universale'". Se egli si fa forte di questo imperativo categorico e si crede, in filosofia, un adepto del "sospeso a divinis" (il mediocre gioco di parole, ahimè, è volontario sotto la penna del "poeta cristiano"), Giuda è anche naturalmente scettico come nel *Vangelo di Nicodemo* in cui, quando tutti si spaventano a causa del cielo oscurato in pieno giorno, Giuda osserva: "E un'eclissi di sole come ve ne sono state in altre occasioni". "Perciò", fulmina Maurras, "questo sudicio individuo la faceva franca come un composto di Monsieur Prudhomme e del Dottor Faust. E la comparsata veniva ricompensata in denaro sonante". Giuda sarebbe dovuto rimanere il "sinistro omuncolo", il "ladro spilorcio" che è sempre stato. Il fatto è, luminosa ipotesi, che Claudel ha dovuto guardarsi nello specchio e riconoscervi una "somiglianza fin troppo viva" che lo destinava agli stessi tuguri dell'*Inferno* dantesco in compagnia di Arpagone, Shylock e Dreyfus. Da ciò questa "promozione del traditore", ovvero la sua "gloriosa resurrezione": "Non tocca a Socrate. Non tocca a Giuda. In questa direzione le sette hanno guadagnato molto, perfino a spese del Vangelo, e la mistagogia dei democratici, dei tolstoiani e dei roussoiani ne ha tratto assurde confusioni che per il mondo non sono servite a nulla". Si rimane perplessi di fronte a questo parallelo Socrate/Giuda, quando tutta la tradizione si è accontentata dell'altro Socrate/Gesù, che tradisce qualche confusione delle menti. Bisogna detestare l'intelligenza, rincara Maurras, amare il denaro e odiare subdolamente la propria patria per potersi permettere questo "Io ti battezzo Giuda...". Il processo alle intenzioni fatto a Claudel rinvia irresistibilmente al processo di Maurras, in occasione del quale il poeta avrebbe fustigato nel realista senza re un "parricida della Francia". "È la rivincita di Dreyfus", avrebbe gridato Maurras all'annuncio del verdetto e della sua degradazione. Cosa avrebbe detto se, meno ironico e più pietoso, Claudel avesse invaso il campo di Péguy, muovendosi a pietà per il "dannato supremo" divenuto l'"abbandonato supremo"? Ma il vecchio Maurras, come Rémy de Gourmont, ne sapeva di

[8] H. de Lubac, *Le drame de l'humanisme athée*, Cerf, Parigi, 1998, p. 193-94, nota (trad. it. *Il dramma dell'umanesimo ateo*, Morcelliana, Brescia, 1978).

più ("Non tocca a Giuda") e non gli si potrebbe imputare alcun presunto risentimento, se la sua mano destra avesse ignorato ciò che faceva la sinistra.

Nella sua giovinezza, infatti, il giullare del re era stato autore di un racconto, *La bonne mort* (in *Les chemins du paradis*, 1895) che aveva suscitato in Fernand Brunetière un tale sbigottimento che Maurras ne ritirò e cancellò molto rapidamente le pagine scandalose dichiarando di non capirci un bel niente, e riservò il suo testo ai bibliofili capaci di "conoscere senza [...] soffrire". E, a ben leggere, è giocoforza riconoscere che il giovane Maurras cadde sotto le frecciate di Rémy de Gourmont immaginando un *habitué* dei piaceri che temeva a tal punto la morte da trovare la soluzione nel farsi prete, dal momento che lo scapolare di Nostra Signora del Carmelo assicura a colui che lo indossa una morte senza rischi: appena reso l'ultimo respiro, la Vergine verrà incontro all'anima dello sventurato. Bisogna credere che vi fu un tempo in cui Giuda ispirò meno orrore allo scrittore di romanzi d'appendice dell'*Action française*, perché egli immaginasse la sua salvezza prestando queste riflessioni al prete debosciato e suicida: "Certamente", dice, "Signore Gesù, finirò come Giuda, del quale voi dite che meglio sarebbe che non fosse mai nato. Ma io non sono affatto esposto a simili maledizioni. La santa immagine è sul mio cuore". Ma... se Giuda si fosse impiccato al suo scapolare, sarebbe stato salvato? "E subito il suo corpo, sottile come la cima dei cipressi, oscilla nella luce; come le campane delle cappelle, risponde al vento del mattino"[9]. E la Vergine Maria canta: "Benedetto sia colui che viene. Egli ha legato la terra al cielo". Si pensi a Han Ryner, autore di un *Quinto evangelo* (1911), il quale riservava una sorte particolare al suicidio di Giuda, destinato a scoraggiare al massimo un Gesù che sospirava: "Io non ho mai potuto salvare nessuno"[10].

Eppure, descrivendo la morte di Giuda a pochi decenni di distanza, Claudel si era accontentato di una cinghia di cuoio: quella "insidiosa cinghia di cuoio" che si porta intorno alle reni sarà la corda per impiccarsi, per "affidarci ad essa" e alla sua "desiderabile rigidità". In breve, fuori della croce nessuna salvezza: "Tanto peggio! Quando ci si vuole innalzare fino all'Eternità, bisogna essere pronti a fare qualche sacrificio al senso della perpendicolare". Una perpendicolare per il paradiso nel giovane Maurras, una per l'inferno per il vecchio Claudel.

L'improvviso capovolgimento di Maurras, quanto la timida ironia di Claudel, in fondo più ortodossa di quanto non sembri, non devono nulla a una lettura più o meno attenta dei Vangeli, come mostra di pensare Boutang pubblicando il suo "Jean". Piuttosto, ci va di mezzo il lavoro del mito e il modo in cui esso permette a ciascuno di pensare il proprio destino, in balia

[9] C. Maurras, *La bonne mort*, Éditions de la Chronique des Lettres françaises, Parigi, 1926, p. 52-53.
[10] H. Ryner, *Le cinquième évangile*, Athéna, Parigi, 1922, p. 260.

dell'alea e dell'imponderabile. Il giovane Maurras era a tal punto ossessionato da languori e altri piaceri da dedicare i suoi racconti a Maurice Barrès. Quando si ribellò contro quel poeta consacrato che era divenuto Claudel, fu condannato a vita per alto tradimento. Giuda si era trasformato in un compagno assai ingombrante. Nessun dubbio che fosse più utile a Claudel, che vi vide uno strumento adatto per intimidire le anime fragili, brandendone lo spauracchio contro le "cattive letture". Forse Claudel avrebbe voluto in questo modo firmare il suo contributo all'epilogo della crisi modernista? Non dimentichiamo che la lettura della *Vita di Gesù* gli aveva ispirato deliziosi epiteti all'indirizzo di Renan, trattato da "maiale" e da Giuda "il cui ventre si spacca a metà"[11].

L'abate Oegger e la sua posterità: "Io ti battezzo, Giuda..."

Se vi è stata promozione di Giuda, è dunque altrove che bisogna cercarla, in un campo, letterario o filosofico, in cui siano meno presenti preoccupazioni apologetiche. Nella stessa epoca di Rémy de Gourmont, nell'opera *Il giardino di Epicuro* (1895), Anatole France dedicava un curioso testo a un tale di nome Pierre Veber (1869-1942), autore prolifico di *grand-guignol* e occasionalmente collaboratore di Courteline, conosciuto soprattutto per il suo "roman gai" *La chair est faible*. Questo autore scarsamente apprezzabile di una *Ménagère apprivoisée* aveva anche pretese teologiche di fine secolo: oltre all'opera *L'homme qui vendit son âme au diable*, gli si deve anche un saggio su Giuda edito con il titolo *L'Évangile selon saint Judas l'Iskarioth*, apparso nella *Revue Blanche* nel gennaio 1894. Riscrivendo i Vangeli, osserva Jean de Palacio, egli "pervertiva e laicizzava scientemente" il testo sacro, seminando il dubbio "su comportamenti stereotipati che si credevano acquisiti da tutta l'eternità"[12]. Nessun dubbio sul fatto che in questo piccolo apologo, che evoca la *Messa dell'ateo* di Balzac, l'energumeno senza fede né legge abbia voluto strizzare l'occhio ai divertimenti del suo compare, autore di un *vaudeville* apparso l'anno precedente.

Anatole France mette dunque in scena un abate apostata, un certo J.G.E. Oegger (1790?-1853?) che fu il primo vicario della cattedrale di Parigi e confessore della regina e che, dopo aver firmato nel 1822 un *Manuel de religion et de morale, en forme de livre de prières, ou Réflexions et sentiments rédigés selon le véritable esprit de la religion de Jésus Christ* ("Manuale di religione e di

[11] Citato in G. Minois, *Histoire de l'athéisme*, Fayard, Parigi, 1998, p. 485 (trad. it. *Storia dell'ateismo*, Editori Riuniti, Roma, 2000).

[12] J. de Palacio, "Y a-t-il un mythe de Judas?", in *Figures et formes de la décadence*, Séguier, Parigi, 2000, p. 97-108, qui p. 107.

morale, sotto forma di libro di preghiere, ovvero Riflessioni e sentimenti redatti secondo lo spirito autentico della religione di Gesù Cristo") e nel 1829 *Le vrai Messie*, redigerà trent'anni dopo una *Philosophie du christianisme, ou Précis de la vraie religion chrétienne, d'après les doctrines de la Nouvelle Jérusalem... avec une courte notice sur la vie et les ouvrages d'Emmanuel Swedenborg* ("Filosofia del cristianesimo, ovvero Compendio della vera religione cristiana, in base alle dottrine della Nuova Gerusalemme... con una breve nota sulla vita e le opere di Emmanuel Swedenborg"). Anatole France non fu il solo ad essere segnato dalla personalità e l'opera dell'apostata, poiché sembra che, oltre a Maximilian Voloshin, anche Ralph Waldo Emerson e Michel Foucault vi si siano interessati senza avere per questo tratto grande vantaggio dalla figura di Giuda[13]. Ma, per la sua qualità come per la sua posterità intellettuale, l'opera di Anatole France merita una lunga citazione (senza di lui, l'abate sarebbe indubbiamente caduto nell'oblio): "Il destino di Giuda di Kerioth ci immerge in un abisso di stupore. Poiché infine quest'uomo è venuto per compiere le profezie; era necessario che vendesse il figlio di Dio per trenta denari. E il bacio del traditore è, come la lancia e i chiodi venerati, uno degli strumenti necessari della Passione. Senza Giuda, il mistero non si sarebbe compiuto, né il genere umano sarebbe stato salvato". Fin qui, la sorpresa di Oegger non fa altro che riprodurre quella degli antichi, a cominciare dai Padri della Chiesa. Dove egli innova, almeno nei confronti della tradizione consacrata dal Medioevo, è nel fatto che, non essendo più in auge il piacere sadomasochistico promesso da Pietro Lombardo agli eletti che godono della sofferenza dei dannati, se la prende con la *doxa* sulpiziana: "Eppure, è opinione costante tra i teologi che Giuda sia dannato. Essi la fondano sulle parole del Cristo: 'Meglio sarebbe se non fosse mai nato'. Questa idea che Giuda abbia perduto la sua anima operando per la salvezza del mondo", osserva Anatole France, "ha tormentato molti cristiani mistici e tra gli altri l'abate Oegger". Oegger non trovava pace: "l'anima piena di pietà", egli "non poteva tollerare l'idea che Giuda soffrisse nell'inferno l'eterno tormento". Come poteva Dio sopportare che un uomo sfuggisse alla sua misericordia? Malgrado gli insuccessi delle discese agli Inferi del Figlio o della Vergine, era inconcepibile che "l'uomo di Kerioth" non fosse salvato: "I suoi dubbi gli erano insopportabili, e voleva liberarsene. Una notte, non potendo dormire, si alzò ed entrò dalla sacrestia nella chiesa deserta in cui le lampade perpetue ardevano circondate da fitte tenebre. Là, prosternato ai piedi dell'altare maggiore, recitò questa preghiera:

[13] Cfr. K.W. Cameron, *Young Emerson's Transcendental Vision; An Exposition of his World View with an Analysis of the Structure, Backgrounds, and Meaning of Nature (1836)*, Transcendental Books, Hartford, 1971; e M. Foucault, *Les mots et les choses*, Gallimard, Parigi, 1966, p. 119 (trad. it. *Le parole e le cose*, Rizzoli, Milano, 1967), che l'associa, tra gli altri, a Roussel.

> Mio Dio, Dio di clemenza e d'amore, se è vero che hai ricevuto nella tua gloria il più sventurato dei tuoi discepoli; se è vero, come spero e voglio credere, che Giuda Iscariota è seduto alla tua destra, ordina che discenda fino a me e mi annunci lui stesso il capolavoro della tua misericordia.
>
> E tu, che sei maledetto da diciotto secoli e che io venero perché sembri aver riservato l'inferno a te solo per lasciare a noi il cielo, capro espiatorio dei traditori e degli infami, tu, o Giuda, vieni a impormi le mani per il sacerdozio della misericordia e dell'amore!
>
> Dopo aver così pregato, il sacerdote prosternato sentì due mani posarsi sulla sua testa, come quelle del vescovo nel giorno dell'ordinazione. L'indomani annunciò la sua vocazione all'arcivescovo. "Io sono", gli disse, "sacerdote della Misericordia, secondo l'Ordine di Giuda, *secundum ordinem Judas*".

E da quello stesso giorno, conclude Anatole France con una soddisfazione da ateo ipocrita fin troppo contento di correggere i Vangeli e di dare alla Chiesa una lezione di amore cristiano, "Monsieur Oegger andò a predicare nel mondo il vangelo della pietà infinita, nel nome di Giuda riscattato". Ma non si ama Giuda innocentemente: l'abate ne rimane bruciato. Tutto sommato, Anatole France riporta i cliché cari all'istituzione su chi si allontana dalla retta via: "Il suo apostolato sprofondò nella miseria e nella follia. Monsieur Oegger divenne un seguace di Swedenborg e morì a Monaco. È stato l'ultimo e il più dolce dei cainiti". Il fatto che l'adesione a Swedenborg fosse ai suoi occhi un segno di follia, sarebbe piaciuto molto a Balzac, che aveva anch'egli un debole per il teosofo svedese del XVIII secolo.

"Io ti battezzo Giuda", ironizzava Maurras. Claudel si ritroverebbe in buona compagnia, tra Sacher-Masoch e l'abate Oegger. Ma non è né il solo, tutt'altro, né il primo cristiano in questa situazione. La sovversione della tradizione è inevitabile. Caino è un omicida? Sarà glorificato. Giuda è un traditore? Il suo tradimento sarà un altro nome della Redenzione. Così, non ci si sorprenderà di vedere Giuda precocemente recuperato dai cainiti: sant'Ireneo, nel suo *Adversus haereses*, afferma che questi ultimi veneravano Giuda come un saggio, facendo riferimento a un *Vangelo di Giuda*. Nello stesso modo, Filastrio ed Epifanio (*Panarion* o *Confutazione di tutte le eresie* 38, I, 3) denunciano coloro che ritengono Giuda un benefattore dell'umanità[14]. Nel suo *Adversus omnes haereticos*, lo Pseudo-Tertulliano riassume la loro posizione e, con ciò stesso, il nuovo Credo dell'abate Oegger:

[14] Cfr. H. Jonas, *La religion gnostique. Le message du Dieu étranger et les débuts du christianisme*, trad. L. Évrard, Flammarion, Parigi, 1978, p. 130-31 (trad. it. *La religione gnostica*, Società Editrice Internazionale, Torino, 1973).

> [I] cainiti [...] esaltano Caino, che considerano come concepito da qualche Virtù potente che operò in lui. Poiché Abele, secondo loro, nato da una Virtù inferiore, era stato procreato, ed ecco perché era inferiore. Quanti parlano in questo modo rivendicano anche il traditore Giuda, che proclamano grande e mirabile, a causa del servizio che egli rese al genere umano. Alcuni, infatti, credono di doverlo solennemente ringraziare per il suo tradimento. Poiché aveva constatato, dicono, che Gesù Cristo stava cercando di distruggere la verità, lo consegnò affinché la verità non fosse distrutta. Altri, al contrario, ragionano in questo senso: le potenze di questo mondo non volevano che Gesù Cristo sopportasse la sua Passione, per paura che il genere umano non ottenesse la salvezza con la sua morte. Giuda, per assicurare la salvezza al genere umano, consegnò il Cristo affinché la salvezza stessa, che era ostacolata dalle Virtù il cui odio si opponeva all'avvento del Cristo, non fosse più ostacolata, né la riabilitazione dell'uomo ritardata dalla Passione[15].

Ma il reclutamento dei cainiti è molto vario: da un lato vi sono le anime pure alla Oegger, dall'altro le anime nere, i Karamazov e altri demoni. Come non pensare, leggendo il ritratto abbozzato da Anatole France, al "cristianissimo" scrittore Paul Gadenne il quale, dopo amori delicati di cui fece la cronaca, scriverà *Les hauts-quartiers*, in cui si presenta come "valletto di Giuda", un ibrido tra il padre lubrico e suicida di Maurras e il pudico e compassionevole abate Oegger? "Bisogna che tutto il sangue, la vergogna, la cattiveria del mondo siano con me, su di me; che tutta la feccia, la schiuma del mondo si ritirino da esso con me e si consumino con me. Sarò il crepuscolo in cui il mondo getterà le sue lordure, vale a dire le sue sofferenze. Il male non esiste se non attraverso la mia coscienza. La mia coscienza può morire nel seno profanato di questa fanciulla. Così si stabilirà la gloria di Dio. Giuda è necessario al mondo. Ma è necessario anche, molto meno di Giuda, qualcosa come il valletto di Giuda"[16]. In altre parole, Gadenne si era proposto come valletto di Giuda, sempre *ad majorem Dei gloriam*. Non è più veramente la promozione, ma la redenzione di Giuda, che richiede dei servitori. "Gloria a Giuda [...]", si leggeva già in Flaubert. "È attraverso Giuda che Dio salva il mondo! [...] Sì, Giuda! Senza di lui, né morte né Redenzione!"[17].

E, a questo titolo, Gadenne, Claudel e Oegger, in quanto rappresentanti di Giuda come figura dell'imitazione di Cristo, hanno un grande antenato nella persona di Nietzsche. Tutto sommato, nel 1925, con Bataille, Masson e Nicolaj Bakhtin (un russo emigrato), Leiris pensava di creare una società segreta,

[15] Pseudo-Tertulliano, *Contre tous les hérétiques* (*Adversus omnes haereticos*), trad. M. de Genoude, 1732, II, xlvii.

[16] P. Gadenne, *Les hauts-quartiers*, Seuil, coll. "Points", Parigi, 1991, p. 422. Vedi anche P. Gadenne, *G. R. Le livre de la haine*, La Part commune, Parigi, 2005, e H. Haddad, "Gadenne ou le valet de Judas", in *Roman*, dicembre 1987.

[17] G. Flaubert, *La tentation de saint Antoine*, Garnier, Parigi, 1954, p. 91-92 (trad. it. *La tentazione di sant'Antonio*, Perrone, Roma, 2005).

orfica e nietzschiana, che propose di chiamare "Giuda", ma non sappiamo bene cosa si nascondesse dietro di essa. Abbiamo qui l'altro volto dei cainiti, i depravati stigmatizzati da sant'Agostino (*De haeresibus*, 46) ed Epifanio. *Judas ou le vampire surréaliste*, di Ernest de Gegenbach, con il suo "abate Giuda", miscela di abate Oegger e del Bataille del gruppo del Grand Jeu, appartiene a quest'epoca, anche se la crisi del nuovo Giuda è più erotica che metafisica.

Nietzsche: del buon uso di Giuda

Nel suo meraviglioso ritratto di Nietzsche, Ernst Bertram, poeta vicino alla cerchia di Stefan George, si sforza di pensare la vita di Nietzsche a partire dalle grandi figure della mitologia[18]. La figura di Giuda, dopo quella di Filottete, cui finisce per avvicinarsi in modo sorprendente, è per lui anche un modo di ricapitolare la biografia nietzschiana. Con acume insolito, insiste sulla leggenda poetica "in cui Giuda appare come il secondo piatto della bilancia nella grande opera della Redenzione, come la seconda e più oscura vittima della Nuova Alleanza":

> Qui, Giuda si sacrifica perché sa che la Scrittura deve compiersi e che, se non commette l'azione predestinata, l'opera di Redenzione rimarrà irrealizzata e tutta la creazione, tutto ciò che respira, sarà condannato a non avere più senso; egli si sacrifica, caricandosi coscientemente della peggiore maledizione che vi sia al mondo, e si appresta a tradire Colui che qualcuno deve tradire. Gesù, in questa leggenda, riconosce il sacrificio fatto da Giuda a lui e alla sua opera redentrice; sa che, per un istante, la sorte del mondo è nelle mani di Giuda; se queste ultime si rifiutano di eseguire ciò che è scritto, se indietreggiano di spavento di fronte al "Sventurato colui dal quale il Figlio dell'uomo sarà tradito!", anche il sacrificio della Croce rimarrà incompiuto. L'ultima sera, dunque, vede in Giuda l'oscuro compagno del suo stesso Sacrificio; parla di lui in termini che gli altri discepoli non comprendono e ringrazia il traditore con un gesto d'amore che Giuda gli restituirà nell'orto del Getsemani (nel *Vangelo di san Giovanni*, abitualmente pieno di animosità contro Giuda, si trovano tracce di questa speciale solidarietà, di una intesa misteriosa tra Gesù e Giuda; così, il boccone che Gesù, durante la Cena, tende a Giuda, e proprio a lui, appare come un simbolo del loro analogo destino, fino alla preghiera compresa: "Quello che devi fare fallo al più presto").

Vi è una vera gemellanza tra Gesù e Giuda, un'ironia segreta che permette loro una connivenza che supera l'intendimento degli altri e assicura la loro solidarietà, per riprendere la terminologia del filosofo Richard Rorty:

[18] E. Bertram, *Nietzsche. Essai de mythologie*, trad. R. Pitrou, prefazione di P. Hadot, Éditions du Felin, Parigi, 1990, qui p. 203-05 (trad. it. *Nietzsche. Per una mitologia*, Il Mulino, Bologna, 1988).

Quando Giuda, consumato il suo tradimento, va a darsi la morte nel momento stesso in cui, sul Golgotha, l'Opera si compie, spiega Bertram, egli non agisce per un vago pentimento ma proprio per imitazione, un senso di comunanza nel destino, di appartenenza più profonda di quella di coloro che, nell'ora del tradimento, fuggendo hanno abbandonato non solo il Maestro, ma prima di tutto se stessi e il proprio ruolo di discepoli. Mentre in quel momento è stato lui, Giuda, a obbedire più interamente al Signore e a se stesso. Anche per lui l'ultima ora si oscurò in un senso di "tutto è compiuto".

Esisterebbe un "grado Giuda" del male, che sarebbe il male assoluto[19], ma è per compiere il bene supremo – alla maniera del Faust di Goethe che incessantemente vuole il male e fa sempre il bene – che Nietzsche (ancora l'eterotelia) lancia nell'*Anticristo* questa parola d'ordine: "Non opporti al malvagio" (*Matteo* 5, 39); proprio come per Wilde, bisogna resistere a tutto salvo che alla tentazione. E, come per ribattere sullo stesso chiodo, in uno scolio della *transvalutazione* si legge: "Il malinteso più profondo nella religione: i malvagi non hanno religione". Ritroviamo l'idea di Giuda primo cristiano e servitore del Maestro.

E, d'altro canto, sembra che proprio all'ombra di Giuda Nietzsche abbia posto il suo Zarathustra che si infligge il martirio, tradendo se stesso nel tradire il carattere specioso della sua divinità luminosa[20]:

Ancora di recente cacciatore di Dio
...
Ecco la tua preda...
Soffocato dai tuoi stessi lacci,
tu, che conosci te stesso!
tu, che ti sei impiccato!

Tanto è vero che "non si muore mai per altro che per se stessi"[21]. È vero che l'impiccagione, negli antichi testi ebraici, era un altro nome della crocifissione, e Giuda finisce quindi per somigliare fastidiosamente a Gesù.

Ci piacerebbe poter stabilire una genealogia. L'ammirazione che Nietzsche aveva per Anatole France è attestata dalla sorella del filosofo, ma la cronologia non permette qui di parlare di una qualunque influenza. Nondimeno esiste un'affinità, che dipende contemporaneamente dallo spirito del tempo e dal rifiuto o dal rovesciamento del cristianesimo. Da leggenda cristiana che era, Giuda finirà per servire ad altri fini.

Un prosieguo sconosciuto della storia dell'abate Oegger può offrirne un'eccellente illustrazione. La troviamo in un'opera dello psicologo occasional-

[19] Ivi, p. 211.

[20] Ivi, p. 216.

[21] In *Les chiens de paille*, di Drieu la Rochelle, l'associazione tra Giuda e Nietzsche torna come un leitmotiv, ma in un'ottica del tutto diversa, quella della volontà di potenza (p. 128 s.).

mente nietzschiano Carl Gustav Jung, *Métamorphose de l'âme et ses symboles*, la cui stessa pubblicazione, nel 1912, avrebbe siglato l'allontanamento progressivo ma inesorabile tra l'autore e il suo mentore, Sigmund Freud. Sintetizzando l'apologo di Anatole France, Jung dichiara a un tratto: "Il personaggio di Giuda ha un altissimo valore psicologico, perché è lui a sacrificare l'agnello divino, nello stesso istante sacrificando se stesso (con il suicidio)"[22]. Ma subito, come se il tema del sacrificio e del suicidio non fosse di per sé sufficiente, Jung "completa" la leggenda di Giuda con altri miti di tradimento: Sigfrido e Hagen, Balder e Loki, i primi due caduti vittime di una perfidia, come Cesare sotto i colpi di Bruto. Una volta di più, l'estensione del mito di Giuda sembra non avere limiti. Ma è proprio qui che Jung introduce una dimensione psicologica per spiegare l'atteggiamento dell'abate Oegger e la sua "fantasia": "*Era egli stesso Giuda* che tradisce il suo signore; ecco perché doveva prima di tutto assicurarsi la misericordia divina per poter essere tranquillamente Giuda" (ritroviamo qui la stessa psicologia presente nell'opera *La bonne mort* di Maurras). Nel caso dell'abate Oegger, osserva opportunamente Jung, "i suoi dubbi e speranze gravitano solo apparentemente intorno al personaggio storico di Giuda: in realtà ruotano intorno alla sua stessa persona, che vuole aprirsi un varco verso la libertà risolvendo il problema di Giuda"[23]. La sua cosciente fantasia intorno a Giuda gli ha permesso di risolvere un problema inconscio. Da questo punto di vista, il mito lo ha aiutato a elaborare un "complesso" e a trovare una via d'uscita. Proprio come Jacob Burckhardt pensava che ogni greco dell'epoca classica portasse in sé qualche tratto di Edipo e ogni tedesco una qualche caratteristica di Faust, ogni cristiano che si interroga sulla propria fede ed è tentato dall'apostasia possiede un tratto di Giuda, anche se doppio o addirittura ambivalente.

> Che cosa avrebbe potuto dire Oegger se qualcuno gli avesse confidenzialmente rivelato che si preparava a recitare egli stesso il ruolo di Giuda? Poiché considerava la sua dannazione incompatibile con la bontà divina, egli rifletteva questo conflitto. Tale è la serie causale *cosciente*. La serie inconscia si svolgeva *a latere*: è perché voleva divenire egli stesso Giuda che si assicurava in anticipo la misericordia di Dio. Giuda diveniva per Oegger il *simbolo* della propria tendenza inconscia, simbolo che gli era indispensabile perché potesse riflettere sulla sua stessa condizione[24].

Una presa di coscienza diretta sarebbe stata troppo dolorosa. Oltre a risalire agli anni di gestazione della psicanalisi, questo testo di Jung, che si basa su Anatole France, segna senza ombra di dubbio una svolta nel mito di Giu-

[22] C.G. Jung, *Métamorphose de l'âme et ses symboles*, Georg, Parigi, 1993; Livre de Poche, 2004, p. 83, nota. Qui Jung rinvia alla seconda parte, in cui non si tratta più di Giuda.

[23] Ivi, p. 85-86.

[24] Ivi, p. 86-87.

da, che esce dall'ambito propriamente cristiano e dallo spazio allargato della polemica o della satira anticristiana. Mentre, venticinque secoli dopo Sofocle, un ebreo di Vienna inventa il "complesso di Edipo", venti secoli dopo Gesù Cristo un "ariano", egli stesso analista, inventa il "complesso di Giuda": da un lato una malattia che si crede la propria terapia, per parafrasare Karl Kraus, dall'altro una via di dannazione che si crede la propria ancora di salvezza.

Nella fattispecie, un ateo e un analista consacrano il mito e lo prolungano nei tempi moderni, quando si sarebbe potuto pensare che la laicizzazione e la decristianizzazione avrebbero lasciato Giuda nel dimenticatoio della storia, se non per farne un insulto politico tra tanti altri. Da semplice tipo psicologico che era ancora nella critica del XVIII secolo (ad esempio, in J.W. Appelius[25]) – "il traditore", "il malinconico" – Giuda genera un complesso dinamico e, pertanto, ha un effetto terapeutico. Nel caso dell'abate Oegger, gli permette di uscire da un dilemma altrimenti insolubile in termini cristiani. Il fatto che abbia barattato un mito cristiano contro un mito biblico, uno neotestamentario contro uno veterotestamentario, è una prova supplementare della laicizzazione dei miti anche se, da un punto di vista cristiano, possiamo vedere in lui un erede eretico di Marcione che, tra l'altro, rifiutava nei Vangeli tutti i passi che avevano a che fare con Giuda.

Tutto avviene, allora, come se il suo recupero laico, ateo e psicologico avesse trovato nuovi usi per i miti, una volta esaurito il filone cristiano. Questo ribaltamento del sacro verso il profano spiega nello stesso tempo l'universalizzazione del mito di Giuda, che da questo momento in poi conoscerà metamorfosi orientali – cinesi, giapponesi, coreane, iraniane ecc. – e addirittura ebraiche e yiddish. Il mito finirà per rivoltarsi contro i suoi creatori e utenti accreditati, comodamente riuniti sotto lo stendardo dell'Occidente cristiano.

[25] J.W. Appelius, *Historisch-moralischer Entwurff der Temperamenten*, 1737 (II edizione), considerava Giuda come un malinconico, conformandosi in tal modo all'*Iconologia* di Cesare Ripa, che associava il malinconico al denaro. Cfr. R. Klibansky e E. Panofsky-F. Saxl, *Saturne et la mélancolie*, trad. L. Évrard e F. Durand-Bogaert, Gallimard, Parigi, p. 195-96 e 449-50 (trad. it. *Saturno e la malinconia*, Einaudi, Torino, 1983).

Capitolo 11

GIUDA AGONIZZA: DALL'AFFARE DREYFUS ALL'OLOCAUSTO

La cosa più impressionante nella storia di Giuda nei tempi moderni è che i tesori della scienza e dell'erudizione, da D'Holbach a Rena e Loisy, non avrebbero quasi per niente scalfito il cliché. Con la secolarizzazione e i Lumi – Hölderlin ne è un indizio – Giuda si è definitivamente emancipato dal discorso neotestamentario e cristiano per entrare nella leggenda laica del tradimento[1], abbandonando in parte il repertorio dell'antisemitismo religioso per entrare in quello dell'antisemitismo razziale. Poiché, lungi dallo scomparire come un qualche vetusto reperto di un'altra epoca votata alla superstizione, Giuda persiste. La leggenda nascente dell'Ebreo errante gli mette le ali, anche se inizialmente essa mostrò ben pochi rapporti con Giuda.

Il nuovo nome di Giuda: Dreyfus

Ovunque sia presente un ebreo, vi sarà un traditore; e l'inverso è quasi vero nella mitologia politica del XIX e della prima metà del XX secolo. La parola di Maurice Barrès è definitiva: "Il fatto che Dreyfus sia un traditore, lo si può dedurre dalla sua razza (che è quella di Giuda)". La "parata di Giuda", si dirà al momento dell'Affaire per designare i dreyfusardi. All'opposto e nell'altro campo, non ci si meraviglierà di vedere Péguy, nel prologo alla prima versione della sua opera su Giovanna d'Arco, mettere in bocca alla protagonista queste parole nel corso di un dialogo con Hauviette: "Non accetto il fatto che

[1] Cfr. P. Pierrard, *Les chrétiens er l'affare Dreyfus*, Éditions de l'Atelier, Parigi, 1998.

Dio non abbia permesso a Gesù di perdonare Giuda". Ma, perfino per Péguy, se è vero che Dreyfus non è Giuda, e Giuda merita compassione, comunque rimane per sempre Giuda. Nel *Mistero della carità di Giovanna d'Arco*, la pastorella Jeannette medita sulla Passione in compagnia di una religiosa, Madame Gervaise: "Il figlio di Dio sapeva che la sofferenza/del Figlio dell'uomo non serve a salvare i dannati...".

> Gesù morendo pianse sulla morte di Giuda,
> poiché sapeva che il dannato supremo
>
> aveva gettato via il prezzo del sangue che si era fatto pagare
> e che, abbandonato da tutti, si impiccava laggiù,
>
> da qualche parte, sotto un fico di quella regione, e il denaro serviva per il campo del vasaio.

Giuda rimane dunque il "dannato supremo". Ortodossia fa obbligo. In breve, l'utilizzo del mito nell'Affaire rimane terribilmente convenzionale, ancorché annunciatore di pratiche che segneranno il XX secolo. Giuda è divenuto – ridivenuto? – un insulto, delitto del quale l'antisemitismo era stato assai di rado colto in flagrante dai tempi di Crisostomo.

Il primo disegno antidreyfusardo, pubblicato su *Le Pilori* il 18 novembre 1894, avrà così per titolo "Judas". Nel giorno della degradazione del capitano, la folla accalcandosi gridava: "Morte agli ebrei! A morte il traditore! A morte Giuda!". *Le Rire* pubblicò una caricatura di Heidbrinck in cui si vede Dreyfus contro un muro di fronte a donne e bambini: "Chi è Dreyfus? È l'uomo che per trenta denari ha voluto rendere vedove tutte le donne di Francia, far piangere lacrime di sangue ai bambini e abbandonare i suoi compagni ai proiettili del nemico". L'assimilazione con Giuda è tuttora presente e inevitabile. Soltanto il cristiano Péguy possiede ancora sufficiente senso critico per sapere che non ogni ebreo è un Giuda, e con ciò mostrare compassione per quest'ultimo. E il 13 gennaio, sullo stesso giornale, Bobb rappresenta Dreyfus su un'amaca in un ambiente esotico e piacevole: "Decisamente", commenta Dreyfus, "se la deportazione fosse esistita ai suoi tempi, sono convinto che quell'imbecille di Giuda non si sarebbe impiccato". La mitologia cristiana è impazzita. Già l'ombra della croce ricopre Giuda e gli promette il peggio: mentre una cuoca sottoscrive "per arrostire gli ebrei", un gruppo di ufficiali in servizio attivo suggerisce "l'acquisto di chiodi per crocifiggere gli ebrei"[2].

Rimane il fatto che, se l'associazione tra Giuda e gli ebrei domina l'epoca, essa non è unanime. Il percorso di Léon Bloy ne costituisce un'eccellente il-

[2] J.-D. Bredin, *L'affaire*, Julliard, Parigi, 1983, p. 325.

lustrazione. Il suo Giuda ha qualcosa insieme di Barrès e di Péguy: nel suo *Dagli ebrei la salvezza*, scritto al volgere del secolo, spinge il paradosso fino a condannare l'antisemitismo di Drumont (*La France juive*) e dei cattolici di *La Vie*, pur ripetendo gli insulti contro gli ebrei, carichi come il Cristo di tutti i peccati del mondo. La loro sventura avrà vita breve – e, una rondine non fa primavera, Giuda non si confonde con l'Ebreo errante – poiché possono ancora convertirsi e liberare Gesù dai suoi "chiodi": la famosa formula spesso citata a rovescio sulla "storia degli ebrei [che] sbarra la storia del genere umano come una diga sbarra il fiume, per alzarne il livello" è di un'ortodossia perfetta e si limita ad attendere che gli ebrei si "riconcilino", vale a dire si convertano. Il Giuda di Léon Bloy rimane così, "Affaire" fa obbligo, il "tipo" stesso dell'ebreo, "il loro prototipo, e il loro supertipo, se si vuole, sicuro paradigma delle ignobili e sempiterne coniugazioni della loro avarizia, al punto che si crederebbero usciti, insieme alle viscere, dal ventre spaccato di questo rigattiere di Dio". Anche se non vi sono altro che Giuda tra gli ebrei, e non tutti i Giuda sono ebrei, Bloy non disdegnava, all'occasione, di definire i suoi avversari "eiaculazione di apostata" o da "reverendo padre Giuda". Tuttavia, per quanto concerne il Giuda dei Vangeli, non ogni speranza è perduta per il "supremo derelitto". Nessuno può anticipare giudizi sull'Apocalisse e su ciò che avverrà di Giuda. "Nulla può salvarlo, né le suppliche di Maria, né le braccia incrociate di tutti i martiri, né le ali spiegate dei Cherubini o dei Troni. Egli è dunque dannato, e di quale dannazione! 'Io mi appello!', egli dice. Si è appellato! A queste inaudite parole gli astri si spengono, le montagne sprofondano sotto i mari, lo stesso volto del Giudice si oscura. Gli universi sono illuminati dalla sola croce di fuoco. 'A che cosa fai appello tu, dunque, contro il mio giudizio?', chiede al reietto nostro Signore Gesù Cristo. È allora che, nel silenzio infinito, il maledetto proferisce queste parole: 'Mi appello alla tua gloria contro la tua giustizia!'". Dietro il processo fatto a Dreyfus dai Barrès, dai Drumont e tanti altri, Léon Bloy si è servito di Giuda come provocazione, tanto per dire, parodiando la famosa espressione, che giudicando Giuda si viene giudicati. Bernard Lazare, dreyfusardo, non si ingannerà sostenendo Bloy, il quale gli renderà la pariglia nel *Mendicante ingrato*: "Questo Lazzaro sembra aver visto solo che lo sfondo della mia dottrina è l'adorazione della Povertà", tanto è vero che per lui il sangue dei poveri è quello del Cristo[3], e forse anche un po' quello di Giuda. Agli occhi di Bloy, i cattolici disonorano e tradiscono Gesù Cristo come mai poterono farlo Giuda o gli ebrei. Essendo ebrei e conoscendo Gesù come ebreo, essi erano a conoscenza di cose di cui i "cristiani da macello", nella loro grassa ignoranza

[3] Vedi A. Compagnon, *Les antimodernes*, Gallimard, Parigi, 2005, p. 210-11.

di bestemmiatori, non hanno neppure il sospetto[4]. Tutto sommato, il fatto che Bloy abbia risposto al "J'accuse" di Zola con un "Je m'accuse (Io mi accuso)" – una sorta di "Giuda di Dreyfus", come Barbusse scriverà negli anni Venti nel suo *Les Judas de Jésus* – la dice lunga tanto sulle sue paradossali posizioni nell'affare Dreyfus quanto sul recupero dello stesso Dreyfus per fini interessati[5]. E, in realtà, le occorrenze di Giuda nell'opera di Zola sono assai più convenzionali che nell'opera di Bloy[6]. Non è più solo un caso se, dopo il tradimento obbligato della traduzione, l'adattamento della *Bestia umana* diverrà in seguito *Judas is a woman*, "Giuda è una donna". In breve, per Zola, Dreyfus non è Giuda, ma Giuda è un traditore; per Bloy, in ogni caso, il nostro avvenire passa per Giuda. Giuda traditore, Giuda venduto ai tedeschi, Giuda che si piega sulla sorte dei poveri con l'avallo dei dreyfusardi: Giuda è diventato un uomo politico.

Giuda, uomo politico

In occasione dell'Affaire, "Giuda" ha quindi fatto il suo ritorno in forza nella vita politica. Se è vero che "Giuda" era stata una delle ingiurie preferite dei Padri della Chiesa contro l'imperatore Giuliano l'Apostata o l'eresiarca Ario, ogni avversario, di preferenza ebreo, sarà da questo momento in poi un nuovo Giuda e quest'uso, pur non essendo nato con l'affare Dreyfus, gli sopravviverà.

Sul piano politico, infatti, l'uso è ampiamente attestato nella modernità. Se ne trova un curioso esempio fin dal XVII secolo, di cui lo stesso Luigi XIV fece le spese: dopo aver autorizzato Strasburgo a mantenere le sue officine monetarie, aveva vietato di coniare monete d'oro. Nel 1694 verranno allora battuti dei luigi in cui, invece di LVD, si legge chiaramente IVD: LODOVICUS è diventato IUDAS[7]. Dalla stessa borsa, la contaminazione ha raggiunto le monete: la moneta cattiva caccia quella buona, afferma la legge di Gresham, ben nota agli economisti. Coniata con il nome di Giuda, la moneta non vale nulla, ovvero è il denaro del crimine. Ciò nonostante, la Francia conobbe ai suoi tempi un "Giuda", vale a dire una moneta da trenta denari,

[4] L. Bloy, "Le Christ au dépotoir", in *Le Pal*, n. 4, 2 aprile 1885, ristampato dalle Éditions Obsidiane, 2002.

[5] Per odio verso Zola, forse, Bloy aveva mantenuto il silenzio per tutta la durata dell'affare Dreyfus. Vedi P. Pierrard, *Juifs et catholiques français*, Fayard, Parigi, 1970, p. 222, e *Les chrétiens er l'affare Dreyfus*, cit., passim.

[6] Vedi la messa a punto di M. Fontana in L. Bloy, *Je m'accuse*, La Chasse au Snark, Parigi, 2003, p. 170-74.

[7] Cfr. J.-P. Bled, "Où Louis XIIII est traité de IVD... (Judas)", in *Numismatique et change*, n. 116, marzo 1983, p. 25.

prova del fatto che il denaro non ha odore e pertanto è ambivalente. Ma si trattava di eccezioni. In linea di massima, è difficile immaginare un Giuda offensivo sotto la penna di un Fontenelle, di un La Mothe Le Vayer o perfino di un Camus!

Con l'Affaire, la frequenza dell'epiteto infamante aumenterà notevolmente e finirà per essere esportata. Già nel 1911, Lenin tratta Trotskij da "piccolo Giuda", in un testo pubblicato dalla *Pravda* nel 1932 su ordine di Stalin[8]. Nel 1918 sarà Kautsky a fare le spese dell'ira di Lenin, che lo tratterà da "piccolo Giuda Golovlev", dal nome del personaggio del romanzo di Saltykov-Chtchedrine: il "piccolo Giuda Kautsky" aveva avuto la pessima idea di denunciare i metodi dittatoriali di Lenin[9]. È forse necessario ricordare che il Porphyre del romanziere non aveva nulla di ebraico, quando i "Giuda" denunciati da Lenin erano entrambi ebrei? Bisogna credere che Lenin, come Stalin, non disdegnasse di ricorrere a quello che Engels e Bebel avevano definito il "socialismo degli imbecilli", quando l'ingiuria e i cliché antisemiti servivano i suoi interessi tattici o strategici. Stalin riprenderà il cliché per i propri fini, per eliminare tutti i "Giuda" di Lenin[10]. Ma l'onestà impone di dire che lo stesso Trotskij non disdegnava di trattare i suoi avversari da Giuda: ad esempio, nel plenum del luglio 1928, nel quale stigmatizzò i "Giuda di destra", colpevoli di condiscendenza nei confronti dei kulaki[11].

Nel 1937, in occasione dei grandi processi, gli accusati si fecero trattare a loro volta da "valletti di Giuda Trotskij". Se i bolscevichi non si peritavano di impiegare questo cliché, l'estrema destra farà lo stesso in Francia: "Dopo Giovanna d'Arco, Giuda. Blum, sei la nostra umiliazione. Ti odio", scriveva un certo Jean-Charles Legrand nel 1938[12]. Il 20 giugno 1936, *Le Charivari* aveva pubblicato una caricatura di Blum vestito da Ebreo errante, riunendo così un doppio simbolo: l'ebreo è doppiamente Giuda, che tradisce la sua patria e il suo sesso. Analogamente, Neville Chamberlain fu soprannominato il "Giuda di Downing Street" e si vide accusare di intrighi con i francesi presso il Vaticano per far "canonizzare Giuda Iscariota" a causa del suo ruolo negli accordi di Monaco, mentre la stampa tedesca rimproverò a Franklin Delano Roosevelt di aver riscosso il "salario di Giuda" (*Judaslohn*). In quegli stessi anni, ma ad altri fini, il cristianissimo Emmanuel Mounier denunciava "le facce di Giuda" nel nome della sua "Rivoluzione personalista e comunitaria" (1932-1935), poco dopo che il comunista Henri Barbusse aveva denunciato i

[8] Lenin, *Collected Works*, Éditions du Progrès, Mosca, vol. 18, p. 45 (trad. it. *Opere complete*, Editori Riuniti, Roma, 1967).

[9] Id., *La Révolution prolétarienne et le renégat Kautsky*, 1918.

[10] Cfr. A. Vaksberg, *Staline et les juifs*, trad. D. Sesemann, Robert Laffont, Parigi, 2003.

[11] L. Trotskij, *Le plénum de juillet et le danger de droite*, 1928 ("Contre le courant").

[12] *Le défi*, 3 aprile 1938.

Judas de Jésus (1927) e il realista e maurrassiano Léon Daudet *Le temps de Judas* (1920). L'elenco potrebbe continuare all'infinito, pur con il rischio sempre presente di mancare qualche incrocio essenziale. La permanenza non deve, infatti, dissimulare ai nostri occhi la comparsa di nuovi Giuda in circostanze e luoghi per lo meno inattesi.

I nuovi volti di Giuda

In un racconto scritto dopo la Grande Guerra, *Il capitano di Cafarnao*, il romanziere tedesco Ernst Wiechert, che venne internato dai nazisti a Buchenwald, ha espresso meglio di ogni altro storico gli effetti di quella che si è convenuto di chiamare, da George Mosse in poi, la "brutalizzazione" delle società. La guerra volge al termine quando un ufficiale incrocia una colonna di prigionieri: dei ribelli, come ve ne furono tanti alla fine delle ostilità. Tra loro, egli osserva un volto particolarmente pieno di dignità. Quando lo interroga, l'uomo risponde di aver ucciso "affinché i figli dei suoi figli non fossero più obbligati a uccidere né a farsi uccidere da altri uomini". L'uomo ha scelto di uccidere per non tradire la propria coscienza. L'ufficiale gli chiede allora: "E il Cristo?". "Rispose che il Cristo, se si fosse trovato con loro in quel momento, sarebbe stato il più grande uccisore di uomini". Quando il Cristo si fa omicida, che cos'è un Giuda? L'ufficiale si farà introdurre nottetempo nella cella dei condannati e prenderà il posto dello sventurato che ha ucciso. Tradirà la sua casta, il suo esercito, il suo Stato per restituire la libertà al giusto. Il Giuda somiglia in modo sorprendente al Cristo. Ha tradito coloro che tradiscono la sua coscienza. Sarà giustiziato per essersi sacrificato e il suo volto diventerà quello del Cristo confuso con quello di Giuda.

Come distinguere un Giuda da un Cristo? Ritroviamo qui la tematica della "leggenda del Grande Inquisitore". E, in realtà, l'immediato dopoguerra ci riserva strane sorprese, che il racconto di Ernst Wiechert lascia indovinare. Due esempi poco noti permetteranno di intravedere la confusione delle menti concomitante con la brutalizzazione delle società. Uno dei primi Giuda posteriori alla prima guerra mondiale è, infatti, quello di un poeta anarchico ebreo, Erich Mühsam, imprigionato dopo il tentativo di instaurazione di una Repubblica dei consigli in Baviera, che scrisse dal carcere un'opera teatrale in cinque atti, sobriamente intitolata *Judas*, per narrare il fallimento e denunciare il ruolo destabilizzante dei sindacati legati al SPD, il partito di quelli che ben presto verranno definiti i "traditori sociali". Questo Giuda molto politico, come quello di Barbusse, è alquanto convenzionale e presuppone un'idea di Giuda abbastanza vicina agli offensivi appellativi di Lenin all'indirizzo di Trotskij. L'opera sarà messa in scena nel marzo 1921 a Mannheim, poi ripresa nel 1928 al Piscatorbühne, con gli echi politici che è facile immaginare. Questo Giuda traditore sotto la penna di un ebreo non ebbe la fortuna di piacere ai nazisti, che gettarono il suo autore in un campo di concentramento. Mühsam trovò la morte a Oranienburg il 10 luglio 1934.

Se si vuole un Giuda meno convenzionale, o almeno più paradossale, in ogni caso più inaspettato rispetto a questo profilo, bisogna cercarlo negli archivi del futuro ministro della Propaganda e anima dannata di Hitler. Nel suo *Judas Iskarioth*, opera scritta nel'agosto 1918[13] nell'esaltazione e sotto l'influsso di *Così parlò Zarathustra*, di Dostoevskij e degli scritti di Marx ed Engels, Joseph Goebbels narra la storia di un "emarginato" che vuole seguire un uomo il quale, nel suo pensiero, instaurerà un "nuovo e vasto impero". Tuttavia, divenuto discepolo di Gesù, con grande smarrimento si rende conto che il regno del Padre non è di questo mondo. Per Giuda questo è il segno di un'intelligenza ristretta che vuole soltanto consolare la gente promettendo la felicità nell'aldilà. Giuda decide finalmente di tradire il suo maestro, impegnandosi a instaurare il regno di Dio sulla terra. Subito dopo aver consegnato il maestro, Giuda comprende il suo tragico gesto: "Eppure, che i cieli mi siano testimoni: non per denaro Giuda è diventato un traditore". In fin dei conti, non ha altra scelta che espiare la propria colpevolezza suicidandosi. Un prete suo amico, avendo avuto notizia della rappresentazione, chiese al giovane Goebbels di stracciare il testo, tanto era scandaloso e offensivo per la fede cristiana. Goebbels rispose per iscritto al suo amico che sarebbe stato lieto di distruggere l'opera, se solo essa fosse stata ancora in suo possesso[14].

Questa visione di un Giuda progressista, addirittura rivoluzionario, si ricollega a molte interpretazioni moderne fin da Thomas de Quincey, ma si trova già sotto la penna di Hermann Samuel Reinarus (1694-1708) e di un luterano, Friedrich Gottlieb Klopstock (1724-1803), nel canto III della *Messiade* scritta nel 1748. Nel 1908, in un'ottica del tutto diversa, che evoca il racconto di Leonid Andrejev, Voloshin spiegava che il problema di Giuda era diventato la principale questione morale della nostra epoca e lo paragonava al terrorista che, nel commettere un atto di tradimento nel nome di un bene superiore, assume i peccati della storia. Molto tempo dopo, alla fine del XX secolo, ritroviamo la stessa idea nel sudafricano André Brink il quale, in *Un acte de terreur* (1991), riprende il tema di un Giuda le cui speranze sono frustrate perché Gesù è un vigliacco. Giuda non ha fatto altro che cercare di spinge-

[13] J. Goebbels, *Judas Iskariot. Eine biblische Tragödie in fünf Akten*, luglio-agosto 1918, BA Coblenza, NL 118.

[14] Cfr. L.M. Wambach, "'Es ist gleichgültig, woran wir glauben, nur daß wir glauben'. Bemerkungen zu Joseph Goebbels' Drama 'Judas Ischariot' un den 'Michael-Romanen'", in *Schriftenreihe des Raphael-Lemkin-Instituts*, Brema, n. 1, 1996; vedi anche R.G. Reuth, *The Life of Josef Goebbels*, Constable and Company, 1993, p. 22-23 e V. Reimann, *Joseph Goebbels*, Flammarion, Parigi, 1973, p. 28.

re Gesù a essere coerente. Non c'è riuscito, ed ecco perché è stato chiamato traditore[15]. Ma sono i traditori con speranze rivoluzionarie che scrivono la storia.

Se, da Voloshin a Brink, l'idea di un Giuda rivoluzionario e positivo, un paria, sembra essere propria dei periodi di capovolgimenti sociali, purtuttavia essa non può non sorprendere, a prima vista, in un uomo all'epoca in rotta con il cattolicesimo e destinato a organizzare le grandi pompe funebri del Führer. L'ironia della storia raddoppia quando si ricorda che Hitler[16] dava per scontato che Gesù non fosse ebreo e considerava il giudeo-bolscevismo di san Paolo responsabile della deviazione e falsificazione dell'insegnamento del Maestro, che si era dato la missione di liberare il proprio Paese, la Galilea, dall'oppressione degli ebrei. In breve, Gesù è troppo ebreo agli occhi di Goebbels al punto che Giuda non lo è quasi più, mentre agli occhi di Hitler Gesù non è ebreo, al punto che tutti gli ebrei sono dei Giuda. Apparentemente, non esiste conciliazione possibile. E Goebbels (è dubbio se abbia mai parlato a Hitler della sua opera giovanile) ne tirerà fuori non una conciliazione, ma un programma. In fondo, il suo Giuda non è altro che un consigliere del principe che non ha saputo convincere il suo capo ad andare fino in fondo, ad essere un vero conquistatore. Nell'ora del declino, soprattutto quando si leggono gli appunti scritti nel bunker, dove mai il "messianismo" del ministro della Propaganda è altrettanto immediatamente evidente, Goebbels appare come il Giuda che si ostina e veglia affinché il suo Gesù non rinunci alle ambizioni imperiali. E non bisogna dimenticare che Hebbel, dopo aver firmato una *Maria Maddalena* e un *Erode*, pensava di scrivere un *Giuda* in lingua zelota, ricalcato sul *Faust* di Goethe. "Chi può conficcarsi un proiettile in testa non si impiccherà", diceva egli a proposito dei "suicidi" in generale e di Giuda in particolare: "Tra tutti, è Giuda ad avere più fede". Infine, lo stesso Wagner progettava nel 1843 di comporre un *Judas-Drama* in cui avrebbe dipinto Giuda con i tratti di un fervente patriota[17].

Come sia, e senza voler sovrainterpretare questa valorizzazione di Giuda sotto la penna di un antisemita estremo, vediamo qui il segnale delle derive progressive che il personaggio di Giuda conoscerà nel XX secolo e già una piccola idea dei capovolgimenti che il secolo ci riserverà su questo argomento.

[15] A. Brink, *Un acte de terreur*, trad. J. Guiloineau, Stock, Parigi, 1991, p. 54-55.

[16] Cfr. *Conversazioni di Hitler a tavola*, 21 ottobre 1941 e 29-30 novembre 1944, ad esempio.

[17] Cfr. G. Buchheit, *Judas Iskarioth: Legende, Geschichte, Deutung*, Rufer Verlag, Gütersloh, 1954, p. 52-53.

Giuda e l'antisemitismo nazista

In *Montauk*, Max Frisch evoca la visita fatta ai genitori della sua fidanzata ebrea a Berlino: "Vedo un corteo di camicie brune e sento il coro: MORTE A GIUDA! Dicono davvero così"[18]. *Juda den Tod!*, dovevano cantare gli scolari, come ricorda Joseph Ratzinger evocando la sua infanzia tedesca[19]. Giovenco è resuscitato! Nelle pagine della stampa nazista, e singolarmente anche nell'organo del partito, il *Völkischer Beobachter*, si manteneva comunemente la confusione tra *Jud-*, *Juden* e *Judas*. Soggiornando a Berlino nel 1934, il cineasta Carl T. Dreyer rimarrà talmente inorridito da concepire l'idea di un film sulla vita di Gesù, insistendo sulla sua ebraicità e con ciò stesso riabilitando Giuda.

In seno al partito nazista (NSDAP), gli esclusi saranno naturalmente trattati da "Giuda": in occasione di una rappresentazione della *Passione* a Oberammergau, un giornalista americano avrà la sorpresa di vedere Hitler paragonato al Cristo, mentre il capo delle SA Ernst Röhm, vittima della Notte dei Lunghi Coltelli, è il Giuda di turno. Nell'altro campo, tuttavia, il nome di Giuda rimane sempre altrettanto infamante, e tanto peggio se non designa sempre le stesse persone. Gli antisemiti sono ancora dei Giuda: così, troveremo i "servi 'Ultimi dei Giuda'" in bocca ai partigiani che additano i collaborazionisti alla pubblica riprovazione[20]. Analogamente, mentre tutti i difensori degli ebrei erano dei Giuda agli occhi dei nazisti, in occasione del patto germano-sovietico la stampa mondiale avrebbe presentato lo stesso Hitler come un Giuda.

Sotto il regime hitleriano, gli ebrei erano dunque dei Giuda; venivano invariabilmente accusati di essere responsabili della guerra e di fare pressione tra le quinte per sconfiggere Hitler[21]. In realtà, fu loro attribuito pressoché tutto ciò che andava male per i tedeschi o i loro alleati, compreso il rovesciamento di Mussolini nel luglio 1943 e gli sforzi per far uscire l'Italia dalla guerra[22]. Ad essi furono imputati perfino il bombardamento della Germania

[18] M. Frisch, *Montauk*, trad. M. e J. Tailleur, Gallimard, Parigi, 1978, p. 136 (trad. it. *Montauk*, Einaudi, Torino, 1977); su questo *Juda verrecke!*, tradotto con "Morte agli ebrei", vedi anche S. Haffner, *Histoire d'un Allemand*, trad. B. Hébert, Actes Sud, Arles, 2002, p. 211 e 219 (trad. it. *Storia di un tedesco*, Garzanti, Milano, 2003); e I. Kershaw, *The Hitler Myth*, Oxford University Press, Oxford, 1987, p. 231 (trad. it. *Il mito di Hitler*, Bollati Boringhieri, Torino, 1998).

[19] J. Ratzinger, *Ma vie. Souvenirs (1927-1977)*, Fayard, Parigi, 1998, p. 28 (tit. orig. *La mia vita*, Edizioni Paoline, Roma, 1997).

[20] Citato in S. Farmer, *10 juin 1944. Oradour. Arrêt sur mémoire*, Perrin, Parigi, 2004, p. 66 (trad. it. "Le rovine di Oradour-sur-Glane. Resti materiali e memoria", in *Parolechiave*, 9, 1995, p. 168).

[21] Vedi, ad esempio, "Judas Krieg!", in *Völkischer Beobachter*, 19 e 28 settembre 1939; "Förmliche Allianz zwischen England und Weltjudentum", in *ivi*, 25 ottobre 1939; cfr. anche L. Dawidowicz, *La guerre contre les juifs*, trad. G. Garnet, Hachette, Parigi, 1977, passim.

[22] "Juda und Freimaurerei standen hinter Badoglios Verrai", in *Völkischer Beobachter*, 3 marzo 1944.

e le attività di resistenza nelle zone occupate dell'Europa[23]. "Giuda la faina si intrufola al centro dell'esistenza", amava ricordare all'epoca il filosofo e giurista Carl Schmitt citando Alfred Schuler e Ludwig Klages. Giuda chi? Gli ebrei e i loro alleati. Disraeli, il primo ministro prediletto dalla regina Vittoria e fondatore dell'Impero non aveva forse osato scrivere nel suo romanzo *Tancredi* che "il cristianesimo è il giudaismo del popolo!", un "giudaismo volgarizzato"? In altre parole, il tradimento di Giuda partecipava di una manovra globale di asservimento operata dallo spirito ebraico, e il cristianesimo non era altro che una mistificazione demagogica[24]. All'epoca, Carl Schmitt condivideva già le vedute di Goebbels, che l'amicizia di Hitler aveva allontanato dalla sua colpevole clemenza nei confronti di Giuda. Per l'uno come per l'altro, il giurista e il propagandista, la figura dell'ebreo, di cui Giuda era l'incarnazione, era quella del nemico per eccellenza. Mentre il *Judas* di Goebbels era ancora l'opera di un cattolico, per quanto dissidente, il romanzo *Michael*, scritto un po' di tempo dopo e pubblicato nel 1929, è già quello di un nazista impegnato in una lotta all'ultimo sangue contro "Giuda". Carl Schmitt, nella sua allocuzione del 1936, riprenderà lo stesso tema, parafrasando il *Mein Kampf*, quando scriverà: "Difendendomi contro l'ebreo, io combatto per difendere l'opera del Signore"[25]. Amico di Carl Schmitt, anche Ernst Jünger condivideva l'avversione per la "figura dell'ebreo", che osava porre sotto il patrocinio di Léon Bloy, opportunamente dimenticando la paradossale figura di Giuda nell'opera *Dagli ebrei la salvezza*, ma anche il fatto che dal 1892 Bloy si sdegnava per la partecipazione del clero ai movimenti antisemiti animati da Drumont: "Abbiamo visto innumerevoli preti [...] infiammarsi di fronte alla speranza di un prossimo pigia pigia in cui il sangue di Israele sarà adeguatamente versato per ubriacare migliaia di cani". Tutti concordavano nel dire: "L'ebreo – leggi Giuda – è la mia stessa questione fatta Volto"[26].

Il giro d'orizzonte sarebbe troppo incompleto se si omettesse da questa vignetta sul "Giuda nazista" la personalità di Heidegger, che inaugurò la sua opera con un lavoro su Abraham a Sancta Clara (1644-1709), il quale aveva consacrato dieci anni della propria vita a un libro su Giuda in quattro voluminosi tomi: *Judas der Erzschelm* (Salisburgo, 1686-1695), vale a dire *Giuda l'arcifurfante, per le persone oneste; ovvero l'autentico ritratto e la biografia del furfante di Iscariota*. Se non fosse per la sua resurrezione ad opera di Heidegger,

[23] Vedi, ad esempio, "Jüdischer Luftterror", in *Völkischer Beobachter*, 3 marzo 1943; "Jude leitet Frankreichs Mordbanden", in *Völkischer Beobachter*, 17 marzo 1943.

[24] Cfr. N. Sombart, *Chronique d'une jeunesse berlinoise*, p. 318 e 331-32; e anche id., *Les mâles vertus des Allemands*, Cerf, Parigi, 1999, p. 189-97 e 286 s. Più in generale, cfr. da qui in poi R. Gross, *Carl Schmitt et les juifs*, introd. e trad. D. Trierweiler, PUF, Parigi, 2005.

[25] Ivi, p. 293.

[26] Ivi, p. 300-01.

che gli consacrò il suo primo scritto nel 1910[27], e ciò che ci insegna sull'antisemitismo austriaco (Hitler dirà dei suoi compatrioti che erano cattivi nazisti, ma eccellenti antisemiti), l'opera apparterrebbe al dimenticatoio della teologia viennese agostiniana del XVII secolo[28]. Ma fu in occasione dell'inaugurazione di un monumento al monaco, e mentre si ripubblicavano i suoi scritti, che Heidegger pronunciò il suo discorso prima che uno studioso di filosofia leggesse dei brani di *Judas*. Avremmo preferito non conoscere il seguito.

Su un Giuda rumeno

La "trasfigurazione" di Giuda nei tempi moderni non si sarebbe fermata qui. Fin da prima dell'Olocausto, avrebbe ispirato nuove apologie con conseguenze sempre più nefaste. Il lavoro di Liliana Nicorescu sulla Romania di Cioran getta una nuova luce su alcuni aspetti di questa evoluzione. Per i cristiani nazionalisti, la faccenda è chiusa: "Giuda deve soffrire", taglierà corto il filosofo Nae Ionescu e, con lui, tutto il suo entourage – letterario o politico – antisemita, nella prefazione che egli scriverà al grande romanzo di Mihail Sebastian, *Depuis deux mille ans* (1934). La prefazione di un antisemita all'opera di un grande romanziere ebreo che aveva voluto scrivere l'odissea delle disgrazie del suo popolo. E, naturalmente, tutto ha inizio, come per i nazisti, con l'identificazione tra ebrei e Giuda. Non possiamo che riprendere qui l'analisi di Liliana Nicorescu: Nae Ionescu espone le ragioni per le quali "Giuda deve agonizzare, soffrire fino alla fine del mondo"[29], abbandonandosi così a una sinistra parodia dell'espressione di Pascal su "Gesù [che] sarà in agonia fino alla fine del mondo!" (frammento 919). Poiché Pascal osservava che Giuda era il solo a vegliare quando gli amici di Gesù dormivano e che bisogna rimanere vigili fino a quando Gesù sarà in agonia. Ma Ionescu, fingendo distacco, spiega che, piaccia o no al romanziere ebreo (suo ex amico) per il quale scrive la prefazione, non esiste una soluzione generale per l'antisemitismo: "Il dramma del giudaismo non è *un problema* politico [...], ma puramente e semplicemente *un fatto*"[30], dichiara il professore di logica. In altre parole, i cristiani non possono essere responsabili. Per giunta, se vi è col-

[27] Cfr. V. Farias, *Heidegger et le nazisme*, Verdier, Lagrasse, 1987, p. 39-55 (trad. it. *Heidegger e il nazismo*, Bollati Boringhieri, Torino, 1988).

[28] Cfr. J. Schillinger, *Abraham a Sancta Clara: pastorale et discours politique dans l'Autriche du XVIIe siècle*, P. Lang, Berna-Berlino-Parigi, 1993.

[29] Cfr. la postfazione di Alain Paruit alla sua traduzione di M. Sebastian, *Depuis deux mille ans*, Stock, Parigi, 1998, p. 312 s.

[30] N. Ionescu, *Prefaţă* (Prefazione) a M. Sebastian, *De două mii de ani. Cum am devenit* huligan (*Depuis deux mille ans. Comment je suis devenu hooligan*), Humanitas, Bucarest, 1990, p. 8-9. Per questo "Giuda rumeno", devo molto alla magnifica tesi su Cioran di Liliana Nicorescu.

pevolezza, dev'essere cercata dalla parte degli stessi ebrei: il "dramma giudaico" è "un fenomeno", pontifica il filosofo, e "le cause del conflitto sono *negli* ebrei". Non vi sono, secondo Ionescu, dei "perché", ma solo dei "poiché" nell'asserzione "Giuda si tormenta" (come non pensare al regno dell'"inutile chiedersi il perché" ad Auschwitz, nella descrizione di Primo Levi?). "Giuda si tormenta perché è... Giuda". "*Iehuda patet*": l'ebreo "deve" soffrire, la sofferenza gli è intrinseca. È la sua vocazione, che ha in lui le sue origini: se "Giuda si tormenta", è perché è "malato", "interiormente malato": è un popolo *krank an Gott*, infettato dal cancro di Dio, "afflitto da Dio", per riprendere l'espressione per lo meno ambigua di Karl Barth, e la cui malattia "dilania l'armonia della creazione divina". L'antisemitismo, le persecuzioni, non sono determinate dalla "qualità di ebreo", ma da ciò che tale "qualità" presuppone: dal momento che gli ebrei sono il "popolo eletto", hanno l'obbligo di "consacrare la loro vita", di "conservarla pura da ogni contatto con chi appartiene a un'altra confessione". In breve, la loro sofferenza è liberamente consentita. Ritroviamo qui il tema del popolo che tiene il mondo in ostaggio rifiutando di convertirsi. Perché soffre Giuda?, si chiede uno Ionescu imperturbabile, prima di avanzare tre ipotesi. La prima è di ordine geopolitico: perché vive in mezzo ad altri popoli "che non può non odiare, anche se vorrebbe fare altrimenti". L'odio necessario è presente, ma rivolto contro Giuda. Il famoso odio di sé dell'ebreo diagnosticato da Theodor Lessing. La seconda ragione è che un'elezione scaccia l'altra al punto che Giuda deve prendersela soltanto con se stesso se si è ingannato sul Messia: "A partire dal momento in cui ha rifiutato di riconoscere il Cristo-Messia, perseguendo – a torto o a ragione – la sua qualità di popolo eletto, esso ha verso se stesso il dovere di compiere la propria funzione di solvente dei valori cristiani": anche qui, il linguaggio di Ionescu è connotato con il "solvente" che fa eco al tradizionale tema antisemita dell'"avvelenamento" caro a Lavater. La terza e ultima ragione è la più corrente tra coloro che Léon Bloy chiamava "cristiani da macello": Giuda soffre "perché ha creato il Cristo, Lo ha visto e non ha creduto" (qui Giuda si confonde con Tommaso), il che non sarebbe stato tanto grave se "altri, vale a dire noi" non avessero creduto in Lui. Gli ebrei soffrono dunque a causa dei loro propri errori, ragion per cui Ionescu li "giustizia senza nessuno stato d'animo": "Giuda soffre – perché è Giuda"[31]. Come nella Germania nazista, ogni ebreo è un Giuda. E, dal momento che i cliché antisemiti si richiamano a catena, gli ebrei hanno interesse alla propria sofferenza: essi tengono il mondo in ostaggio e ci chiedono un riscatto. Perfino il loro suicidio è sospetto. Il tema rinascerà con i negazionisti dopo l'Olocausto e ispirerà a Romain Gary pagine memorabili[32].

[31] Ivi, p. 22.

[32] Gary lascia il tono della satira per quello della polemica: l'occasione gli viene fornita dalla pubblicazione del racconto ibrido di J.-F. Steiner, *Treblinka* (1966). Gary subodora il tiro mancino e intuisce la

La prefazione di Nae Ionescu, il quale tradisce il suo giovane amico e protetto ebreo con questo dono avvelenato, scatenerà un dibattito in cui Mircea Eliade, pure vicino alla Guardia di Ferro, sarà più solidale di quanto non si immagini con un Sebastian rispetto a un Vulčanescu, per il quale il giudaismo "non riconosce la Redenzione, ma ne attende una che verrà da dove è già venuta"[33]. Poi, "se Giuda si sacrifica per amore di Gesù, assumendo il ruolo di innesco della Redenzione, se riconosce il mistero del Padre, perché si dispera, dopo aver venduto Gesù?"[34]. Raramente Giuda sarà stato rinchiuso con altrettanta intensità nella propria sofferenza, dopo aver fatto ricadere su di lui tutta la responsabilità delle proprie disgrazie. Giuda non finisce di tradire, anche quando vorrebbe tradire il Tradimento, come diceva Hugo. Goebbels, Himmler e i suoi fanatici non potevano sognare migliore apologia per il crimine che stavano preparando. Nelle pagine di *Vremea*, Mircea Eliade si sforzerà, al contrario, di dissociare fermamente Giuda, per il quale trova una spiegazione teologica, dagli ebrei: "Giuda ha forse qualcosa a che vedere con gli ebrei? No. È l'essere più disgraziato della terra. Poiché era scritto che dovesse vendere Gesù, altrimenti le Scritture non si sarebbero compiute. È un dannato. Ma il peccato di Giuda è e rimane il peccato di Giuda, non di Israele, non degli ebrei"[35]. Per Eliade, il testo del prefatore valeva "condanna a morte". Sebastian, che accetterà di pubblicare il suo libro con questa prefazione, sopravviverà alla Catastrofe e darà ragione a Eliade, per riconoscere la "crudeltà fredda, metodica e indifferente" del testo di Ionescu che, nel nome di Giuda, "legittimava" l'antisemitismo più efferato. Appena entrato nella storia moderna dell'antisemitismo, Giuda ne esce. E la Romania non è stato il solo Paese ad abbassarsi a questo genere di penosi dibattiti.

Giuda tra ebrei e nazisti

Giuda al servizio dell'antisemitismo è un tema convenzionale. Assai più rari, in compenso, sono gli ebrei che, come Vladimir Rabinovitch in piena Occupazione, vorranno trattare del problema ebraico a partire da Giuda: Giuda è l'ebreo perseguitato. L'iniziativa e la sua realizzazione non avranno la fortuna di

vulgata che finirà per imporsi: "Vi è stata volontà di morire. Si trattò di un suicidio collettivo, ecco", si dirà. Gli ebrei non potevano "suicidarsi con le proprie mani", non potevano soddisfare da soli il loro sogno di autodistruzione: i nazisti sono stati ciechi strumenti nelle loro mani. R Gary, *La danse de Gengis Cohn*, Gallimard, Parigi, 1967, p. 90.

[33] M. Vulčanescu, "Creştinism, creştinătate, judaism şi evrei (Christianisme, chrétienté, judaïsme et juifs)", in *De la Nae Ionescu la "Criterion" (De Nae Ionescu à "Criterion")*, Humanitas, Bucarest, 2003, p. 143, citato da Liliana Nicorescu.

[34] Ivi, p. 153.

[35] Mircea Eliade, citato in Sebastian, *Depuis deux mille ans*, cit., p. 339.

piacere a Giono, che ammetterà nel *Journal de l'Occupation* di "fregarsene" degli ebrei e rimprovererà all'amico avvocato il suo "narcisismo": "Sulla terra c'è di meglio da fare che occuparsi degli ebrei"[36]. Un ebreo non potrebbe interessarsi a Giuda senza essere un Narciso. Questa tentazione di "rivendicare l'epiteto infamante che i vostri nemici vi attribuiscono facendone un titolo di gloria" è un fatto attestato, ma raro. Soprattutto in piena Occupazione. Ciò che Sebastian non aveva osato fare di fronte a Ionescu, l'uomo di legge Rabinovitch lo tenterà nell'intimità. Ma non avrà più successo. Per Ionescu come per Giono, un ebreo rimane un Giuda. Tanto peggio per lui se soffre (non abbiamo abbastanza a che fare con la sofferenza del Cristo?). Ma vi è qualcosa di più strano ancora della rivendicazione dell'epiteto di infamia: il ribaltamento contro i persecutori delle accuse che essi lanciano contro le loro vittime. Il vero Giuda o il più Giuda non è colui che si crede.

Fin dal 1933, l'ebreo cristiano o cristiano ebreo austriaco Joseph Roth aveva intuito il grande capovolgimento in corso. Nell'*Autodafé de l'esprit* insiste sul tema del tradimento impossibile per gli ebrei tedeschi: "Dio stesso – e ne siamo fieri – non ci lascia tradire l'Europa, la cristianità e il giudaismo", prima di stigmatizzare il sovrano pontefice che patteggia con il diavolo, stipulando un concordato con i "nemici del Cristo"[37]. Il nome di Giuda non è ancora pronunciato – Roth è troppo cristiano per rischiare – ma il tema è presente: "Grazie all'insondabile saggezza divina, siamo fisicamente incapaci di tradire [la cultura umanistica europea] per la civiltà pagana dei gas asfissianti, per il dio tedesco della guerra armato di ammoniaca".

In occasione dell'anniversario di Hitler, nel 1939, Roth dipinse il Führer con i tratti di un ambasciatore dell'Anticristo, un messaggero: non è altri che uno strascico di Belzebù, un flagello di Dio. "Da Sodoma e Gomorra in poi, il demonio non aveva mai osato spingersi così lontano. I malfattori che inchiodarono il Salvatore sulla croce erano al servizio di una potenza divina il cui disegno includeva la croce. Ma colui che ha piegato i bracci della croce[38] non è nemmeno Giuda! È un super-Giuda! O piuttosto un sotto-Giuda, che ha ricevuto dalle potenze infere la missione di non accontentarsi di trenta denari"[39]. Giuda è invocato, ma con una esitazione visibile nel passaggio dal

[36] J. Giono, *Journal, poèmes, essais*, Gallimard, Bibliothèque de la Pléiade, Parigi, 1995, p. 388-89 e 464-65.

[37] "Cahiers juifs", settembre-novembre 1933, in *À Berlin*, trad. P. Galissaires, Rocher, Parigi, 2003, p. 13-204, in particolare p. 194-95.

[38] Sulla croce gammata come parodia della vera croce, cfr. anche J. Roth, *Juifs en errance* (seguito da *L'Antéchrist*), trad. M.-F. Demet, Seuil, Parigi, 1986, p. 225 e 245; Roth aveva perfettamente presagito la volontà hitleriana di sostituire la croce gammata alla Croce. Cfr. H. Rauschning, *Hitler m'a dit*, Pluriel, Parigi, 2005, p. 94 (trad. it. *Hitler mi ha detto*, Rizzoli, Milano, 1945).

[39] J. Roth, "Die österreichische Post", Parigi, 1° maggio 1939, in *Symptômes viennois*, trad. N. Casanova, Liana Levi, Parigi, 2004, p. 195-97.

"super-" al "sotto-", come se Roth avesse subito rimproverato a se stesso l'uso di questa figura. Ma la semplice menzione è il segno del capovolgimento dei valori o della confusione delle menti dell'epoca.

Tuttavia, Roth non è il solo a denunciare l'antisemitismo del regime hitleriano, pur trattando i nazisti da Giuda. Nel numero doppio di *Acéphale* edito nel gennaio gennaio 1937, sotto la direzione di Bataille, i seguaci nazisti di Nietzsche sono analogamente trattati da Giuda – "Élisabeth Judas-Foerster" per la sorella di Nietzsche, il "secondo Giuda" del Nietzsche-Archiv, poi il cugino di Nietzsche – ma si tratta di Giuda superlativi: i loro tradimenti sono più volgari, perché "l'ebreo Giuda ha tradito Gesù per una piccola somma di denaro, dopo di che si è impiccato". E l'autore aggiunge che il tradimento dei parenti di Nietzsche non mostra certamente le "brutali conseguenze di quello di Giuda", ma finisce per rendere intollerabile l'insieme dei tradimenti che deformano l'insegnamento del filosofo. Giuda ha cessato di essere ebreo per diventare tedesco. C'è da credere che il tema del Céline nazista abbia lasciato delle tracce. Céline non può non suscitare la nausea quando, dopo avere – prima della guerra e nel corso di essa – denunciato la genia dei Giuda e l'"intesa del sangue" in *Bagattelle per un massacro*, spinge l'abiezione fino a presentarsi, in *Pantomima per un'altra volta*, come il "Giuda in capo [...], lo sterminatore di Parigi" che "conosce il segreto degli odii! Ogni sorta di rinnegamento!". Se era il capo, Céline si degnò talvolta – *contro natura invan arte si adopra* – di trattare i suoi amici dell'Occupazione da Giuda e "da un castello all'altro". Così per l'attore Robert Le Vigan, di cui nella sua corrispondenza dirà che "era beninteso l'uomo più vile e meschino, il più ignorante che esista. È Giuda. Ne aveva la testa e il ruolo e lo spirito"[40].

Ma, lontano da tali palinodie, vi sono capovolgimenti ancora più inquietanti, seppure in modo diverso. Quando, decenni dopo la guerra, Ursula Bellah racconta la sua infanzia nella Gioventù hitleriana e il tradimento dei suoi nobili ideali da parte del regime, sceglie di dare alle sue memorie il titolo *Survivre au facteur Judas* ("Sopravvivere al fattore Giuda"). Giuda, ancora una volta, è Hitler[41]. Naturalmente, la giovane nazista era ariana. Fosse stata ebrea, o semplicemente *Mischling*, avrebbe mai concepito l'idea di dare tale titolo al suo libro?

Il ricordo dell'Olocausto, con quelli che Saul Friedländer ha chiamato i "riflessi del nazismo", riserva altre sorprese. Ispirandosi al diario tenuto da un sacerdote lussemburghese, Jean Bernard, durante il suo internamento a Dachau[42], il cineasta Volker Schlöndorff, in *Der Neunte Tag* ("Il nono giorno", 2004), si è avvalso di un episodio reale: la liberazione temporanea di un pre-

[40] Lettera a Marie Canavaggia, 16 novembre 1945.
[41] U. Bellah, *Surviving the Judas Factor: A Childhood entombed in Nazi Germany*, Authorhouse, 2004.
[42] J. Bernard, *Pfarrerblock 25487: Dachau 1941-1942*, Imprimerie Saint-Paul, Lussemburgo, 1998.

te incaricato di convincere il primate del Lussemburgo a mostrarsi compiacente con le autorità naziste. Se vi riesce, sarà liberato e salverà dal martirio i suoi fratelli di detenzione. Dovrà tradire la sua fede o sancire la sorte dei suoi codetenuti. Alla fine del nono giorno, il sacerdote fa rientro a Dachau: non ha voluto essere il Giuda suggerito dall'ex seminarista divenuto SS. Giuda, egli spiega in una delle scene più forti del film, ha avuto un ruolo decisivo nella crocifissione, l'evento centrale del cristianesimo. Non è un traditore come un altro. Analogamente, se il sacerdote tradisse, se diventasse un Giuda, lo farebbe per una più nobile causa: la sopravvivenza della Chiesa. Il cineasta ha estrapolato a partire dal solo passo, molto più sobrio, in cui il sacerdote capisce ciò che ci si aspetta da lui. In nessun punto si parla esplicitamente di Giuda. Il recupero di questa figura non cessa di incuriosire. Vero è, tuttavia, che l'opera inedita di Goebbels rende credibile l'idea che un nazista possa spontaneamente invocare l'argomento di Giuda, soprattutto nelle vicinanze di un cristiano. In fondo, agli occhi di un nazista l'unico buon ebreo è Giuda, poiché ha tradito gli altri ebrei. L'immagine è divenuta folle e, in fin dei conti, perfettamente inutile.

La consolazione di Giuda, ovvero il mestiere di traditore

Se il tema di Giuda fu l'ossessione di un'epoca, Drieu la Rochelle rimane un caso a parte per averne sempre fatto la trama di riferimento dei suoi scritti. Il "caso Giuda" viene infatti evocato fin dal 1935 in *L'agente doppio* (ripreso in *Histoires déplaisantes*), poi in un'opera, *Judas*, rimasta incompiuta ma nota attraverso i lavori di Jean Lansard. In verità, sembra che Drieu abbia professato un vero e proprio culto di Giuda, del quale avrebbe fatto un'"estetica del tradimento"[43]. Ciò che affascina ancora di più è il fatto che il mito l'abbia in tal modo aiutato a pensare e ad assumere il suo destino di traditore, fino al suicidio (cfr. *Récit secret*). Nei *Cani di paglia* (1943), romanzo scritto mentre intuiva il fallimento del collaborazionismo e dunque del suo tradimento, l'eroe Constant "inventa il grande mito riparatore di Giuda, l'intellettuale traditore, che con il suo tradimento salva la Chiesa e il mondo": "A prima vista, quest'ultimo era snervante per la sua banalità. Era il passante come se ne incontrano mille al giorno per la strada e che, infatti, sono tutti pronti a consegnarvi alla polizia. Eppure, se si provasse a riflettere...". Pensando agli "enigmi dei Vangeli", aggiunge: "Giuda ebbe in questa faccenda un ruolo enorme. Era il traditore. Ora, il tradimento è una parte di primaria utilità nella commedia umana [...]. È l'ingranaggio che permette a tutte le ruote di produrre un unico movimento. Traditore, traduttore, trasmettitore.

[43] Cfr. J. Lecarme, *Drieu la Rochelle ou le bal des maudits*, PUF, Parigi, 2001, p. 20 e 77.

Senza Jago, come animare l'azione tra Desdemona e Otello?". I sacerdoti avevano bisogno di un "capro espiatorio", che però non poteva rimanere in incognito. Dio non poté far nulla: "Bisogna coinvolgere Giuda".

Ineluttabilmente, il religioso si mescola al politico e, per orientarsi nella vita, bisogna riscrivere i Vangeli, di cui si è i soli a conoscere la parola fine... e divenire noi stessi Giuda, per provare che avevamo ragione. Ogni cultore di Giuda si fa detective e si propone di risolvere l'enigma. Drieu se ne infischia, prima di Brelich, perché sa di essere egli stesso l'enigma. È uno dei pochi che abbiano osato dire: Giuda sono io! "Che giallo! Giuda possiede il suo libero arbitrio, per poco che sia; pesa il pro e il contro, e sceglie. Ha l'aria di preferire i trenta denari alla propria reputazione. Chi può fermarsi di fronte a simili sciocchezze? Si tratta di ben altro. Egli decide che il mondo si muove, che il mondo respira. Questo *deus ex machina* fa funzionare la macchina. Deus. Deus? Non è egli stesso un deus, un dio?". In breve, somiglia a Jago, a Faust, a Satana e a Prometeo. "Giuda ha fatto più di ogni altro uomo per la salvezza dell'umanità" perché ha accettato un supplizio non transitorio, ma eterno. Ma è necessario osservare subito che per Drieu si tratta di "mitologia cristiana" e di "aneddotica storica dell'Occidente". Nel contempo, però, Drieu politicizza: "Un uomo di Stato ha le mani sporche quanto l'ultimo dei suoi poliziotti o domestici. Era questo il parere di Gesù Cristo, che ha fatto in modo che sia Sir Ponzio Pilato che il povero Giuda mettessero le mani in pasta". Ma Giuda riflette più degli altri, come in Andrejev e Kazantzakis: "Egli sta dietro gli altri e vede tutto ciò che le loro schiene dicono", è il "solo a vedere le cose da due lati". L'idea di un Giuda in coda, più astuto, che vede tutto da dietro è uno dei luoghi comuni – addirittura banali – della letteratura su Giuda nel XX secolo, anche se, più di ogni altro, Drieu emergerà per la sua abilità nel riciclare le immagini usate. In breve, Giuda vuole affrettare le cose, quando tutti, dagli apostoli a Gesù, se la prendono comoda, come se il regno di Dio potesse attendere. Giuda non è di questo parere e ce l'ha con i discepoli, con Gesù troppo remissivo, con i conservatori troppo timorati. Vuole vendicarsi precipitando gli eventi e provocando una rivolta. Costringerà Gesù a divenire Messia: su questo punto, Drieu sarà affine a una moltitudine di autori dagli orizzonti più diversi, a cominciare da Thomas de Quincey e Sholem Asch. Dal momento che i cordoni della borsa hanno affinato il suo ingegno, si lascia andare a speculazioni metafisiche sul trapasso di Gesù, fonte della nostra salvezza. Resta da "trovare il mezzo pratico per far morire Gesù". Ma la storia di Giuda è quella di una decadenza. Egli "apparteneva a un popolo vinto, a un popolo indebolito, a un misero popolo calpestato da venti invasioni, invaso da venti occupanti". "Giuda, rinunciando a fare di Gesù un re, si rassegnò a farne un dio": "Continuamente presi a calci in culo, essi [gli ebrei, secondo Giuda/Drieu] parlavano della superiorità del loro culo sullo stivale che li prendeva a calci". Agli occhi di Giuda/Constant/

Drieu, gli ebrei hanno cessato di essere tali per divenire "delle specie di curati, monaci frenetici, vani, orrendi, grotteschi". Ma, grazie a Giuda, Giovanni diventerà cosciente del valore di Gesù non in quanto capo, ma in quanto vittima. Giovanni vagheggia un sacrificio. Per fortuna c'è Giuda. In questo romanzo, la sua figura è una trama sulla quale Drieu tesse volta a volta diverse figure: Giuda è l'ebreo più orrendo agli occhi degli antisemiti, e di cui lo stesso Drieu non si perita di declinare le tare nel suo *Journal*. Ma è anche il simbolo del tradimento politico e dell'adulterio. È forse in riconoscimento di questa contraffazione della dimensione metafisica di Giuda, come se non fosse vittima di se stesso, che egli enuncia una "massima purissima e oscena"? "A causa della sua indifferenza, il metafisico è sempre complice della più bassa fisica". Poi gli avvenimenti precipitano. Il narratore si abbandona a tradimenti minori successivi e finisce per essere il Giuda di questo Gesù, il solo per il quale egli provi un po' di affetto. Perché lo sventurato ha bisogno di aiuto: non è all'altezza di essere il carnefice di se stesso. Quanto a Giuda, deve ben conoscere il proprio ruolo e non superarlo: "Dunque, andrò a telefonare ai tedeschi... e avrò i miei trenta denari! I trenta denari sono indispensabili per l'operazione, affinché il *deus ex machina* rimanga al suo posto, sia umiliato, avvilito, perché l'operazione resti puramente demoniaca. Giuda è Satana. Ma Satana non è Dio. Dunque Giuda deve riscuotere i trenta denari, una somma infima, irrisoria, ma che basta a sporcarlo, a degradarlo al rango di demiurgo subalterno e servile, al rango di Satana eternamente ribelle ed eternamente schiavo". Tuttavia, non bisogna andare troppo oltre. "Giuda era migliore di costui". La piccola manipolazione riesce: la giovane "vecchia Francia", ultima a credere al suo paese, morirà come Gesù, ultimo a credere al Messia. La confusione del giovane partigiano e del Cristo è consumata: "Ogni ostia partecipa del Cristo". Giuda è giustificato. Ma mentre *I cani di paglia* è ancora un romanzo ragionato, in cui Drieu si sceglie un destino tra Giuda e Gesù, e nel contempo una propedeutica al suicidio, vi sono testi in cui l'identificazione è più totale. In questo "poema" di tempo di guerra, infatti, vi è un approccio "esistenziale", "a tentoni", al mito di Giuda:

> Io sono Giuda, l'impopolare, lo sventurato,
> sono l'uomo carico del destino degli dei.
> Se l'uno spaventato per aver lasciato il mondo
> ed essergli sfuggito tra le dita, è entrato nel girotondo
> e ha voluto morire per riprendersi la morte
> intrecciata nella vita e riportare questa sorte
> errabonda infeconda nel cuore dell'immoto,
> io sono l'industrioso che inventa l'utensile
> sul quale questo traviato divino e maldestro
> può lasciar cadere le sue membra con tutto il loro peso.
> Il demone, grazie alla mia astuzia, con Dio collabora

e la follia guarisce mediante il mio nero elleboro
e io stesso mi impicco, poiché colui che è solo
non ha bisogno che del vento a guisa di sudario[44].

Drieu seguirà il suo destino da Giuda fino al suicidio, anche se, per il gesto che gli darà la morte, cercherà altri padrini, come ad esempio Van Gogh. A credersi Giuda, si finisce per prendersi per Dio approfittando della confusione tra morti volontari. L'identificazione di Drieu con un Giuda che, come il Cristo, afferma che "nessuno gli toglie la vita", ammetterà una curiosa postilla che mostra il sottovalutato contributo del suicidio di Giuda alla perennità del tema del suicidio del Cristo. In *Les corps tranquilles*, infatti, Jacques Laurent evoca il suicidio di Drieu in questi termini:

Chi si è suicidato?
– Dio. [...]
– Abbiamo ricevuto un dispaccio da Parigi in cui dicono che Dio si è suicidato questo pomeriggio. [...]
– Ve lo immaginate, Dio che si suicida[45]? [...]

A chi assomiglia un Dio che si suicida? A Drieu, vale a dire a Giuda o ancora a un "agente doppio". Al di là della morte volontaria, il suo destino è onnipresente nella figura di Giuda disegnata da Modiano in *La ronde de nuit* (1969), in cui si assiste al superamento della figura dell'"agente doppio" per andare verso la passione di Giuda[46]:

Io condividerò la loro sorte. Volontariamente. Mi è apparso molto chiaramente una notte in cui attraversavo place de la Concorde, con le braccia conserte. La mia ombra si proiettava fino all'inizio della rue Royale, la mia mano sinistra raggiungeva il giardino degli Champs-Élisées, la destra la rue Saint-Florentin. Avrei potuto ricordarmi di Gesù Cristo, ma ho pensato a Giuda Iscariota. Era stato sottovalutato. Ci voleva molta umiltà, molto coraggio per prendere su di sé tutta l'ignominia degli uomini. E morire. Solo. Come un grande. Giuda, mio fratello maggiore. Eravamo entrambi di natura sospettosa. Non ci aspettavamo nulla dai nostri simili, né da noi stessi, né da un eventuale salvatore. Avrò la forza di seguire il tuo esempio fino alla fine?

Modiano cita esplicitamente il suo predecessore e accentua la confusione, reinventando (spontaneamente?) un tropo impiegato da moltissimi autori,

[44] *Cahiers de l'Herne, Drieu la Rochelle*, n. 25, 1982, p. 288-89, testo posteriore al 1943.

[45] J. Laurent, *Les corps tranquilles*, Livre de Poche, Parigi, 1948, p. 417 e 546, citato in A. Simonin, "Le suicide de Pierre Drieu la Rochelle: stratégie littéraire, stratégie judiciaire", in É. Pinto (a cura di), *L'écrivain, le savant et le philosophe*, Publications de la Sorbonne, Parigi, 2003, p. 203-21, qui p. 203.

[46] Cfr. Lecarme, *Drieu la Rochelle ou le bal des maudits*, cit., p. 115.

in cui ritroviamo l'ombra di Giuda che esita tra la croce e la corda. Tuttavia, contrariamente ad altri, come vedremo, egli lo fa non per scagionare Giuda, ma per tessere un elogio della depravazione, come se volesse attribuire la stessa legittimità a Giuda e a Gesù, pur oberando il traditore di tutte le turpitudini. In proposito, Jacques Lecarme parla di "Giuda laicizzato", per poi aggiungere paradossalmente: "Drieu sembra essere rimasto cristiano, ma un cristiano che preferisce la divinità di Giuda a quella di Cristo". Sarebbe più giusto dire che egli dà la prova di Dio attraverso Giuda, così come in matematica si parla di prova per assurdo. Ritroveremo questo tema del Giuda primo cristiano che ossessionerà la letteratura yiddish del XX secolo, pur configurandosi come il Messia di una religione senza salvezza. Giuda viene riabilitato per meglio perdersi. È il mascalzone di servizio, e che rende veramente un servizio, per parlare come Drieu. Si intuiscono qui degli incroci un po' equivoci di cui si ritrovano strani echi dove meno ci si aspetta.

Giuda salva Gesù. Ma che ne è della Salvezza? Nella medesima epoca, un autore segnato dagli stessi eventi, anche se di estetica assai diversa, offrirà una tra le più sorprendenti versioni dell'apocatastasi, che mostra i pericoli del Giuda camaleontico praticato da Drieu nel nome della Salvezza.

In *Le jugement dernier* di Maurice Maeterlinck, l'inferno finisce per essere completamente vuoto: Caino, Torquemada, Hitler e perfino Giuda. Ciascuno ha fatto ciò che è "nato per compiere" e non deve dunque temere la dannazione. Drieu aveva quindi ragione, e ragione due volte. Il discorso è perentorio, quasi disinvolto in questi tempi di massacro e di olocausto. Jeffrey Mehlman, storico delle passioni scismatiche degli intellettuali francesi in tempo di guerra, osserva opportunamente: "Maeterlinck ha scelto di pubblicare un *Paradiso* kitsch, in cui tutti coloro che partecipano al gioco della vita sono vincenti. Il vicolo cieco di una simile prospettiva è lampante. Quando un bambino viene picchiato perché suo padre è ebreo, ci viene promessa una soluzione: nel giorno della resurrezione non vi saranno più non antisemiti, ma ebrei!"[47]. Non sembra che simili elucubrazioni di Maeterlinck, apparentemente generose, abbiano trovato esplicita confutazione, prima della *Tête coupable* di Romain Gary.

[47] J. Mehlman, *Émigrés à New York. Les intellectuels français à Manhattan, 1940-1944*, trad. P.-E. Dauzat, Albin Michel, Parigi, 2005, p. 78-79.

Capitolo 12

UNA DISTORSIONE SOSTANZIALE

> Avrei voluto che don Chisciotte fosse crocifisso, e vorrei essere l'uomo incredulo alla sua destra, al quale direbbe: "Oggi stesso sarai con me in Paradiso". Nel paradiso dell'illusione.
>
> Cioran, *Le livre des leurres*

Nel suo straordinario *La terza notte di Valpurga*, Karl Kraus evoca "il conflitto fra il turismo e la profonda convinzione", di cui il piccolo villaggio austriaco di Oberammergau fu teatro sotto il III Reich. Gli affittacamere camuffati da apostoli erano divenuti nazisti, e chi era chiamato a rappresentare personaggi ebrei veniva preso da scrupoli. Nel 1900, quando il poeta russo germanofilo Maximilien Voloshin aveva visto lo spettacolo, era stato già difficile trovare un candidato al ruolo di Giuda, tanto più che gli attori venivano identificati con il personaggio per il resto della loro vita; in seguito, era divenuto sempre più difficile trovare volontari[1]. Dopo un penoso incidente nel corso del quale gli attori furono strapazzati – erano stati presi per autentici ebrei! – da qualcuno, riferisce Karl Kraus, si suggerì di sostituire la Passione di Cristo con la vita di Hitler, ma il progetto venne abbandonato a vantaggio di un compromesso: rinfrescare lo spettacolo disseminandolo di canti del tipo *Horst Wessel Lied* e di "Heil Hitler!". Aggiunge Kraus: "Per quanto riguardava gli attori, si decise che il Cristo non poteva essere altri che un giovane biondo dagli occhi azzurri, con croci uncinate sul costume di scena, e che i suoi cari apostoli dovevano essere tutti di tipo germano-ariano [...]". È facile indovinare l'eccezione, che voleva

[1] È il tema del romanzo di N. Kazantzakis, *Le Christ recrucifié*, in cui in un piccolo villaggio dell'Anatolia, Panayotis, l'uomo dalla faccia di orango rifiuta di recitare in uno spettacolo la parte di Giuda, che la storia dell'occupazione turca lo costringerà a rappresentare.

Giuda di "tipo semitico pronunciato"[2]. Goebbels diede la sua benedizione e lo stesso Hitler assistette allo spettacolo nel 1934, rallegrandosi al punto di salire in palcoscenico per fare le congratulazioni agli attori. La Passione era stata debitamente epurata delle sue "inesattezze": "la feccia ebraica", nella persona di Giuda e degli ebrei, era dominata dal personaggio di Ponzio Pilato, il "Romano razzialmente e intellettualmente superiore"[3].

Da Giuda a Buddha: Cioran

Ma Karl Kraus non fu il solo a reagire con disgusto. Se è vero che non conosciamo bene il calendario dei viaggi di E.M. Cioran nell'Europa centrale, è chiaro che egli assistette molto prima della guerra allo spettacolo della Passione. Nel *Peuple des solitaires*[4], infatti, Cioran abbandona il registro della confessione cui è abituato per quello della confidenza: in occasione di un viaggio a Oberammergau, si dichiara dalla parte di Anna e Caifa. Dalla parte del manico, certamente, ma non di Pilato. E aggiunge di aver approvato Giuda, "pur disprezzando il suo rimorso", ma di nutrire un odio più forte nei confronti dei cristiani che "si crogiolano all'ombra del Calvario", di questi "fanfaroni della Redenzione" alla san Paolo, "un ebreo non ebreo, un ebreo pervertito, un traditore"[5]. A chi fosse ancora tentato di presumere in Cioran un qualche larvato antisemitismo, sarà sufficiente osservare che è l'ebreo stigmatizzato quello da lui scelto e che, lungi dall'applaudire alla sua caduta, sembra volergliene per non aver resistito di più. La sua via era quella buona.

Nella *Lettre sur quelques impasses*[6], egli sviluppa il suo pensiero, cogliendo l'occasione per esprimere un aspetto della sua visione di quella che, da Dostoevskij e Sartre in poi, si è convenuto di chiamare la "questione ebraica". Per lui, tutto ruota intorno al personaggio di Giuda: "Giungo fino al punto di idealizzare Giuda perché, rifiutandosi di sopportare più a lungo l'anonimato della devozione, preferì distinguersi con il tradimento. Mi piace pensare che non per venalità, ma per ambizione egli *consegnò* Gesù. Sognava di eguagliarlo, di farsi a lui eguale nel male". Se Simona Modreanu ha ragione di ve-

[2] K. Kraus, *La troisième nuit de Walpurgis*, trad. P. Deshusses, Agone, Marsiglia, 2005 (trad. it. *La terza notte di Valpurga*, Editori Riuniti, Roma, 1996).

[3] J. Favret-Saada e J. Contreras, *Le christianisme et ses juifs, 1800-2000*, Seuil, Parigi, 2004, p. 310, 371 e passim, come anche S. Friedman, *Oberammergau Passion Paly*, Southern Illinois University Press, Carbonsdale, 1984, p. 117; ed E. Voegelin, *Hitler et les Allemands*, Seuil, 2003, Parigi, p. 113-16 (trad. it. *Hitler e i tedeschi*, Edizioni Medusa, Milano, 2005).

[4] E.M. Cioran, "Peuple de solitaires", in *La tentation d'exister*, ripreso in *Œuvres*, Gallimard, coll. "Quarto", Parigi, 1995, p. 858-79, qui p. 862-63.

[5] Id., "Saint Paul", in ivi, p. 930.

[6] Id., "Peuple de solitaires", cit., p. 880-93.

dere in ciò un segno di "condiscendenza" nei confronti di Gesù[7], Cioran è molto più preciso: "Egli sognava di eguagliarlo, di farsi eguale a lui nel male; nel bene, con un simile concorrente, non aveva alcun modo per distinguersi. Dal momento che l'onore di essere crocifisso gli era vietato, seppe fare dell'albero di Hakeldama una replica della Croce. Tutti i miei pensieri lo seguivano sul cammino verso l'impiccagione". Credendosi sovversivo, Cioran non fa altro che riprendere capovolgendola la teologia immaginosa da un Paul Claudel. La morte volontaria, certamente, ma l'albero o la croce: "Tanto peggio!", sospira Giuda, "quando ci si vuole innalzare fino all'Eternità bisogna essere pronti a fare qualche sacrificio al senso della perpendicolare. Trattenuto ora da un filo quasi impercettibile, posso dire che infine appartengo a me stesso. Ormai dipendo unicamente dal mio peso, senza perderne un'oncia. Da una parte tanto esatto che un filo a piombo indicherebbe il centro della terra; dall'altra, grazie a questo tratto in qualche modo ideale che mi trattiene e mi sostiene, acquisto autonomia e indipendenza da ogni lato. A destra, a sinistra, non vi sono più ostacoli, sono libero, tutto mi è aperto, ho integrato quella posizione altamente filosofica che è il sospeso, sono in perfetto equilibrio, accessibile a tutti i venti"[8]. Ma pur reagendo alla *doxa* cristiana e alla sua celebrazione del supplizio, forse Cioran pensa anche alla polemica che, negli anni della sua visita a Oberammergau, aveva circondato la pubblicazione del romanzo di Mihail Sebastian *Depuis deux mille ans* (1934), con la prefazione antisemita di Nae Ionescu, con la promessa di agonia fatta a Giuda fino alla fine del mondo. Vero è, tuttavia, che la figura è attestata fin dall'inizio del XII secolo con il *Viaggio di San Brendano*, in cui Giuda, sull'isola del giustiziato, deve "soffrire una morte senza fine". Sulla scia di Claudel, e dal momento che i cristiani mettono della "piccola morale", come diceva Nietzsche, perfino nella morte, Cioran preferirà la morte, anch'essa volontaria, di Giuda a quella del Cristo.

Da qui anche il carattere incompiuto della sua riflessione sul suicidio, nonostante il fatto che in seguito la lettura del *Biathanatos* di John Donne (forse *via* il testo di Borges) gli farà scoprire un approccio diversamente più ricco di quanto non avesse presupposto nella sua giovinezza. La tentazione del suicidio e la sua "giudaizzazione", tanto problematica nei primi secoli del cristianesimo e per i Padri della Chiesa, si è caratterizzata sempre più col passare dei secoli. Dal giorno in cui il cristianesimo respinse completamente l'ipotesi cara a Origene, ancora presente in forme attenuate in Agostino e Tommaso d'Aquino, di un Cristo che si sarebbe suicidato (per la semplice ragione che solo un Dio può uccidere un Dio – *Nemo contra Deum nisi Deus ipse*), il suicidio ricevette sempre più il marchio d'infamia. In Cioran, che si

[7] S. Modreanu, *Le Dieu paradoxal de Cioran*, Rocher, Parigi, 2003, p. 262.
[8] P. Claudel, *La mort de Judas*, Gallimard, Parigi, 1988, p. 28.

crede sovversivo, l'ambivalenza è a diritto poco calcata, fin nella alquanto controversa *Transfiguration de la Roumanie*: "Se fossi ebreo, mi suiciderei seduta stante", butta lì dopo aver evocato la maledizione che si accanisce sugli ebrei e di cui Dio solo è responsabile[9]. E trent'anni dopo: "Tutti i popoli sono maledetti. Il popolo ebreo lo è più degli altri. La sua maledizione è automatica, senza lacune. Va da sé"[10]. Si crederebbe a una ripresa del tema di Nae Ionescu, se la cornice di riferimento di Cioran fosse rimasta quella della Romania degli anni Trenta. Ma laddove Ionescu faceva una promessa che i nazisti e i loro accoliti romeni si affrettarono a realizzare, Cioran si accontenta dello stesso genere di constatazione formulata dal suo amico François Fejtö nella stessa epoca: "Dio è antisemita"[11]. Di fronte all'ebreo, e questa volta su un piano più personale, Cioran è nella posizione di Simone Weil che confessava il suo "peccato d'invidia" ogni volta che pensava alla crocifissione[12]: tutto nella magia del Venerdì Santo. Nella fattispecie, il suicidio di cui fantastica Cioran è un suicidio metafisico, con Giuda e il Cristo che appaiono come i due inventori della morte volontaria. Storicamente, in questa associazione che egli fa tra l'ebraicità e la morte volontaria, il suicidio è una maniera per sfidare Cristo e ricusare Dio, o per lo meno metterlo di fronte alle sue aporie. Ripresosi dal cristocentrismo di gioventù, Cioran sarà indotto, nel *Sommario di decomposizione*, a rivedere la sua glorificazione di Giuda: se è vero che egli è "l'essere più solo nella storia del cristianesimo", non lo è "affatto in quella della solitudine. Ha soltanto tradito un dio", sapendo ciò che tradiva. Non ha saputo divenire "il solo"[13]. Rimaneva da tradire l'essere. E sospira: "Un Giuda con l'anima del Buddha, quale modello per un'umanità futura e tarda!"[14]. Furtivamente, Cioran si ricollegava qui a un altro pentito nella persona di Drieu la Rochelle il quale, nelle sue fasi di addio alla politica, oscillò tra il Giuda dei cristiani e la saggezza indù; già dopo la scoperta di Oberammergau, Voloshin aveva seguito lo stesso "percorso-Giuda": in mancanza del Buddha aveva trovato un prototipo di Giuda nel *Mahabharata*, in cui Arjuna viene spinto a tradire da Krishna.

Lungi dall'essere un caso di scuola, le digressioni, tutto sommato abbastanza rare, di Cioran su Giuda, il Cristo e il suicidio sembrano essere, se non un luogo comune, per lo meno un topos di alcune delle migliori menti del suo tempo. Ma è un'altra opera quella che la cronologia quanto la sua tematica

[9] E.M. Cioran, *Schimbarea la faţă a României (La transfiguration de la Roumanie)*, Vremea, Bucarest, 1936, p. 131-32.

[10] Id., *Cahiers*, Gallimard, Parigi, 1992, p. 389 (trad. it. *Quaderni*, Adelphi, Milano, 2001).

[11] F. Fejtö, *Dieu et son juif*, Grasset, Parigi, 1960, p. 89 (trad. it. *Dio e il suo ebreo*, Liberal Libri, Milano, 2000).

[12] Cioran, *Cahiers*, cit., p. 610.

[13] Id., *Le crépuscule des pensées*, L'Herne, Parigi, 1991, p. 7.

[14] Id., "Le traître modèle", in *Œuvres*, cit., p. 630-31.

cristiana invitano ad accostare a quella di Cioran: l'opera di Romain Gary. Inoltre, i due uomini si dichiararono apertamente immigrati, e l'uno confessava la sua voglia di essere ebreo, mentre l'altro si indignava per essere trattato da "mezzo ebreo" ("mezzo ebreo significa mezzo ombrello"); i due scrittori scelsero l'extraterritorialità scrivendo in lingue che non erano quelle delle loro origini, condividendo la stessa ossessione per il cristianesimo e il suo fallimento: "La Chiesa ha sciupato la sua cristianità", tuona Gary, facendo eco al "sublime guazzabuglio" di un cristianesimo in cui la Croce si piega, nonché al Gesù divenuto insipido di Cioran[15]. Ai fanfaroni della Redenzione fanno eco queste "confessioni e anatemi" di Gary: "Vi è stato un uomo, subito espulso dall'aldilà [...]. Vi è stata una distorsione sostanziale [...]. Con Gesù, infine, vi era tutto ciò che occorreva per costruire una civiltà e perfino una Chiesa. E cosa se ne è fatto? E cosa se ne è fatto?". Risposta: un "coprisesso"[16]. Anche la pagliacciata che è divenuta la Chiesa è una tesi ricorrente nelle due opere, in cui si constata la stessa esperienza di Oberammergau, molto presente nell'opera di Gary. Ma Gary scrive sotto forma romanzata, dopo l'Olocausto, e la sua audacia appare tanto più grande con le lezioni che ne trae. Facendo sua l'idea di Freud che gli antisemiti non perdonano agli ebrei di aver inventato il cristianesimo[17], egli soccombe alla tentazione di confondere Gesù e Giuda in una stessa aspirazione al suicidio. Il fatto è che Gary si inserisce anche in un'altra tradizione, quella dello *shtetl* e dello *yiddish*, segnando la conclusione di una corrente nata al volgere del XIX secolo e che si distinse per una rivendicazione ebraica di Gesù, più raramente di Giuda. Per di più, Gary è uno dei pochi ad aver gettato il ponte tra il prima e il dopo della Catastrofe. Volendo misurarne l'originalità, è importante esaminare la genesi del Giuda yiddish per meglio comprendere il passaggio dalla "questione ebraica" alla "questione cristiana".

Giuda yiddish nel XX secolo

L'opera di Sholem Asch (1888-1957), scrittore yiddish, rappresenta incontestabilmente una delle migliori illustrazioni di questo incrociarsi di temi e riferimenti tra il mondo cristiano e quello ebraico e, in una certa misura,

[15] Ivi, p. 700.

[16] R. Gary, *La nuit sera calme*, Gallimard, Parigi, 1974, p. 164-65 e 169. Nei *Cahiers*, p. 604-606, Cioran usa gli stessi termini per evocare l'ossessione vaticana della pillola.

[17] S. Freud, *L'homme Moïse et la religion monothéiste. Trois essais*, trad. C. Heim, Gallimard, Parigi, 1986, p. 184-85 (trad. it. *Mosè e il monoteismo*, Pepe Diaz, Milano, 1952); vedi il commento di H. Bloom, *Ruiner les vérités sacrées. Poésie et croyance de la Bible à aujourd'hui*, Circé, Belfort, 1999, p. 174 s. (trad. it. *Rovinare le sacre verità*, Garzanti, Milano, 1992) e R. Loewenstein, *Psychanalyse de l'antisémitisme*, PUF, Parigi, 2001 (nuova edizione), p. 152-56.

della riappropriazione del personaggio di Giuda da parte della cultura ebraica, di cui l'opera di Romain Gary, dopo le intuizioni di un Joseph Roth o di un Franz Werfel, segnerà l'apogeo. Certamente, dalla fine del XIX secolo erano stati sempre più numerosi gli autori ebrei che cercavano di strappare Gesù e Giuda alla teologia per restituire loro una dimensione storica e culturale giudaica o ebraica. Dal lato più propriamente yiddish, Asch si inserisce nella stessa linea di Yosef Klausner, autore nel 1922 di una dotta e ponderata vita di Gesù[18], che ispirerà il cineasta danese Carl T. Dreyer nel suo scenario sul "Cristo contro il razzismo"[19], e oltre a lui anche Anski[20], K. Lievick, Itsik Manger, Lamed Shapiro e Uri Zvi Greenberg. Nell'ambito delle arti plastiche, analogamente, alcuni scultori avevano rappresentato fin dagli anni Settanta del XIX secolo il Cristo sofferente come un ebreo[21]. I contemporanei di Asch, Rothko con la sua *Crocifissione* del 1935, e poi Chagall con la sua *Crocifissione bianca* del 1938[22], *Il Martire* (1940) e *Il Crocifisso* (1944), si inseriranno in questa stessa traiettoria, iniziata nel 1927 da Max Hunterberg nel suo ritratto di Gesù in *Jesus crucifié*, che ispirò ad Asch il romanzo sulle origini del cristianesimo *Il Nazareno* (1939)[23], e la sua *Épître aux chrétiens*, in cui trae le conseguenze dello sterminio degli ebrei ed esplora la colpevolezza cristiana, spiegando che per troppo tempo la religione del Cristo ha riservato agli ebrei il solo ruolo di Giuda e dell'Ebreo errante. Ma se Rothko sembra porre la crocifissione in uno *shtetl* e Chagall accentua il lato ebraico di Gesù cingendo le sue reni con un *tallit*, lo scialle rettangolare provvisto di frange

[18] Y. Klausner, *Jésus de Nazareth*, traduzione francese rivista dall'autore, Payot, Parigi, 1933. Su Klausner e il suo posto nella "scienza ebraica delle origini cristiane", vedi F. Laplanche, *La Crise de l'origine. La science catholique des Évangiles et l'histoire au XXe siècle*, Albin Michel, Parigi, 2006; cfr. anche S. Malka, *Jésus rendu aux siens*, Albin Michel, Parigi, 1999, p. 65-79 (trad. it. *Gesù riconsegnato agli ebrei*, Edizioni Piemme, Milano, 2000).

[19] Carl T. Dreyer, *Jésus de Nazareth, Médée*, Cerf, Parigi, 1986, p. 16 e 234.

[20] Famoso per l'opera teatrale *Il Dibbuk*, Anski è stato uno dei primi ad aver trattato, nel 1909, il tema dell'"ebreo crocifisso", dopo che lo scrittore simbolista yiddish Der Nister aveva aperto la strada nel 1907.

[21] Cfr. D. Roskies, *Against the Apocalypse: Responses to Catastrophe in Modern Jewish Culture*, Harvard University Press, Cambridge, 1984; nuova edizione 1999, in particolare il capitolo sugli "ebrei in croce"; Z. Amishai-Maisels, *Depiction and Interpretation: Influence of the Holocaust on the Visual Arts*, Pergamon Press, Oxford, 1993; H. Berliner Fischthal, "The Theme of Christianity in Yiddish Literature", in *Sholem Asch and the Shift in His Reputation: "The Nazarene" as Culprit or Victim?*, UMI Press, Ann Arbor, 1994; E. Sicher, *Jews in Russian Literature after the October Revolution. Writers and Artists between Hope and Apostasy*, Cambridge University Press, Cambridge, 1995, cap. 2 sul "Gesù ebreo"; e A. Norich, *Sholem Asch and the Christian Question*, in Stahl (a cura di), *Sholem Asch Reconsidered*, Yale University Library, Yale, 2004, p. 251-65.

[22] Chagall aveva dipinto scene di crocifissione fin dal 1912, ma fu solo nel 1938 che ne fece una "icona della catastrofe ebraica", illustrando nella sua pittura un tema di Uri Zvi Greenberg.

[23] La versione inglese precedette di quattro anni quella yiddish, apparsa nel 1943. Cfr. S. Asch, *The Nazarene*, trad. M. Samuel, Carroll & Graf Publishers, New York, riedizione, 1996 (trad. it. *Il Nazareno*, Dall'Oglio, Milano, 1947).

che si indossa per alcune preghiere, in tal modo uniformandolo sempre di più al tipo ebraico, come per dire che nel martirio contemporaneo degli ebrei è lo stesso Gesù ad essere nuovamente crocifisso, Asch rivisita l'iconografia cristiana senza comunque cercare di riabilitare Giuda, apparentemente assente dalla sua opera e dalle sue preoccupazioni.

Yosef Klausner, da storico attento a quanto il cristianesimo aveva conservato di ebraico, si era accontentato di vedere in Giuda un ebreo devoto che aveva finito per convincersi che Gesù fosse un falso Messia. Uomo raffinato e colto, era il più lucido di tutti gli apostoli. Se "tradì", fu per fedeltà alla legge ebraica, che ordina di denunciare gli impostori. Gesù lo sapeva fin dal principio e non fece nulla per evitare le conseguenze. E per questo autore Giuda e gli ebrei erano molto meno colpevoli della morte di Gesù che i Greci di quella di Socrate. Sholem Asch si crederà erede di questa tradizione, ma la sua immaginazione romanzesca e l'"epoca sbalorditiva" lo condurranno molto più lontano. La sua audacia, infatti, sarà quella di osare immaginare un "vangelo di Giuda" scoperto da un eccentrico studioso polacco antisemita, un certo Pan Viadomsky, che si dichiara reincarnato e racconta di aver servito l'Impero romano come governatore all'epoca in cui Pilato era procuratore e ordinò l'arresto, poi la crocifissione di Gesù. Narra poi di aver conosciuto quest'ultimo e ci dice che un certo Giuda Ish Kiriot, "dalla barba irsuta e dalla trista figura", seguiva Gesù. Egli stesso, in quanto *hegemon*, voleva sapere se fosse o meno al soldo di Caifa. È evidente che Giuda fatica a comprendere cosa voglia quel potente da un uomo semplice che lavora a giornata presso un vasaio. Vuole chiedergli di riferirgli le parole del rabbi Yeshua, ma Giuda si risente e ironizza: il mio signore sarebbe ebreo? Farebbe parte dell'alleanza? Le parole del rabbi sono riservate ai figli di Israele, non a coloro che servono gli dei romani. Furioso, il Romano si reca dal sommo sacerdote, che si meraviglia udendo il nome di Giuda: no, non è il mio agente, non conosco nessuno con questo nome.

La seconda parte ha inizio quando Pan Viadomsky scopre da un antiquario di Varsavia il "quinto evangelo", quello di Giuda, che aveva nascosto il manoscritto in una grotta nei dintorni di Sepphoris, vicino Nazareth. In esso si legge tutta la storia di Gesù, dalla nascita alla sepoltura. Vi si scopre un Giuda interdetto, diviso tra due maestri, due fedi, che non sa molto del rabbi che lo affascina. Al momento della moltiplicazione dei pani si trova, in quanto economo, nella posizione migliore per osservare, ma il dubbio lo attanaglia. Egli invidia agli altri discepoli la loro fede e implora il cielo: "Apri i miei occhi e aiuta il mio cuore a comprendere, che io possa vedere e sentire come gli altri". Giuda finisce per confidarsi con Gesù, il quale prega per fortificare la sua fede ed eleva la sua anima: "Giuda, il tuo cuore non conosce tregua, come un vascello perduto in un mare burrascoso. [...] Saresti potuto essere il mio discepolo prediletto". Gesù e Giuda appartengono alla stessa storia ebraica, per non dire allo stesso folklore.

E Giuda continua a seguire il rabbi, con una devozione e una pietà senza pari. Meglio degli altri, meglio di Pietro che si lascia tentare da Satana, conosce le sofferenze che attendono il Messia e le racconta ai discepoli. Appare quasi come il guardiano dell'ortodossia. Per questo l'atteggiamento di Gesù continua ad alimentare in lui il dubbio, ed egli non comprende perché il rabbi mandi via sua madre e dichiari di non aver più padre, madre o fratelli: "E io dico tra me e me: solo tu, Giuda, uomo di Kirioth, non penetrerai la verità del rabbi Yeshua e tutte le cose più alte del mondo".

Egli è solo, solo come Giuda, così come Kafka ha potuto dire che era solo come Franz Kafka. Riconosce a se stesso uno spirito "pesante" e se ne dispera. Chiama alla riscossa il rabbi Nicodemo, ma il manoscritto termina bruscamente alla vigilia dell'entrata a Gerusalemme.

Il vangelo è incompiuto. È qui che il nostro studioso polacco, reincarnazione dell'*hegemon*, riprenderà il racconto, affermando che Giuda, come tutti gli altri, vive ancora a Varsavia e che ha ritrovato il suo "vecchio amico" nei pressi del Mercato Vecchio: l'antiquario stesso. In realtà, ogni anno alla vigilia di Pasqua il professore si camuffa da cappuccino e si reca presso un certo Mordecai che si ostina a chiamare Giuda, accusandolo di aver venduto Gesù per trenta denari. Poi ritroviamo la narrazione evangelica per bocca di un fedele del rabbi Nicodemo. Ormai, Giuda viene presentato come un saggio tra i saggi, come Hillel, un Fariseo che non pensa ad altro che al Messia. Più oltre troviamo un "sognatore, anzi un entusiasta", testimone della conversione di un filosofo greco e sicuro che il Messia si trovi infine a Gerusalemme. Il vasaio – Giuda aveva conservato il suo mestiere – era un uomo casto: come il rabbi, non aveva moglie. Ma sembrava rapito in un'estasi incessante, diviso tra il riso interiore e le lacrime: "Si spostava come trascinato da una tempesta, o come se fosse egli stesso una tempesta". Ma ciò che più colpisce è la contraddizione da lui incarnata: "I suoi entusiasmi visionari si accompagnavano a un profondo scetticismo", al punto che di lui il rabbi diceva che "era come una madre che divora i suoi figli". Poiché appena aveva creduto di riconoscere il Messia, lo aveva perduto, cedendo alla disperazione. Le sue "allucinazioni messianiche" ne facevano tutto il contrario di un saggio: "Gli occorreva un gancio al quale appendere la sua fede". Per inciso, Giuda lo scettico lacerato che attende disperatamente il Messia incrocia il percorso di Giuda lo Zelota, la cui ribellione si era compiuta nell'orrore: "Le masse ricordavano Giuda, ma ricordavano anche le croci, con i loro fardelli di ebrei in agonia". Nel suo ritratto di Giuda, Asch respinge deliberatamente l'idea di appoggi zeloti di cui un Hyam Maccoby o un Pynchas Lapide si sono fatti ambasciatori per ricusare l'idea di tradimento. Il suo Giuda era stato un tempo discepolo di Bar Abba, agitatore alla testa di bande che terrorizzavano Gerusalemme, ma ben presto aveva compreso il suo errore. Gli importava solo del vero Messia. Giuda va e viene. Sparisce a lungo e quando riappare è per annunciare che la Redenzione è iniziata: il Messia è alle porte di Gerusalemme. Più scheletrico che mai, la schiuma alla bocca come un profeta (si direbbe un epilettico alla Dostoevskij, al quale si pensa assai sovente, leggendo questo romanzo), Giuda racconta le guarigioni miracolose, la trasfigurazione. Ma Nicodemo fa discretamente comprendere a lui e, per l'occasione, a noi che bisogna guardarsi dall'estrapolare e prendere per realtà i propri desideri: dunque, che Giuda segua le orme del suo rabbi, e accadrà ciò che deve. Vi è poi la scena dell'unzione di Betania in cui, non ci si meravigli, Giuda non è tra coloro che protestano contro lo spreco e rimane senza parole quando Gesù spiega che Miriam ha agito "in vista della sua sepoltura". Poi, nella notte, egli geme nel sonno. Simon bar Jonas lo risveglia e si mettono a parlare della Passione che attende il Messia. Giuda è il primo a comprendere: "Egli è il Messia, e porta in sé la salvezza di ogni particolare anima, la liberazione per tutti noi. Tuttavia, prima di poter salvare un'anima deve provare i tormenti di tutte le anime". Deve discendere agli inferi. Simon ne è sgomento e singhiozza, e Giuda si sforza di rassicurarlo: "Non piangere, rallegrati piuttosto". Così vuole la grandezza del Messia. Deve bere il calice fino alla feccia. Ma quando Simon, con voce tremante, vuole sapere se assaporerà anche la morte, Giuda prorompe: "Che a Dio non piaccia! Che dici? Il Messia e la morte? Mai e poi mai. Egli è eterno". In compenso, aggiunge, noi possiamo aiutarlo. L'ora della salvezza tarda, tanto sono grandi i dolori, la sua anima è piena di terrore, ma gli apostoli possono affrettare il corso delle cose. Vi è qui un sottile capovolgimento della teoria secondo cui gli ebrei tengono in ostaggio il mondo e una nuova illustrazione del dilemma sottolineato da Freud: agli ebrei e a Giuda è stato rimproverato di aver accelerato il corso dell'economia della salvezza, e ora che l'hanno anticipato, si rimprovera loro semplicemente di bloccarlo. Qualunque cosa facciano hanno torto, tanto più che la loro eventuale conversione ne farebbe sempre dei traditori. Il Giuda di Sholem Asch dice qui il fallimento dell'assimilazione, al tempo dei marrani come all'epoca dei Lumi. Sia che Giuda creda o dubiti, è egualmente indesiderabile.

Giuda appare dunque più cristiano degli altri, che attendono tutti la venuta di un Messia tra il giubilo generale. Ma, dal momento che ha compreso più rapidamente, il dubbio continua ad assillarlo. La vigilia di Pasqua, Giuda esplode: "Non sopporto più il tormento del dubbio! Chi è costui?". È venuto a consolarci o ad aumentare le nostre sofferenze? A liberare la terra intera lasciando *noi* nelle tenebre?, si chiede con angoscia. "Sono stanco del dubbio che mi assale, non ne posso più". Giuda crolla. Quando torna in sé, racconta che Gesù ha predetto che il Tempio sarà distrutto e Gerusalemme calpestata sotto il tallone dei Gentili. E dire che aveva creduto vicina la salvezza di Israele! Aveva seguito Gesù fino al monte degli Olivi, dove i profeti di sciagure lo avevano nuovamente fatto vacillare, e ora fugge per chiedere chiarimenti a Nicodemo.

Quest'ultimo lo calma e capisce che Giuda non ha perduto la fede, non vuole perderla: sappia dunque che "la fede non è una merce che un giorno si acquista e un altro si vende". Che attenda, dunque, e la rivelazione verrà! Ma, chiede Giuda, "non vi è limite all'attesa?". E di nuovo confessa che "il verme del dubbio si è insinuato fino alle radici della sua fede". Nicodemo riassume tutta l'ambiguità della situazione, obbligando Giuda a guardare le cose in faccia e a riconoscere di prestare a Gesù parole che egli non ha mai pronunciato. Poi, ricordando il suo incontro con il rabbi Yeshua, il rabbi Nicodemo si sovviene del discorso su coloro che devono rinascere secondo lo spirito, e non più soltanto secondo la carne, per conoscere il regno dei cieli, e ne deduce che questo rabbi è venuto per i Gentili: è il profeta delle nazioni giunto per aprire gli occhi del mondo alla luce del Dio unico. Non è venuto per gli ebrei. Esattamente il contrario di ciò che pensava l'Iscariota all'inizio, quando l'*hegemon* era venuto a sollecitarlo. A Giuda non rimane altro che lasciare Gesù. Ma egli freme di orrore all'idea di "lasciare l'ultima speranza, di chiudere l'ultima porta". Il semplice invito di Nicodemo ha avuto l'effetto di restituirgli la fede.

Una fede senza incrinature, anche se la sua impazienza è per questo ancora più esasperata: egli ha assunto dimensioni smisurate, la sua testa tocca il soffitto, e si esprime come un allucinato, un uomo posseduto dallo spirito. "La sua anima ha fame della Redenzione". La notte stessa, il rabbi Nicodemo viene svegliato da singhiozzi, non quelli degli occhi, ma quelli del cuore. Giuda piange parlando a se stesso: "Padre dei cieli, perché tra tutti hai scelto me per essere il maledetto? Non tormentarmi più, ma acquieta l'agitazione che hai suscitato nel mio cuore. [...] Padre del cielo, tu mi hai scelto come la pietra da cui sprizza la scintilla che accenderà la luce del mondo". Dopo questo "Padre, perché mi hai abbandonato?", si assiste alla sorprendente trasfigurazione di Giuda, nella più forsennata imitazione del Cristo:

> Tu mi hai inviato – e io vado! Come il capro espiatorio, mi fracasserò sulle rocce, ma queste rocce persisteranno per molte ostinate generazioni. Tuttavia, lo farò nel nome della Redenzione. Io ne faccio parte, di questa Redenzione che senza di me non potrebbe giungere. E se le cose vanno in questo modo, anch'io mi dolgo, anch'io ne soffro. Più di chiunque altro, soffrirò ogni tormento con lui. Più di tutti gli altri, il mio sangue scorrerà da ciascuna delle sue piaghe. Berrò le gocce di sudore che imperleranno il suo corpo ed esse penetreranno nelle mie viscere come piombo fuso [...].

Giuda ha conosciuto il suo Getsemani. La trasfigurazione di Giuda non si è mai spinta così lontano. Sarà lui a gridare sotto i colpi di flagello, a gemere ad ognuno dei suoi gemiti. Si sacrificherà affinché il Rabbi possa innalzarsi fino all'Altissimo. Quando Nicodemo conosce i propositi formulati nottetempo da

Giuda, spinge il compagno a seguirlo e, se vuole, a renderlo partecipe della sua compassione. È da lui che conosceremo la fine di Gesù e quella di Giuda, ma la celebrazione del *seder* si svolge a porte chiuse. Ogni giusto saprà che Giuda se n'è andato nel cuore della notte, posseduto dallo spirito del male, ripetendo a se stesso: "Quello che devi fare fallo al più presto...". Le ultime parole di Gesù hanno sospeso il suo dubbio, alla maniera di una profezia autorealizzatrice. Gesù lo include *ipso facto* nel suo piano. Il dubbio non è più permesso.

Mentre si allontanava, senza riconoscere nessuno, diranno i testimoni, "vedemmo una grande ombra staccarsi dal muro e accompagnarlo". Giuda ha sempre avuto problemi con la sua ombra: a volte essa lo lascia in pieno giorno, a volte lo segue nella notte più oscura. A volte lo bracca e infierisce, a volte si emancipa da lui e si demoltiplica in tanti ebrei erranti, come nella *Storia meravigliosa di Peter Schlémihl* di Chamisso[24]. Qui l'ombra, come Giuda, si era tirata il mantello sulla testa e non cessava di ripetere: "Quello che devi fare fallo al più presto...". Come nella *Tragédie de Judas* del russo Remizov, Giuda si dissocia dalla propria ombra, anche se camminano insieme. Egli cessa di esserne il padrone. Se non è l'uomo senza ombra, l'Ombra si è impossessata di lui. Seguono le narrazioni della trasfigurazione e dell'arresto, abbastanza conformi ai Sinottici, se non fosse per il fatto che Giuda si getta tra le braccia di Gesù e lo bacia. Vi è quasi del calore nel suo gesto, come per dire al rabbi: sono con te. La tonalità del passo è profondamente pascaliana: "Gesù non vede in Giuda i suoi intimi pensieri, ma l'ordine di Dio che egli ama, e li vede così poco da chiamarlo amico", osservava Pascal in uno dei suoi frammenti sull'agonia e la Passione di Gesù (frammento 919). Bisogna cercare di immaginare in Giuda l'amico, il fedele che viene tradito mentre tradisce, se vogliamo conservare questo vocabolario.

Particolarmente interessante è la scena dei trenta denari. Un Giuda diviso tra la diffidenza arrogante e i singhiozzi impotenti propone con cinismo ai sacerdoti di consegnare loro Gesù per trenta denari. Asch sceglie la soluzione più semplice. Giuda sa che essi hanno paura di Gesù, e intende aiutarli. Chiede loro trenta denari. "Solo trenta denari per consegnare il tuo rabbi? Ci nascondi qualcosa". Ma Giuda risponde che sono affari suoi. "Voglio il vostro denaro, e ho le mie ragioni". Segue un'incongruenza quasi alla Gary, grottesca perfino: "Ho lasciato il mio rabbi e voglio andare a trovare una puttana". Giuda appare quindi come un provocatore anche quando gli si vuole far carico in modo grottesco di situazioni su cui non può nulla.

Quando Gesù deve comparire davanti al Sinedrio, Giuda viene citato come testimone: entra con passi sicuri e fissa il suo rabbi. Ma Nicodemo, che evidentemente non comprende più il percorso del suo protetto, ricusa la sua te-

[24] Cfr. M.-F. Rouart, *Le mythe du Juif errant*, José Corti, Parigi, 1988, p. 204-05.

stimonianza: un informatore non è un testimone affidabile. Che il suo nome sia cancellato per sempre! La formula di maledizione è tradizionale. Meglio però metterla in bocca a un saggio, che non in quella di Gesù. Che il primo venuto lo uccida e lo sventri come un pesce, foss'anche il giorno del sabbat! Il lettore deve comprendere: se Giuda è un traditore, gli ebrei devoti saranno i primi a riconoscerlo; ma ecco, come subito veniamo a sapere, egli non ha tradito per cupidigia o vigliaccheria. Non ha tradito affatto, ma ha tradotto in atto la volontà di Gesù. Ha agito per solidarietà, come direbbe il filosofo Richard Rorty: e tanto peggio per coloro che non vedono l'ironia della storia.

Exit Giuda. Testimone irricevibile! Per fortuna abbiamo già il suo vangelo! Testimone irrevocabile. Avesse potuto parlare, Giuda ci avrebbe forse rivelato la sua compassione e proclamato in anticipo la gloria del regno di Dio! Come nei Vangeli, si ridurrà a restituire il prezzo del sangue invocando su di sé la punizione del cielo. Una volta di più, il presente e il passato si scontrano violentemente. Il professore era antisemita e si ostinava a perseguitare i Giuda nei ghetti in pieno XX secolo. Non ci si deve meravigliare di vedere Pilato affidare a dei "Germani" l'esecuzione dei suoi ordini, poiché essi sono "tra tutti temuti e odiati dagli ebrei". Chi non l'avesse capito nel 1939, doveva saperlo nel 1943: i soldati di Pilato sono Waffen SS e non fanno quasi differenza tra gli ebrei. Gesù è l'ebreo crocifisso dai nazisti, e Giuda il suo amico che si è lasciato prendere nella trappola della Storia.

Mentre il Cristo agonizza sulla croce, Giuda spunta da dietro un patibolo per metà caduto: "Ora ti capisco, rabbi! Ora ti vedo!", urla prima di crollare con la faccia a terra: "Il suppliziato sulla croce tentò di alzare la testa, di vedere chi lo chiamava in quel modo all'ultimo istante. E vide il profilo di Giuda, prostrato. Per un momento l'angoscia scomparve dal suo volto e i suoi occhi brillarono nuovamente di gioia". Le testimonianze sono formali: gli occhi del Galileo brillavano, anche se non fu possibile udire le sue ultime parole. Giuda gridò ancora e poi fuggì, prigioniero del dolore. Lui non ha visto la gioia negli occhi del crocifisso.

Al lettore che non avesse colto il parallelo Gesù-Giuda viene offerta un'ultima possibilità: gli ebrei che hanno sepolto Gesù ridiscendono a rapidi passi verso la città, quando il loro sguardo si ferma su un fico immerso nell'ombra. "Mentre la notte scendeva, lo si sarebbe detto una croce alla quale era inchiodato un uomo" (Drieu la Rochelle terminerà il suo *Judas* sulla stessa immagine, mentre il suo Giuda è agli antipodi!). Avvicinandosi, però, scoprono trattarsi di Giuda impiccato a un albero di fico. Sono gli stessi che hanno crocifisso Giuda e Gesù, nei primi anni della nostra era come a metà del XX secolo. Giuda, dirà il rabbi Nicodemo, è rimasto vittima della sua impazienza: "Possa Dio aver pietà della tua anima!". La riscrittura dei Vangeli, che porta il segno dell'epoca, dell'aumento dell'antisemitismo e dell'annientamento dell'Europa sotto lo stivale nazista, era possibile, forse, soltanto sotto la penna di un agnostico.

Questa revisione delle gesta cristiche passò per una "riappropriazione di Gesù da parte degli ebrei", avviata fin dall'inizio del secolo con *In a karnival nacht* (1909), in cui lo stesso Asch aveva immaginato un Gesù che scende dalla croce per manifestare la sua solidarietà con gli ebrei perseguitati dai cristiani. Come nel *Nazareno*, il crocifisso guarda i suoi fratelli ebrei/Giuda con compassione. Ma la singolarità di Sholem Asch consiste nel presentare gli ebrei non soltanto come il popolo del Cristo, ma come un popolo di *Cristi*, il primo dei quali, prima dello stesso Gesù, non è altri che Giuda.

Quella che spesso nei suoi predecessori non era che un'astrazione, salvo forse nella tradizione russa, trova una dimensione personale in Asch, e poi in Werfel e Gary. Giuda e Gesù partecipano di una stessa incarnazione e di una stessa salvezza. Viene quasi voglia di dire: tanto peggio per i cristiani! Tutti i motivi cristici sono ebraicizzati, con un sentimento di compassione propriamente cristiano[25], vale a dire autenticamente ebraico nel senso di Hermann Cohen. In un racconto del 1943, *Kristus in der geto*, Asch prosegue l'identificazione dell'ebreo con Giuda: le ultime parole del Cristo in croce *Eli, Eli, lama sabachtani* – "Dio mio, Dio mio, perché mi hai abbandonato?" – sono, egli ricorda, le stesse dei Cristi che venivano condotti al Golgotha per le strade di Varsavia e trattati da Giuda[26].

Nella stessa epoca, mentre un giusto irreprensibile come Dietrich Bonhoeffer (1906-1945) o un teologo protestante progressista come Karl Barth (1886-1968) continuavano a considerare Giuda l'incarnazione di Israele, Franz Werfel, scrittore austriaco di origine ebraica sfuggito per mircolo allo sterminio, vedeva – marcionismo fa obbligo[27] – nel paradosso degli ebrei che soffrono come il Cristo una delle espressioni privilegiate della grazia. Così, in *Zwischen Oben und Unten* ("Tra l'alto e il basso", "Tra cielo e terra"), pubblicato dopo l'Olocausto e la guerra a Stoccolma, insieme a *L'étoile de ceux qui ne sont pas nés*, evoca in questi termini il caso Giuda, per spiegare che Israele ne ha accettato il ruolo:

> Israele non è eletto soltanto nel senso del popolo di Dio; la Provvidenza che tutto conosce e tutto vuole gli ha offerto ancora un secondo ruolo, che Israele non ha respinto, e che soprattutto gli procurerà, alla fine della storia, gloria e onore. Israele doveva assumere il ruolo contrario; affinché il dramma della salvezza, il dramma della divinità umiliata, il sacrificio dell'*Agnus Dei qui tollit peccatum*

[25] M. Hoffman, *Sholem Asch's True Christians: The Jews as a People of Christs*, in N. Stahl (a cura di), *Sholem Asch Reconsidered*, cit., p. 279-88.

[26] S. Asch, *One Destiny: An Epistle to the Christians*, G. Putnam's Sons, New York, 1945, p. 23 e 43.

[27] Sul marcionismo dello scrittore austriaco, cfr. W. Johnston, *L'esprit viennois*, trad. P.-E. Dauzat, PUF, Parigi, 1985, p. 321-22.

> *mundi* potesse realizzarsi nel tempo e nella realtà. Attraverso l'assunzione di questo ruolo malvagio, Israele si è sacrificato come popolo e come essere parziale per la divina Persona, affinché la stessa divina Persona potesse sacrificarsi per i popoli del mondo come popolo universale. Ecco perché la Provvidenza ha condannato Israele a rifiutare Dio per la salvezza del mondo intero[28].

La riconciliazione del cielo e della terra passa per Giuda, come in Voloshin e in Asch. Giuda assume su di sé il peccato del mondo perché egli è già il Cristo. Si crederebbe un compendio, nella fede e all'uso della cristianità d'Occidente, della drammaturgia di Remizov e Voloshin, di una visione di Giuda che la tradizione russa ha preferito, abbandonando Crisostomo per le speranze escatologiche di un Origene. Ma la teologia ufficiale della Chiesa romana ha opposto un rifiuto categorico fermo e definitivo: interpretazione inaccettabile tanto da parte ebraica quanto da quella cristiana, taglia corto Hans Urs von Balthasar, in genere meglio ispirato, nella sua *Dramatique divine*, dimenticando che a scrivere queste parole è un ebreo versato nel cattolicesimo, scampato per miracolo dagli artigli dei nazisti. "Traditore da melodramma", rincara la dose Xavier Tilliette, che giudica una simile ipotesi commovente ma "bieca"[29] – forse come lo sguardo di Giuda?

Senza commento.

Rimane il fatto che questo approccio di Franz Werfel, sfuggito per un pelo ai nazisti insieme ad Alma Mahler, rappresenta uno dei primi abbozzi di teologia della storia dopo Auschwitz, un primo tentativo di affermazione di Dio che spiega la sofferenza degli uni senza negare quella degli altri. Nuovamente, le due età del mondo, ebraica e cristiana, ridiventano contemporanee, egualmente immediate davanti a Dio come alcuni dei Padri greci avevano potuto credere. Vero è, però, che ciò esigeva un'altra teologia della Salvezza.

È proprio in questa tradizione letteraria di giudaizzazione di Gesù e di riabilitazione di Giuda che si inserisce Romain Gary, il quale più che mai scrive nello "yiddish di Flaubert", come afferma un personaggio di Philip Roth nell'*Orgia di Praga*. Ciò nonostante, l'inflessione che egli dà prende un accento più militante, diremmo più aggressivo, ironico e disperato in un'epoca minacciata dal revisionismo. Mentre altri scrittori yiddish, a cominciare da Uri Zvi Greenberg, abbandoneranno le interpretazioni cristologiche della sofferenza ebraica all'ombra del genocidio perpetrato dai nazisti, Asch insisterà, come Gary dopo di lui, anche se quest'ultimo, forse perché si era trapiantato su un'altra tradizione letteraria e aveva compreso che l'appello alla compassione di Sholem Asch non era stato ascoltato, utilizzerà strategie letterarie

[28] F. Werfel, *Zwischen Oben und Unten*, Bermann-Vischer Verlag, Stoccolma, 1946, p. 284.

[29] H. Urs von Balthasar, *La dramatique divine, II. Les personnes du drame*, Le Sycomore, Parigi, 1988, p. 318 nota; e X. Tilliette, *Le Christ des philosophes*, Le Sycomore, Parigi, 1993, p. 212 nota.

più veementi e, sempre attento ai rischi del negazionismo, chiamerà Giuda un Gesù e Gesù un Giuda, con ineguagliata ironia.

Romain Gary: Giuda bifronte

La letteratura francese è molto più ricca di personaggi di Giuda di quanto non si possa immaginare di primo acchito. Come se il Giuda alla Dreyer e, in fondo, molto politico di Drieu la Rochelle avesse eclissato gli altri. Due contemporanei, Roger Caillois e Romain Gary, meritano maggiore attenzione. Adepto di una mistica materialistica incline a fidarsi più dei sassi che di "quella piccola agitazione del cervello che chiamiamo pensiero" (Hume), Caillois immagina un Giuda saggio che ha smascherato l'aspirazione al suicidio di Gesù e rifiuta di esserne complice, come nel pregevole "Christ aux Oliviers" di Gérard de Nerval (1844). Da cui i saggi consigli a Pilato, che non li ascolterà: "Che Egli viva, che muoia della sua bella morte, del morso di una vipera cornuta o di peste o di cancrena, o di qualsiasi altra cosa al mondo: ne va della Redenzione. (...) Il mondo sarà salvato dalla morte volontaria del Figlio di Dio. (...) La Volontà di Gesù è che tu Lo faccia crocifiggere"[30]. Senza morte volontaria, nessuna salvezza. È Giuda che lo dice, ben sapendo chi egli sia e chi sarà: "Il mio nome, che sarà esecrato nei secoli dei secoli, non vi dirà nulla. È quello di un vagabondo rastrellato dalla vostra polizia. Ma è anche quello dello strumento della Divina Provvidenza. Attraverso il mio ministero, tutto si compirà. [...] Noi siamo nelle stesse condizioni, imbarcati sulla stessa galera". La favola morale e teologica di Caillois rimane quella di un ateo dei Lumi che non smette di affliggersi per superstizioni balorde alla maniera di un Plinio il Vecchio o di un Seneca. Nel frattempo, è una delle istanze della moderna voga di Giuda. Soltanto lui tiene la testa sulle spalle mentre Gesù, per una unzione, cede fin troppo volentieri alle passioni scismatiche.

Più complessa e, in apparenza, più offuscata è la figura di Giuda in Romain Gary, quasi onnipresente nella sua opera perché, come Gesù Cristo, anche Giuda non cessa di reincarnarsi. In lui, il passaggio dalla *crocifissione* alla *croci-finzione* avviato fin dall'inizio del secolo dagli autori yiddish diventa al tempo stesso, come in Asch, ma con maggiore veemenza, una confusione tra Gesù e Giuda. Riprendendo i temi di Anski, ma anche di Asch, Uri Zvi Greenberg o Lamed Shapiro, egli ne esplorerà fino alle ultime conseguenze la fecondità. Di colpo, la croce diviene un simbolo di violenza universale: da segno di perdono, diventa simbolo di fanatismo e appello all'omicidio. Tuttavia, a differenza di numerosi suoi predecessori, Gary rifiuta di stabilizzare le figure

[30] R. Caillois, *Ponce Pilate*, Gallimard, Parigi, 1962, p. 56-58 (trad. it. *Ponzio Pilato*, Einaudi, Torino, 1982).

di Gesù e Giuda, che vengono trascinate in una sorta di girotondo alla Schnitzler. Ad Harlem, ad esempio, Gesù è un Nero che "urlava *fuck you*, e somigliava tanto poco al Cristo sottomesso, docile e buono dei rassicuranti fornitori di agnelli pasquali che Cohn non riusciva più a comprendere come le forze dell'ordine fossero riuscite a riconoscerlo sotto quella pelle da negro [...]". Aveva il vero volto delle icone arcaiche di Bisanzio, "duro, minaccioso, prima di cadere nelle mani dei pederasti italiani del Rinascimento". Ma Gengis Cohn, che vuole tirare fuori Gesù da una nuova crocifissione, si fa naturalmente trattare da "Giuda merda!" da un "giovane difensore della razza bianca" che voleva "rimetterlo [Gesù] al suo posto sulla croce"[31]. E quindi viene frustrato da una crocifissione. La scena è interessante, perché già si produce l'inversione dei valori: il vero Giuda tradisce, certo, ma impedendo in tal modo una nuova crocifissione[32]. Poiché nella Disneyland della *Tête coupable*, che si propone di riportare in vita le grandi scene della Bibbia e i momenti forti della Passione, il Cristo è un lavoratore iscritto a un sindacato, che farà le sue otto ore di croce al giorno, in una produzione più vera del naturale che non sarà da meno della *Passione* di Oberammergau, in cui "i tedeschi si rimboccano le maniche, si danno nuovamente da fare e resuscitano l'ebreo che li si accusa di aver sterminato". E Cohn, il *dibbuk* del comico ebreo sterminato ad Auschwitz, ne è ammirato: "Essi mi restituiscono il mio posto millenario, mi fanno rinascere uguale a me stesso: [...] si sente una mano esperta, un'autentica e classica ispirazione". Meno classici, nello scenario di Gary, sono il volto e l'identità del Crocifisso/Risorto: a Oberammergau, ci vuole un attore "che faccia realismo, con un vero naso da ebreo, vere orecchie, l'occhio da traditore e quelle labbra libidinose classiche dell'arte sacra". Ed ecco qui "l'ebreo che li si accusa di aver sterminato" e che essi resuscitano[33]. Se pure è ancora il Cristo, i suoi tratti sono quelli di un Giuda. L'ebreo recuperato "dalla parte del più forte", dai tedeschi negazionisti cambia *look*: "Io mi trasformo, mi trasfiguro, il mio naso si rialza, il labbro da Giuda scompare, le orecchie si sistemano [...]"[34]. All'inverso, per non lasciarsi "reclutare" – ritroviamo qui il tema dell'"appartenenza" di *Pseudo*, dunque del tradimento – egli crea il suo "Giuda traditore": "Mi metto immediatamente in posizione storica di autodifesa, l'occhio nero e traditore, orecchie a sventola, naso gobbo e ricurvo, piedi villosi, schiena servile, labbro libidinoso, conforme dalla testa ai piedi a tutti i capolavori dell'arte sacra [...]. Non rinunceranno mica a venti secoli di capolavori

[31] R. Gary, *La tête coupable*, Gallimard, Parigi, 1968, p. 120-22.

[32] Ritroviamo qui lo stesso schema presente in R. Gary, *La danse de Gengis Cohn*, Gallimard, Parigi, 1967, p. 240: "Non devono vederci insieme: se gli uomini vengono a sapere che ho aiutato Gersù a sfuggire loro, fino alla notte dei tempi il mio nome sarà Giuda".

[33] Gary, *La danse de Gengis Cohn*, cit., p. 76.

[34] Ivi, p. 260.

e d'amore cristiano [...]?". Egli ridiventa un Giuda da "tavole marce"[35]. L'anima di Giuda prende possesso di Gesù, ovvero quella di Gesù prende possesso di Giuda. È il *dibbuk*, come nell'opera dello scrittore yiddish Anski, ma innalzato a dimensione metafisica.

Da un romanzo all'altro, i due personaggi si confondono e si sovrappongono, come se fossero segni della stessa crapula che vuole un dio morto, preferibilmente ebreo, e un traditore, naturalmente ebreo. L'altro aspetto di questa Passione da grande spettacolo, tra Oberammergau e Disneyland, è ovviamente la ripetizione, parodia di quell'"in memoria di me" di cui la Chiesa si è fatta forte per istituire le sue funzioni religiose. Poiché come il Gesù di Pascal che non ha mai terminato la sua agonia annosa e secolare, il Gesù di Gary viene incessantemente ricrocifisso: "Gesù urlava da quando quel pioniere [il centurione Flavio] aveva confitto il primo chiodo nel palmo della Sua mano destra, e quando Cohn cercò di tenere il conto del numero di chiodi da cui era stato trafitto il corpo del Cristo da mille anni a questa parte, comprese infine lo scopo per cui gli uomini avevano inventato le calcolatrici elettroniche"[36]. "Calcolato", il Cristo non ha cessato di essere "addizionato", e la somma dei chiodi evoca i fantasmi dell'affare Dreyfus, parodiando la vecchia filastrocca antisemita dei trenta denari di Giuda prestati a interesse per fare la più grossa fortuna della terra, di cui troviamo una triste rimasticatura nei *Protocolli dei Savi di Sion* o nei testi scolastici.

"Questo piccolo mondo assassino confonde i morti e vivi", cantava Éluard. Come sorprendersi quando egli baratta un Gesù contro un Giuda? Ed ecco che rinasce furtivamente il tema del suicidio del Cristo, piuttosto che di Giuda. Inizialmente il tono è quello dello scherno. È Vanderputte, il traditore, il Giuda, che parla: "E Gesù? Conoscete Gesù, detto il Cristo? Si è fatto notare, anche lui... e vedete il risultato! E, sapete, non è vero che lo abbiano messo in croce. Vi è salito da solo... per essere più visibile! Vi erano dei Romani che cercavano di impedirlo perché non volevano che entrasse nella Storia, ma non c'è stato modo di trattenerlo!"[37]. L'immagine, come sempre, è meno gratuita di quanto non sembri e si ricollega a una memorabile iconografia (monastero di Sant'Antonio a Polesine di Ferrara; salterio di Stoccarda, IX secolo) e nel contempo a una solida tradizione patristica, da Girolamo ad Afraate il Saggio persiano, Cromazio di Aquileia e Quodvultdeus: si tratta, né più né meno, della Scala di Giacobbe, che il Cristo ha disceso per raggiungere gli uomini, e su cui risalirà spontaneamente per salvarli[38].

[35] Ivi, p. 232 e 234.

[36] Gary, *La tête coupable*, cit., p. 17.

[37] R. Gary, *La bonne moitié*, Gallimard, Parigi, 1979, p. 29 e 95.

[38] Su questa immagine della morte volontaria nel cristianesimo primitivo, cfr. P.-E. Dauzat, "L'Échelle de Jacob dans la lecture des premiers chrétiens", in *Le Monde de la Bible*, marzo 2001, n. 133, p. 37-39.

Ma se il Cristo ci teneva a morire, come muore un Giuda? Di fronte ai giovani figli di martiri partigiani che vogliono fargli la pelle, Vanderputte si dichiara innocente della morte del Cristo, assumendo ora il suo calibrato ruolo di Giuda e protestando di non entrarci affatto in quella morte. "Io non c'ero...". Teologicamente ed evangelicamente corretta, la protesta è accettabile. E non è perché il Cristo si è suicidato che Giuda deve prendere il suo posto: "Signori giurati, crocifiggere Giuda è un'eresia! Un'eresia!". E se "è quel tizio, Giuda", "non si può crocifiggere, perché ciò farebbe cadere tutta la loro storia!"[39]. E tutta la storia è crollata, finendo ad Auschwitz.

Non si può non pensare al romanzo di Gore Vidal, *In diretta dal Golgota*, in cui Pilato rimane vittima di una confusione, e finisce per "crocifiggere un falso colpevole", un "omone di nome Giuda" (con il suo Giuda obeso, Vidal riprende qui un cliché che risale alla prima metà del II secolo e la cui paternità appartiene al vescovo Papia di Ierapoli[40]. Qui la confusione verte sull'identità, non sul fisico[41]). Il tono satirico di questo racconto buffo come dell'opera di Gary potrebbe far credere a una bestemmia gratuita, se non fosse per la confusione delle figure di Gesù e Giuda presente nella tradizione musulmana, che i due romanzieri sembrano qui imitare.

Il Corano, come si sa, riteneva impossibile che Gesù, anche come semplice profeta, potesse morire sulla croce, e si era dunque impossessato dell'ipotesi docetista: sulla croce non è mai morta altro che un'immagine (sura IV, 157-158). A meno che non vi fosse stata una sostituzione e un altro fosse morto al suo posto. Una leggenda islamica riportata da Reik (*Der eigene und der fremde Gott*, 1923) fornisce una spiegazione razionale della sostituzione: mentre Giuda si appresta a designare il Cristo, racconta il *Vangelo di Barnaba*[42], l'arcangelo Gabriele si interpone e rapisce quest'ultimo in cielo, mentre Giuda assume miracolosamente i tratti di Gesù. Confuso con quest'ultimo, viene arrestato: "Lo condussero al monte Calvario, dove venivano impiccati i

[39] Gary, *La bonne moitié*, cit., p. 95-97.

[40] Vedi *supra*, "Pedigree del vampiro" (cap. 4).

[41] G. Vidal, *En direct du Golgotha*, trad. J.-B. Blandenier, Fayard, Parigi, 1994, p. 274-75 (trad. it. *In diretta dal Golgota*, Longanesi, Milano, 1992). Dopo Gary e Gore Vidal, il tema del Giuda crocifisso, ispirato dal Corano, si ritrova in diversi romanzi moderni su Giuda. Così, l'olandese K. Glimmerveen immagina in *Judas* (1991) un Giuda crocifisso al posto di Gesù, ma che sopravvive al supplizio e viene allora condannato a errare; comunque, fin dagli anni Venti il poeta yiddish Uri Zvi Greenberg aveva immaginato Assuero crocifisso al posto di Gesù, che muore sulla sedia elettrica.

[42] *Il Vangelo di Barnaba* è apparso nel 1709 in Olanda, ma risalirebbe al 1585; il testo era in italiano e accompagnato da note redatte in un arabo incerto. In realtà, si tratta di un testo composito nel quale si riscontrano diversi strati successivi che possono racchiudere tracce di tradizioni cristiane, mentre l'ultimo strato è islamico. Lo scritto, che corrobora il Corano, viene comunque considerato come un autentico "testo sacro" nel mondo islamico, in cui passa come il solo "vangelo musulmano". L'episodio di Giuda si trova ai capitoli 215-22. Cfr. *Évangile de Barnabé*, a cura di L. Cirillo e M. Frémaux, Beauchesne, Parigi, 1999[2] (trad. it. *Il Vangelo di Barnaba*, Longanesi, Milano, 1995).

malfattori. Giuda non faceva altro che gridare: 'Dio, perché mi hai abbandonato? Il malfattore è fuggito e a torto io vengo giustiziato'". E l'evangelista precisa, come Gary: "In verità vi dico, la sua voce, il suo volto e la sua persona somigliavano a tal punto a quelli di Gesù che i discepoli e i fedeli credevano assolutamente che si trattasse di quest'ultimo". Gli uni credettero che fosse Gesù ad essere crocifisso, mentre altri trafugarono il corpo di Giuda che era stato sepolto, "e poi diffusero la voce che Gesù era risorto". Solo dopo si è scoperto l'inganno, ma lo scenario economizza sulla Resurrezione, conformemente al docetismo coranico in materia. Gesù torna per dire a Maria e ai suoi apostoli che l'ora della sua morte non è ancora giunta: "Vi dico, non sono morto; quello che è morto era il traditore Giuda".

Da una scena all'altra, per tornare a Gary, alla Storia è stata "tolta la maiuscola" (l'espressione è di Derrida), ma la lezione è la stessa: fin dalla morte del Cristo, la tentazione di crocifiggere Giuda è lancinante e, come diceva Marx, se gli uomini vivono la loro storia, non conoscono la storia che vivono. Allora, se Gesù torna a Tahiti, che fare? "Un commissario capo al quale viene detto: A Gesù darai un calcio in culo, e che non se ne senta più parlare... Cosa faccio? Obbedisco? Non obbedisco? [...] Lo crocifiggo? Non lo crocifiggo?"[43]. Lo stesso Marx diceva più o meno, o avrebbe dovuto dire, da buon conoscitore di Shakespeare, che la storia veniva replicata in una tragicommedia.

E va bene, Giuda non è stato crocifisso. Ma si è davvero suicidato? Anche qui, la teologia di Gary è innovatrice, perché sa che la storia viene scritta con il senno di poi e la storia del "traditore" è inseparabile da quella del popolo ebreo e dell'antisemitismo. *Dibbuk* fa obbligo. Meglio di chiunque altro, Gary ha visto che l'imputazione del suicidio a Giuda, quando non era possibile prendersela con il Cristo, poteva essere distruttiva. E il suo credo è fatto:

> Si diceva che Giuda si fosse suicidato. Cohn non lo credeva. Giuda era vissuto molto a lungo, abbastanza per finire i suoi giorni circondato dall'amore e dal rispetto dei credenti che venivano a inginocchiarsi intorno a quest'ultimo legame vivente con la crocifissione. Aveva dovuto trascorrere la vita a mostrare i certificati che provavano che lui era proprio Giuda Iscariota, quel grande personaggio storico al quale la cristianità tutto doveva, e annoiava tutti con i suoi interminabili racconti dell'affare, vantandosi incessantemente della sua intimità con il celebre Gesù di Nazareth. [...] Doveva mostrarsi spietato con coloro che non erano cristiani ed esigere delle crociate per convertirli[44].

Ritroviamo qui il cruccio della storia. Come se venti secoli di cristianesimo non fossero esistiti, mentre non si è mai smesso di crocifiggere il Cristo o il suo *dibbuk*, Giuda. Quest'ultimo, nella fattispecie, conosce una leggera in-

[43] Gary, *La tête coupable*, cit., p. 58-59.
[44] Ivi, p. 37-38.

flessione: da capro espiatorio, è tentato (in Gary le tentazioni di Giuda, soprattutto quella di passare "dalla parte del più forte", come dice in *La danse de Gengis Cohn*, non sono meno reali di quelle del Cristo nell'*Ultima tentazione di Cristo* di Kazantzakis) di prendersi gioco dei Grandi Inquisitori dostoevskijani diventando il capo dei Crociati.

Ma questo non sarà altro che un momento del suo divenire, a meno che non si debba parlare del "divenire-Giuda" del mondo: poiché se Giuda si metamorfizza, rimane "un Giuda", ma può anche "farsi mandarino" e divenire il Giuda cinese; e, nel caso in cui si sprigioni da lui un forte profumo di rose, "Giuda santo e martire"[45]. In un'altra storia della *Tête coupable*, infatti, Gary ci presenta ancora Cohn che si fa passare per il figlio dell'aviatore che ha bombardato Hiroshima: "Mi chiamano semplicemente *Il Figlio dell'uomo*"[46]. Il truffatore si presenta come vittima per impietosire i ricchi turisti americani, ma non è certo se sia la sua innocenza ovvero la sua colpa "di non sentirsi colpevole" (il "colpevole di tutto verso tutti" di Dostoevskij) a valergli questo titolo cristico. Poiché il racconto della storia di suo padre imbroglia le carte e fa di lui, se non il padre di suo padre, almeno un elemento della trinità formata dal Padre, dal Figlio e da Giuda[47]. Anche qui, piaccia o meno, la divinità, il dio uno e trino, presuppone un altro modo di "calcolare". Qui, nel racconto di Cohn, il Padre e il Figlio sono due ipostasi di uno stesso Giuda, sempre che non si tratti del Cristo: "Quando egli [l'uomo di Hiroshima] si è accorto che si voleva fare di lui una specie di Gesù Cristo, perché l'umanità l'aveva crocifisso facendogli assumere la responsabilità di un atto storico di cui era essa stessa responsabile, atto che faceva di lui un Giuda della specie, un Giuda crocifisso e divenuto martire, egli ha fatto tutto ciò che ha potuto per soffrire moralmente... [...]"[48]. Gary si ricollega qui a Werfel e Asch. Giuda e Gesù si confondono, ma rimangono l'uno e l'altro impotenti, incapaci di assommarsi, in breve di "fraternizzare". È l'appartenenza. Come lo schiavo dallo "spirito profetico" di cui parla Origene nel suo *Commento al Vangelo di Giovanni* (XXVIII, XVI, 30), sono ventriloqui, in altre parole portano in sé insieme chi parla e chi contraddice: "Non hanno affatto bisogno che qualcun altro li confuti, osserva Platone nel *Sofista* (252c), ma [...] albergano dentro di sé il nemico e il contraddittore, e la voce che li sgrida dal fondo di se stessi,

[45] Ivi, p. 185, 187 e 235. Cfr. anche p. 282.

[46] Ivi, p. 105.

[47] Sul substrato cristiano di questo capovolgimento di strutture parentali, cfr. P.-E. Dauzat, "Mythologie de l'engendrement et du sexe chez les Pères de l'Église", in *Diogène*, n. 208, ottobre-dicembre 2004, p. 16-29. La confusione familiare spiega un altro tratto di Giuda: la sua proliferazione geneaologica o le sue diverse metamorfosi, dal pittore "Lope Iscariote" di *Tulipe* (Gallimard, Parigi, 1970, p. 166) a Gustave o Jean-Paul Iscariote (in *La tête coupable*, cit., p. 37). Gustave? Jean-Paul? Come un assaggio di *Idiot de la famille*. Del resto, l'idea del suicidio si trova in *Bouvard et Pécuchet* (cap. VIII, *in fine*).

[48] Gary, *La tête coupable*, cit., p. 99.

la portano con sé [...] ovunque vadano"[49]. Altrimenti detto, parlano l'uno per l'altro, e si parla al loro posto. In un certo modo, lo spirito profetico di *Gros-Câlin* e *Pseudo* rappresenta una traduzione profana della cristologia di Gary cui abbiamo accennato (con Ajar che chiama per nome quello che in Gary era ancora soltanto implicito)[50].

* * *

Con Gary siamo passati dal Giuda compassionevole di Asch alla Passione di Giuda, e nel contempo la rivendicazione ebraica di Gesù è stata portata al suo punto conclusivo naturale: la rivendicazione ebraica di Giuda. Giuda, Gesù, stessa lotta, l'uno e l'altro vittime del più grande tradimento di duemila anni di distorsioni sostanziali!

Ma la posterità di Gary è scarsa; è vero, egli ha detto l'ultima parola. Se evoluzione vi è stata, bisognerebbe piuttosto parlare di regressione: il pensiero ha lasciato il posto al bricolage teologico di romanzieri rimasti senza ispirazione. Un Giuda rimane disperatamente un Giuda, e i cliché dei cliché. Rari saranno i progressi e ancor più rare le rivendicazioni ebraiche di Giuda.

Eppure nella stessa epoca, nella linea di Bach e Brixi, l'americano Daniel Pinkham romperà il silenzio e il trantran dei compositori moderni firmando una *Passion de Judas*, una cantata intervallata da un'opera che, mescolando testi antichi (in particolare i *Salmi* 1, 15 e 51) e poemi moderni, strappa Giuda al suo destino per restituirlo alla tragedia e farne implicitamente un simbolo della tragedia del popolo ebreo. Ma il suo caso rimarrà isolato. Ancora una generazione e il tema caro ad Asch e Gary, quello della fusione di Gesù e Giuda nella stessa sofferenza, scomparirà: in "Stand Up for Judas", Leon Rosselson, cantante inglese di origine ebraica, sembra parlare per tutta una generazione quando conduce a termine la riabilitazione di Giuda mantenendo soltanto la "postura di autodifesa storica" di Gary. Giuda rimane solo. I cristiani sono duri di comprendonio. Spetta a lui difendersi:

> Con la spada, il fucile e il crocifisso
> il Vangelo del Cristo si è diffuso
> e 2000 anni crudeli hanno mostrato
> la via tracciata da Gesù.
> ... tutti i non credenti devono credere
> oppure saranno stroncati.

[49] Origene, *Commentaire sur saint Jean*, a cura di C. Blanc, Cerf, Parigi, 1966, p. 365-67 ("Lo spirito profetico") (trad. it. *Commento al Vangelo di Giovanni*, Città Nuova Editrice, Roma, 1990-1993).

[50] Su questo nichilismo cristiano, cfr. P.-E. Dauzat, *Le nihilisme chrétien*, PUF, Parigi, 2001, p. 70-71, e "Les additionnés et les soustraits ou l'arithmétique du 'pythonisme'", in *Cahiers de l'Herne, Romain Gary*, 2005, p. 204-11.

Allora, diceva Giuda,
non confidate in nessun salvatore.
Ciascuno si affidi solo a se stesso[51].

Ma questi addii a Gesù sono altrettanti addii al messianismo ebraico.

[51] Citato in I. Merella e D. Ducene, *Une diaspora musicale. Repérages sur les nouvelles musiques juives*, La Médiathèque, Bruxelles, 2001, p. 6.

Capitolo 13

MIGRAZIONI DI GIUDA

Rari sono i miti che hanno potuto migrare dall'Occidente in Oriente. Un mito non ha senso, se non è ancorato nella sua cornice matriciale d'origine. Trasferito, trapiantato in Cina, Corea o Giappone, liberato dalle scorie cristiane, il mito di Giuda rischierebbe di diventare unicamente una figura del tradimento. Ora, se è vero che il tradimento fa parte del mito di Giuda, e pur essendo il tradimento di Giuda di per sé un mito, la figura del tradimento non lo esaurisce completamente. Più del movente, mancano i segni d'amore che accompagnano la "consegna", ma anche il doppio imperativo al quale Giuda obbedisce: personale e metafisico. Seguendo i suoi interessi, egli compie la volontà di Dio, poiché è necessario che Gesù muoia per salvarci. Infine, è necessario il pentimento e una forma o un'altra di conversione o di dannazione. Ciò che vi è di equivoco e di inesauribile nel mito antico deve trovarsi nelle metamorfosi straniere. Era dunque poco probabile che il mito di Giuda potesse essere agevolmente trapiantato in una cultura totalmente estranea al cristianesimo senza divenire esoterico. Ora, il "Giuda che si fa mandarino" non è semplicemente una trovata di Gary: spesso la migrazione rappresenta anche una redenzione.

Giuda in Estremo Oriente

Forse perché era egli stesso cattolico e aveva scoperto Bernanos, Claudel e Mauriac, ma anche Julien Green grazie a un soggiorno in Francia, Shûsaku Endô (1923-1996), una sorta di Graham Greene giapponese, ha potuto fare di Giuda una figura centrale della sua cristologia romanzesca. E questo in un Paese evangelizzato fin dal XVI secolo e la cui storia cristiana era stata costellata da un certo numero di figure di apostasia e di tradimento. La più notoria di tutte era quella dell'ex gesuita portoghese Cristóvão (il Cristoforo) Ferreira, il quale aveva abiurato la sua fede sotto la tortura prima di fornire un argomentario alle autorità incaricate di combattere la religione straniera. Scritto nel 1936, *La supercherie dévoilée*[1] figura così, nella tradizione cristiana giapponese, come il testamento di Giuda. In realtà, narrando la vita di Gesù e la sua morte l'ex gesuita evoca un Gesù, uomo di grande talento e profonda saggezza, che "pontificava nei sermoni in cui screditava le autorità" e seduceva il popolo con il suo "stile patetico". Quando la folla volle farne il suo imperatore, gli anziani complottarono per metterlo a morte: "Allora, tra i dodici discepoli un uomo si alzò e disse: 'Visto che così stanno le cose, io voglio sciogliermi dal mio vassallaggio verso Gesù Cristo; spierò tutti i suoi movimenti e lo consegnerò nelle vostre mani'"[2]. Giuda non viene nominato, ma Ferreira giustifica implicitamente il suo tradimento allegando ragioni politiche che si riallacciano curiosamente, capovolgendole, a certe esegesi moderne che, sulla scia di Thomas de Quincey, fanno di Giuda uno zelota deluso. Qui Giuda è un patriota che agisce nell'interesse del suo Paese. "Si tratta forse una difesa *pro domo*", osserva Jacques Proust nel suo commento alla *Supercherie dévoilée*. Ritroviamo questa accezione di Giuda in un altro testo giapponese della stessa epoca, trasmesso oralmente per molte generazioni nelle comunità nascoste dei cristiani: le "Origini del cielo e della terra", in cui non è il tradimento di Giuda – Jûdatsu – ad essere causa della sua dannazione ma, come in molti Padri della Chiesa, il suicidio, prova della sua mancanza di fede[3].

Quindi, non ci si meraviglierà di vedere il personaggio di Ferreira rinascere in abiti diversi in tutta l'opera di Endô, e sempre con una certa amorevolezza. Il fatto è che un cristiano giapponese, come egli sottolinea nel racconto autobiografico *Le ombre* (in *Una donna chiamata Shizu*), deve tradire la sua tradizione per convertirsi al cristianesimo. Soprattutto durante la giovinezza di Endô, come nel XVII secolo (cfr. *Il samurai*), un giapponese che abbracciava la fede del Cristo era un traditore della propria patria[4]. Molti ac-

[1] Su Ferreira e su quest'opera di importanza capitale, vedi J. Proust, *La supercherie dévoilée. Une réfutation du catholicisme au Japon au XVIIe siècle*, Chandeigne, Parigi, 1998. Troviamo in questo volume una traduzione annotata della *Supercherie dévoilée*. Vedi anche, più in generale, G. Ellison, *Deus Destroyed. The Image of Christianity in Early Modern Japan*, Harvard University Press, Cambridge, 1988 (1973).

[2] Ivi, p. 87.

[3] Ivi, p. 177, n. 3; J. e M. Proust, "Commencements du ciel et de la terre. Conte japonais", in *Arquivos do Centro Cultural Calouste Gulbenkian*, Parigi, 1996, p. 799-865, qui p. 859. J. Proust, *L'Europe au prisme du Japon, XVIe-XVIIIe siècle*, Albin Michel, Parigi, 1997, p. 168-95, in particolare p. 171 (su Giuda).

[4] Sulla cristologia di Endô, cfr. A.G. Hoekema, "La christologie du romancier japonais Shûsaku Endô", in *EDA, Dossiers et documents*, n. 8/2000; T. Sundermeier, "Das Kreuz in japonischer Interpretation", in *Evangelische Theologie*, 44/5, settembre-ottobre 1984, p. 417-40; e, più in generale, T. Hagiwara, "Return to Japan: The Case of Endô Shûsaku", in *Comparative Literature Studies*, 37/2, 2000, p. 125-54.

cettavano di calpestare un *fumie*, una piccola piastra di rame che rappresentava il Cristo, per condurre poi una vita da *Kakure Kirishitan*, "cristiani nascosti", che tradivano per rimanere fedeli.

Di conseguenza, si comprende la clemenza nei confronti dell'apostata. Meglio ancora, affinché tutto l'itinerario del cristiano si svolga tra i due poli del tradimento – tradimento della lealtà verso le città degli uomini, tradimento della lealtà verso la città di Dio – bisogna che il tradimento stesso sia una figura della conversione: "Il Traditore rivela qui la sua situazione originale", scrive Francis Jeanson, "che è tradimento (virtuale). Ciò facendo, ci 'tradisce' [...], ma è in noi per mostrarci che noi *tradiamo* [...]. Quanto a lui, egli non tradisce, poiché non cessa di rendere esplicito, di rappresentare il proprio instabile equilibrio: la sua doppia appartenenza e la sua doppia esclusione"[5].

Da qui la sovradeterminazione del personaggio di Giuda nei vangeli impliciti di Endô: egli fa parte del mistero della salvezza. Perfino quando ha tradito la sua vocazione e gettato la tonaca alle ortiche, come in *Vulcano*, perfino quando ha mentito, il sacerdote è "un bugiardo che dice la verità": alla fine delle *Ombre*, il "Giuda" in questione continua ad abbozzare discretamente un segno di croce.

Evocando il suo cristianesimo, infatti, Endô dirà che ha voluto "prendere le distanze nei confronti di un cristianesimo che gli era vicino" per comporne uno su misura, suscettibile di conciliare tre legami – "cristiano, giapponese e letterario" – senza tradirne alcuno.

In *Silenzio* (*Chinmoku*, 1966), Endô mette in scena un sacerdote portoghese, Sebastian Rodrigues, che tenta di diffondere segretamente il Vangelo. Viene tradito da un rinnegato che aveva battezzato, un certo Kichijiro, essere debole che consegna il sacerdote alle autorità shogunali per trecento monete. L'allusione è troppo chiara per essere trascurata: essa ha un valore didattico e appare come un modo per inserire l'intrigo nella sua cornice evangelica. Questo Giuda è debole e soffre dell'angoscia del suo atto. Tornerà da Rodrigues, che si trova in prigione, per confessare la propria debolezza bisbigliando che, nato nell'epoca d'oro del cristianesimo in Giappone, sarebbe stato un eccellente cristiano. Rodrigues, ancora fedele, lo assolve. Ma Giuda-Kichijiro non è che un debole, un primo Giuda che ne annuncia un altro. Poiché colui che è stato tradito sarà Giuda a sua volta. In prigione, Rodrigues è ridotto a vedere i cristiani giapponesi morire da martiri, appesi a un muro con la testa in giù: "Era giunto in questo Paese con il proposito di dare la vita per gli altri ed ecco che dei giapponesi, uno dopo l'altro, davano la vita per lui". La sua fedeltà a Gesù moltiplica le morti. Dio rimane nascosto –

[5] Citato in A. Gorz, *Le traître*, Gallimard, coll. "Folio", Parigi, 2005, p. 55 (trad. it. *Il traditore*, Il Saggiatore, Milano, 1962).

Deus est absconditus: per più di cento volte, Rodrigues vedrà il volto di un Cristo puro e sereno, ma Gesù si ostina nel suo silenzio. Stimolato da Ferreira, figura emblematica del tradimento che ritroviamo nel romanzo *Paese d'Oro* di fronte al suo inquisitore, compie quello che aveva sempre considerato un gesto da rinnegati: decide di eseguire la "formalità" che gli viene richiesta e calpesta il *fumie*. Tradisce, certo, ma per salvare delle vite. Negli *Ultimi martiri* (1959), anche il debole Kisuke comincia a calpestare il *fumie* per paura della sofferenza fisica, poi raggiunge i fedeli per affrontare la morte dopo essere sfuggito alla tortura. Una voce ignota giustifica l'apostasia: "Se verrai ancora torturato e hai paura, puoi fuggire. Puoi tradirmi, ma raggiungi gli altri". Giuda continua a far parte della comunità degli altri dal momento in cui continua a credere (si riconosce qui tutta la problematica del martirio e dell'apostasia dei cristiani cui viene intimato di inginocchiarsi davanti a un'effigie dell'imperatore, che tanto aveva imbarazzato la Chiesa delle origini, da Tertulliano, Cipriano e Origene in poi).

In *Silenzio*, è nell'istante del rinnegamento che Gesù si decide infine a parlare: "Calpesta! Calpesta! Più di chiunque, io conosco la sofferenza del tuo piede! Nascere in questo mondo significa essere calpestati dagli uomini. È per condividere la sofferenza degli uomini che ho portato la mia croce" (non è più il peccato degli uomini che Gesù assume su di sé, ma il loro dolore). Quando il sacerdote si decide a mettere il piede sul *fumie*, il gallo canta. Quando il sacerdote diviene Giuda, il Cristo gli parla e riconosce in lui un compagno di dolore. Il suo stesso volto è cambiato e porta le stimmate della sofferenza di tutte le morti inutili che derivano dall'ostinazione. In verità, il volto del Cristo ha cominciato a cambiare fin dall'assoluzione di Giuda. Questa conversione di Giuda in Gesù non dovrebbe più sorprendere sotto la penna di un romanziere che ha conosciuto molteplici sottomissioni sull'esempio di Gary e che, come quest'ultimo, non smetterà di interrogare la sua cultura sugli istinti che portano al concentramento e allo sterminio.

Nel 1973, Endô lascerà temporaneamente il romanzo per firmare un saggio, *Vita di Gesù*, in cui il tema del tradimento occupa un posto centrale. Per moltissimi giapponesi, questa breve opera rimane la principale introduzione alla fede cristiana. Quindi, non è inutile precisare fin da subito che in essa un intero capitolo è dedicato alla difesa di Giuda, mentre si dimostra che il sinedrio aveva tutte le ragioni per considerare Gesù un falso profeta e applicargli i rigori previsti dal Deuteronomio e dal Levitico[6]. Gli ebrei hanno fatto il loro dovere, niente altro, e l'hanno fatto onestamente. È sintomatico osservare che qui Endô si ricollega all'approccio dello scrittore yiddish Sholem Asch, piuttosto che a quello dei suoi fratelli cristiani d'Occidente.

[6] S. Endô, *A Life of Jesus*, trad. Richard A. Schubert, Paulist Press, New York, 1978, p. 89-101 (trad. it. *Vita di Gesù*, Queriniana, Brescia, 1977).

Osservando, nella prefazione all'edizione americana del 1978, che "i giapponesi hanno la tendenza a cercare tra i loro dei e i loro buddha una madre amorevole piuttosto che un padre autoritario", Endô assume senza complessi il suo marcionismo e preferisce prendere in esame l'aspetto "materno" di un dio che si interessa soprattutto alle pecorelle smarrite, che non giudica né castiga, ma comprende e compatisce (troviamo la stessa scelta di un Gesù materno in Romain Gary, con la stessa compassione per Giuda). Così, bisogna comprendere la sollecitudine di Gesù verso Pietro e Giuda, quest'ultimo presentato come un "uomo di dolore": in altre parole, Endô fa di Giuda un "compagno" del Cristo e gli conferisce la stessa qualifica del Gesù sofferente del Venerdì Santo. Giuda si è spinto più lontano possibile, "sempre vicino a Gesù". Soltanto lui ne intuirà le intenzioni, "quelle che nessun altro era stato capace di cogliere"[7]. I suoi moventi non potevano essere, dunque, semplicistici come vorrebbe Giovanni: al momento di tradire, era nello stato d'animo di un uomo innamorato di una donna, ma bruscamente risvegliato dalle sue illusioni. Tentando di separarsi da lei, si rende conto di non riuscirvi. Da qui il ricorso a una soluzione estrema. Giuda continua a credere mentre finge di tradire, come i cristiani nascosti:

> Quando fu pronunciata la sentenza di morte, Giuda decise di morire anche lui. Gesù veniva insultato e condannato dal popolo. Lo stesso Giuda sarebbe stato condannato, ma per l'umanità intera e per sempre. Ciò che Gesù soffriva, Giuda lo avrebbe sopportato per sempre. Una strana analogia che non poteva sfuggirgli. [...] Malgrado tutto ciò che dicono di lui i Vangeli, forse credeva in Gesù[8].

Ritroviamo qui il tema "pascaliano" di Giuda che agonizzerà fino alla fine del mondo, di cui gli antisemiti avevano fatto una parola d'ordine ma che, sotto la penna dei migliori ingegni e secondo una certa tradizione yiddish, diviene un imperativo di compassione e il segno di una solidarietà profonda tra Gesù e Giuda. Il "Perdona loro, perché non sanno quel che fanno" vale dunque per tutti coloro che hanno rinnegato, apostatato, tradito. Il parallelo tra Giuda e Gesù lascia pensare, in realtà, che Gesù comprendesse la sofferenza di Giuda e che con la sua morte prodigasse il suo amore anche a colui che lo aveva tradito. L'amore trionfa sempre sull'apostasia, dice il volto di Gesù sul *fumie* quando viene calpestato. La teologia esplicita del saggio corrobora la teologia implicita dei romanzi. Endô non concepisce un Gesù che non sia dalla parte di Giuda, eppure ciò non impedirà al romanziere di immaginare dei Giuda meno simpatici: in *Scandalo*, in cui l'autore mette in scena un romanziere cattolico che non resiste alla tentazione sadomasochistica. La figura di Giuda è incar-

[7] Ivi, p. 100.
[8] Ivi, p. 128.

nata da un certo Kobari, giornalista venale e crudele, che denuncia "lo scrittore cristiano che si porta delle collegiali in albergo"; ma la sua vittima è un altro Giuda, che ha tradito le sue convinzioni di romanziere cristiano e che si compiace del voyeurismo (ancora un "giuda", questa volta con l'iniziale minuscola). Giuda mantiene la sua complessità e la sua sfilza di cliché.

Non è il tradimento a salvare Giuda, pur non condannandolo. Questi rimane purtuttavia un fratello di Gesù quando mantiene la fede. *Silenzio* termina così con un'appendice, il "Diario di un ufficiale in una casa cristiana", in cui ritroviamo una comunità di cristiani nascosti, tra i quali Rodrigues, che ha assunto un nome giapponese (Okada San'emon) e una moglie: ormai, egli è conosciuto come Paolo l'apostata, mentre Ferriera è Pietro l'apostata. Quanto a Kichijiro-Giuda, anche lui è rientrato all'ovile e funge da segretario del sacerdote apostata. La Chiesa sofferente non è formata altro che da Giuda e Pietri redenti.

Se la rappresentazione di Giuda nell'opera di Endô è esemplare per la chiarezza e il carattere apologetico, la problematica che la giustifica, quella del tradimento e dell'apostasia, ma anche del martirio, si trova in diversi altri Paesi in cui i primi cristiani furono perseguitati. Così, in Corea, il letterato confuciano Yi Piek, iniziatore della Chiesa nel XVIII secolo nel Paese del Calmo Mattino, compose una *Essence de la doctrine sacrée* in cui Giuda brilla per la sua assenza. In compenso, la sua leggenda dorata fa rinascere il personaggio di Giuda dove meno lo si attende e illustra, come l'opera romanzesca del giapponese, le "virtualità teologiche delle culture non occidentali". Secondo la leggenda, infatti, Yi Piek, capo della comunità cristiana, fu perseguitato anche in casa sua, benché fosse stato rilasciato dalle autorità. Suo padre fece il possibile "per strappare la fede dal cuore di suo figlio" e arrivò a minacciare di impiccarsi, facendosi scivolare una corda intorno al collo. Non bastando la messa in scena, ricevette la visita di un apostata che usò tutti gli espedienti, al punto che avrebbe finito per cedere. Tirandosi indietro di fronte a una manifesta apostasia, preferì impiegare parole a doppio senso per dissimulare la propria fede, ma il dolore fu troppo forte. La sua agonia durò otto giorni, ed egli si spense all'età di trentatré anni. Ritroviamo qui tutti gli elementi della Passione, ma con attributi ridistribuiti: il padre che minaccia il figlio con una morte volontaria, il tradimento, la settimana santa di sofferenza e la fine a trentatré anni. Commentando questa leggenda, il biografo ed esegeta del letterato Jean Sangbae Ri osserva che Yi Piek non aveva forse mai rinnegato il cristianesimo né veramente apostatato, ma che "era inconcepibile che Yi Piek permettesse al padre di uccidersi a causa sua, il che sarebbe certamente accaduto se non avesse impiegato un linguaggio a doppio senso"[9]. Il nome di Giuda non viene mai pronunciato, ma la sua figura è onnipresente.

[9] J. Sangbae Ri, *Confucius et Jésus Christ. La première théologie chrétienne en Corée d'après l'Œuvre de Yi-Piek, lettré confucien, 1754-1786*, Beauchesne, Parigi, 1979, p. 30-31.

Che sia nell'opera di Endô e nella sua evocazione dei martiri giapponesi del XVII secolo o nella leggenda dei martiri coreani del XVIII secolo, Giuda appare più o meno nettamente tra le righe, ma a prezzo di una notevole inversione. Un rapido esame della letteratura iraniana, in particolare dell'opera del poeta Ahmad Shamlu (1925-2000), il quale ha "rispolverato" *Il potere e la gloria* di Graham Greene per farne un testo dal titolo *Un autre Jésus, un autre Judas*, non farebbe che confermare questo ribaltamento di valori e questa inclusione di Giuda nella cerchia degli "eletti". Tuttavia, laddove Graham Greene, a voler credere ai suoi biografi, tramite Giuda parlava di sé – "Ahimè! Quando parlo di me, è di te che parlo!", sospirava Victor Hugo – vale a dire del cristiano che non credeva più, dello scrittore che lavorava per i servizi segreti (MI6) e frequentava Kim Philby, la "talpa" dei sovietici nei servizi di Sua Maestà, se non addirittura dell'uomo sposato tentato dalla pedofilia, il poeta iraniano va oltre e cede con maggiore facilità all'allegoria. Conformemente, nel suo poema *Une plaque*, Gesù non ha più necessariamente una corona di spine, ogni cena può essere l'Ultima Cena, e Giuda è il nostro prossimo. Nello stesso ordine di idee, *Tradimento* (1993), del poeta e saggista polacco Adam Zagajewski, prova che oggi è possibile parlare di tradimento senza necessariamente evocare la figura di Giuda.

Mentre Giuda, nella tradizione cristiana occidentale, era una figura dell'"odio necessario", il suo trapianto in Oriente ne fa una figura del perdono o della compassione necessaria. La migrazione geografica di Giuda è al tempo stesso una migrazione mentale positiva, le cui ricadute si manifestano nelle migliori opere di fantasia occidentali.

Migrazioni mentali

Le migrazioni di Giuda, dunque, non saranno state unicamente geografiche, anche se in quest'ambito si risolvono spesso in confusioni. Se non vi è o quasi cultura che non abbia immaginato un equivalente funzionale di Giuda, seppure facendone di rado un personaggio detestabile come nella tradizione occidentale, Giuda ha finito per invadere tutto. Ormai lo si riconosce ovunque. Quando non si vede in *Guernica* una citazione dalle *Menines*, vi si ravvisa una trasfigurazione della Passione con un vero e proprio Giuda degno di Giotto. Troviamo Giuda nel personaggio di Lynch nell'*Ulisse* di Joyce il quale, è vero, ha calcato la citazione. Ogni Giuda è un traditore, e ogni traditore è un Giuda. Ed è la totalità del sapere umano che si trova in tal modo "giudaizzato", dalla traduzione che si risolve in tradimento (raramente i traduttori si risparmiano dei cliché triti e ritriti) alla fotografia[10] o all'economia,

[10] Vedi il recente saggio di J. Fontcuberta, *Le baiser de Judas. Photographie et vérité*, Actes Sud, Arles, 2005: "L'apparecchio non mente, ogni fotografia è una prova. Ma dietro questa rassicurante credenza si

sempre, proprio come i sentimenti e i costumi: il *Vangelo secondo Matteo* di Pasolini sembra aver imposto l'immagine dell'omosessualità di Giuda, il quale avrebbe tradito vedendo che il suo amato Gesù gli preferiva Maria Maddalena. Ma tutt'a un tratto, è lo stesso occhio della telecamera, cinema fa obbligo, che diviene "giuda".

Giuda non ha finito di vagabondare, al punto che da poco tempo (Sholem Asch, nel 1945, è stato il rappresentante più notevole di questa tendenza) se ne è fatta una metamorfosi dell'Ebreo errante. Forse, ma Giuda non è scomparso, pur non essendo l'Ebreo errante, anche se ogni ebreo errante è un Giuda che interessa la polizia. "Charlie Chaplin se ne ricorderà quando inventerà il personaggio di Charlot", conclude Gérard Macé[11]. In Charlot, infatti, l'Ebreo errante, alias Chaplin, è l'"ombra portata" di Giuda. Come in *Un re a New York* (1957), in cui il re Shahdow (da *shadow*, "ombra"), monarca spodestato, giunge a New York dopo essere riuscito a salvare la testa e i fondi della tesoreria reale. L'indomani, viene a sapere che il primo ministro ha tagliato la corda portando con sé tutto il malloppo. Il re è completamente rovinato. La sua vicina di camera in albergo, Ann Kay, agente pubblicitario, lo invita a cenare con lei, e mentre mangiano il re viene tradito da uno "spioncino (*judas*)" nel muro, dietro il quale una telecamera registra di nascosto la cena e le buffonate reali.

Tutte le buone parole, tutte le approssimazioni sono adatte per qualificare Giuda come la nostra natura peccatrice, le nostre malversazioni, le nostre occhiate torve, i nostri piccoli omicidi tra amici. È Giuda che vuole, perché più nessuno vuole essere il Cristo. Ma nessuno dei due è più adulterato dell'altro.

I cliché sono duri a morire. Come la nostra propensione a usare parole spiritose alla Verlaine: "Non bisogna mai giudicare le persone sulla base delle loro frequentazioni: Giuda, ad esempio, aveva amici irreprensibili". Se non fosse per un uso molto convenzionale del riferimento a Giuda nella *Duchessa di Padova* (atto I), che evoca un traditore dotato del senso del denaro più dello stesso Iscariota, saremmo più volentieri tentati di citare nuovamente Oscar Wilde: "Tutti i grandi uomini hanno i loro discepoli, ed è sempre Giuda a scrivere la biografia". Ma tutto il problema consiste nell'identificare Giuda e Gesù. Chi è il grand'uomo? Chi è Giuda? Il Bartleby di Melville, che vuole introdurre un poco di psicosi nella nevrosi americana, avrebbe dei discepoli? Forse i suoi lettori. In ogni caso, per un Gilles Deleuze o un William Bysshe Stein, uno dei migliori esegeti del romanziere americano, Bartleby è il Cristo, che risponde-

nasconde un tradimento e, come nel bacio di Giuda, questo inganno ha un prezzo: poche monete d'oro seguite da un insopportabile rimorso. Può la fotografia sfuggire al rimorso annunciato?". Questo non si inventa!

[11] G. Macé, "Judas et le Juif errant", in *Élucidation*, n. 10, primavera 2004, p. 79.

rebbe a suo padre che lo invita alla Passione: "Preferirei di no...". Dopo Nerval e Jean-Paul, anche lui frena la sua rivendicazione, pur rifiutando di rientrare nella norma. Tuttavia, se c'è Cristo bisogna che vi sia un Giuda: questo sarà il narratore/procuratore, che non vede altro che un interesse economico nei suoi rapporti con "lo scrittore", conosce il suo crimine verso Bartleby e sa di essere simile all'Iscariota[12]. Il suo racconto è tuttavia autodistruttivo. Lo si vede distruggersi nel mentre distrugge Bartleby. Di conseguenza, il Giuda-narratore non può evitare di riverberare il tradimento per tutta la sua ascendenza fino alle origini. Ed è il padre che tradisce il figlio tracciando il percorso della Passione. Ritroviamo quindi Origene, ancora, e Abelardo che spiega, nella sua *Etica*, che Giuda e Dio Padre hanno fatto esattamente la stessa cosa, poi Jean-Paul, Brelich e Saramago, per non citarne che alcuni. Per loro, Giuda e il Padre hanno entrambi tradito Gesù... C'è da meravigliarsi che un tropo che si morde in questo modo la coda abbia vita tanto lunga.

Giuda sarà stato, in maggioranza e da sempre, una storia di uomini. Ciò è ancora più vero quando si tratta di femminilizzazione dei cliché: che la maggior parte delle "signore Giuda" abbia visto la luce sotto la penna di scrittori maschi non può quasi sorprendere. Ma questo lavoro sul mito di Giuda a fini di esegesi letteraria non è appannaggio degli uomini. Nel suo romanzo *La campana di vetro*, la poetessa americana Sylvia Plath si rivela spesso e volentieri sarcastica: la sua parodia dell'Ultima Cena è di fatto la riunione di dodici fanciulle la cui unica buona novella è che la letteratura può rendere bene. In breve, sono tutte traditrici. Ma nel momento fatidico una sola sfugge a questa sorte assentandosi: ella appare allora alla narratrice simile a un angelo i cui capelli biondi sono circondati da un'"aureola dorata"[13]. Nella fattispecie, la femminilizzazione, anche se concerne i dodici apostoli, è un mezzo per salvare Giuda, o per lo meno sottolinearne la libertà. Il mito è recuperato contro se stesso: mentre Melville sembrava credere ancora alla leggenda nera, non è più il caso nel nietzscheismo di Sylvia Plath, nella quale troviamo così una delle rare metamorfosi positive di Giuda a prezzo di un'audace inversione. Sono dodici più uno, ma dodici Giuda per un Gesù. Dodici più uno, ma dodici donne più una. Tutti i cliché sono impazziti e si sono mischiati tra loro. In Sylvia Plath, però, tutto ciò ha un senso: si tratta di ricusare il cristianesimo a vantaggio di un gioioso paganesimo.

Rimane il tradimento, indipendentemente dai nomi usati per definirlo, alle cui ossessioni ci hanno abbandonato Gesù e Giuda, lasciando la Cena.

[12] Cfr. S. Doloff, "The Prudent Samaritan: Melville's 'Bartleby the Scrivener' as Parody of Christ's Parable to the Lawyer – Critical Essay", in *Studies in Short Fiction*, 34, 3, estate 1997, p. 357-61; e W.B. Stein, "Bartleby: The Christian Conscience", in *A Symposium: Bartleby the Scrivener*, Melville Annual, 1965, a cura di H.P. Vincent Stein, Kent State University Press, Lent, OH, 1966, p. 104-12.

[13] Cfr. M. Kappes, *Roman et mythes. Rilke, Bachmann, Plath*, L'Harmattan, Parigi, 2005, p. 256-57.

Epilogo

LA CORDA E LA CROCE

> Giuda rinasce vicino a ogni individuo crocifisso su un'astrazione. Si è colpevoli di semplice propagazione di un concetto: in se stessi, in tutti e in ciascuno; si è colpevoli a titolo di partecipazione platonica, ontologicamente errata, semplice unità sospesa alla maestà dell'Idea che vi porta con sé senza voler allentare la propria morsa.
>
> Gabriel Liiceanu (1997)

Pochi secoli saranno stati generosi di orrori quanto il XX e altrettanto ostinati a fare di tutti gli ebrei dei Giuda, anche se, ancora una volta, la storia di Giuda non si limita a quella dell'antisemitismo. È successo anche che venisse considerato uno strumento di compassione. Il fatto che il suo mito sia riuscito a persistere nelle coscienze, però, la dice lunga sull'impossibilità di guardare in faccia le conseguenze delle nostre parole.

In un romanzo scritto dopo la prima guerra mondiale e nella scia della rivelazione russa, terminato nel 1921 ma pubblicato soltanto nel 1928, dal titolo *Le straordinarie avventure di Julio Jurenito*, il romanziere russo Ilya Ehrenburg aveva intuito, come Ernst Wiechert, che i massacri erano appena cominciati. Meglio di chiuque altro, però, Ehrenburg aveva intravisto l'orrore incombente. Nel Capitolo XI, "Profezia del maestro sul destino della razza ebraica", detta anche "tribù di Giuda", sono stampati dei biglietti di invito così formulati:

> In un prossimo futuro
> sedute solenni:
> sullo sterminio della Razza ebraica
> a Budapest, Kiev, Jaffa, Algeri

e in numerosi altri luoghi.

In programma, oltre ai
POGROM,
tradizione prediletta dallo stimato pubblico,
in ugual misura ricostruiti nello stile dell'epoca:

autodafé e sepolture di ebrei vivi,
aspersione dei campi con il loro sangue, nuovi procedimenti
per la "liquidazione" e l'"epurazione" di elementi equivoci ecc.
[...] Il luogo e la data saranno annunciati a tempo debito.

Entrata libera[1]

Un poco oltre vengono trattate le "1713 regole per l'abbattimento di esseri umani" e l'odierno uso di gas che non sono previsti in nessuno dei 1713 paragrafi[2]. Se Ehrenburg, nel 1921, non avesse parlato di profezie concernenti la tribù di Giuda, si farebbe fatica a credere che tutto era stato scritto *prima*. Il fatto che l'autore appartenga alla cultura russa con Giuda tanto singolari, ma sia stato anticipatamente un osservatore privilegiato della vita culturale e politica in Francia e in Germania, conferisce un rilievo supplementare alla diagnosi. Lo stesso Ehrenburg, insieme a Vassili Grossman, il geniale romanziere di *Vita e destino*, pubblicherà subito dopo la seconda guerra mondiale un monumentale *Libro Nero sullo sterminio degli ebrei*, in cui sarà giocoforza constatare che quanto egli aveva previsto si era letteralmente realizzato.

Nella stessa epoca, Romain Gary si lascia sfuggire: "La cultura è presente quando le madri che tengono i figli tra le braccia non devono scavare loro la tomba prima di essere fucilate". La cultura cristiana è quando si eviscera Giuda invece di lasciare che si impicchi. Giuda è morto ad Auschwitz, come Gesù, come tutti coloro che abbiamo tradito. Vittima della "soluzione finale" inventata dall'"ebreo Gesù", osserva il cineasta Dreyer. Quando si vuole perdere qualcuno si dice che ha tradito, anche se si è i soli ad avere interesse nel suo tradimento. Niente di meglio che far morire un traditore per avere la coscienza tranquilla. La persistenza di Giuda e del suo mito è il segno indiscutibile di un fallimento, di cuore quanto di intelligenza. Ed è il segno di uno strano credo che ci obbliga a credere al tradimento prima della redenzione. Da qui la tentazione di credere al carattere accessorio o superfluo dell'uno come dell'altra. Nonostante alcuni recenti lodevoli progressi, Giuda rimane il punto cieco degli esegeti che sembrano non aver avuto il fegato di affrontare la prova. Ma gli esegeti non sono i soli in causa, come non lo sono mai i docenti accreditati

[1] I. Ehrenburg, *Les Aventures extraordinaires de Julio Jurenito et de ses disciples*, trad. D. Meunir, Plon, Parigi, 1964, p. 114 (trad. it. *Le straordinarie avventure di Julio Jurenito*, Einaudi, Torino, 1968).

[2] Ivi, p. 186.

unicamente dai propri pregiudizi. Al di là dell'introvabile esegesi di Giuda, rimane l'oceano della *doxa*, dell'opinione. E, salvo eccezioni, l'opinione su Giuda non può affatto dirsi più illuminata della scienza religiosa.

"Se ripongo l'impossibile Salvezza nel deposito degli attrezzi, che cosa rimane?", chiede Sartre al termine del suo percorso autobiografico, *Le parole*. Rimane Giuda, si sarebbe tentati di rispondere: "Un uomo fatto di tutti gli uomini, che li vale tutti e ciascuno". Non è riuscito ad essere il santo patrono di tutti, sussurrava Mauriac in un impeto di ipocrisia. Giuda mio prossimo o, nella versione laica, mio vicino. Ovvero il vagabondo rastrellato dalla polizia, come Roger Caillois fa dire pudicamente all'Iscariota, anzi lo "straccivendolo" di Walter Benjamin. Qualche anno dopo *Le parole*, Romain Gary scriverà con più ragione, come in risposta alle ultime righe di Sartre: "Attendo la fine dell'impossibile. Tutti abbiamo avuto, tanto tempo fa, un'infanzia disgraziata". Come Giuda, ancora una volta. Quando Sartre ripone l'impossibile nel deposito degli attrezzi per accontentarsi, Gary rivendica la fine. E la fine dell'impossibile è la fine di Giuda: Giuda che esce dal campo di concentramento in cui è stato rinchiuso insieme a Gesù in una parodia della salvezza e del paradiso. Abbiamo già visto ciò che lo stesso Gary pensava del percorso del cristianesimo e delle sue "distorsioni sostanziali". Tra Sartre e Gary si gioca tutto il passaggio dalla "questione ebraica" alla "questione cristiana".

Il XX secolo aveva visto molto presto una rinascita dell'associazione Giuda/ebreo sotto la sua forma più nefasta. Ogni ebreo è un Giuda e non merita affatto la nostra compassione. Non ne abbiamo già abbastanza della Passione? E Giuda, nonostante il XVII secolo, nonostante la sua promozione in alcune grandi opere di fantasia moderne, più raramente di teologia, restava la trama implicita dei nostri risentimenti. Due aneddoti raccontati dal cineasta danese Dreyer sul prima e dopo-Catastrofe riassumono l'ostinazione di tutto un secolo nell'usare i suoi cliché più triti e ritriti. Chi sa leggere vi trova sempre, come in un crogiolo, la leggenda nera di Giuda. Nel 1938, un fascistoide ateo divenuto tardivamente cristiano, Giovanni Papini, credendosi spiritoso aveva messo in scena un rabbino che propone al papa la conversione di moltissimi ebrei, se solo egli acconsentirà a sopprimere la Settimana Santa dal calendario. E, unendo il gesto alle parole, questo *Judas mercator pessimus*, assiduo simoniaco, offre in supplemento una montagna d'oro. Tutto ciò gli vale questa risposta dal pontefice: "Non costringetemi a dire che in ogni ebreo abita un Giuda. Voi avete venduto Gesù per trenta denari e oggi volete ricomprarlo con una parte dell'oro che nel corso dei secoli avete accumulato con la rapina e l'usura". Otto anni dopo, nel 1946, vale a dire quando ormai si sapeva tutto dell'Olocausto[3], lo "storico cristiano" Daniel-Rops farà eco

[3] Bisognerà attendere il 1958, con la prefazione di François Mauriac alla testimonianza di Elie Wiesel, *La notte*, per trovare, sotto la penna di un cristiano, l'associazione di Gesù con un sopravvissuto all'Olocausto.

alla stessa leggenda con queste abiette parole, tratte dalla sua *Storia sacra raccontata ai bambini* "Gli ebrei avevano gridato: 'Che il suo sangue ricada su di noi e sui nostri figli!'. Nella sua giustizia, Dio li ha esauditi". E aggiunge che le persecuzioni degli ebrei non faranno mai dimenticare la loro mancanza di compassione per il Crocifisso. Proprio per farla finita con questa abiezione, il cineasta di *Gertrud* aveva imparato l'ebraico e scritto lo scenario di un *Jesus*, esonerando Giuda, che tutt'al più aveva peccato, come quello di Sholem Asch, per ingenuità e impazienza, pur essendo meno scettico e tormentato di quello dello scrittore yiddish. Sull'esempio del Giuda di Pagnol (1955), aveva voluto aiutare Gesù a mostrare di che cosa era capace. Ma, ancora una volta, non gli si è perdonato di essere stato il primo cristiano: "Qualunque cosa io possa fare, so che sarà per la sua gloria, poiché io credo in lui, credo che è il Figlio di Dio, che Dio è in lui e gli ha dato il potere di conferire la vita eterna a quanti credono in lui... [...] E che Gesù è il Messia"[4]. Si osserverà che, alla maniera di Marcione, Dreyer aveva eliminato tutti gli elementi della leggenda nera di Giuda: il boccone di pane dell'Ultima Cena, i trenta denari, il suicidio. Aveva mantenuto il bacio unicamente per mettere in evidenza l'autentico affetto che univa i due uomini. Al contrario dei Vangeli. Ma nonostante questo approccio, malgrado tutti i crimini commessi nel nome di Gesù e di Giuda, Giuda rimane un nome proprio e un nome comune, entrambi connotati dall'infamia.

Non abbiamo mai capito niente. Abbiamo voluto la morte di Giuda, l'abbiamo avuta. E l'odio rimane inappagato. Non rimane altro che volgerlo verso noi stessi. Se alla fine il presunto "odio di se stesso dell'ebreo" potesse diventare un "odio di se stesso del cristiano"! Sarebbe una forma di ecumenismo contrito, ma forse più efficace. Un'eucaristia un po' meno imbecille.

Il compianto padre Oraison, prendendo in esame la nevrosi cristiana, suggeriva che, se il Cristo fosse stato ghigliottinato, porteremmo appesa al collo una ghigliottina. Nella nostra società secolarizzata, quasi non si crede più alla croce. I più ottimisti si limitano alla tomba vuota, troppo facile da confondere con un sepolcro imbiancato. La croce e la tomba scompaiono, o per lo meno tendono a cancellarsi. Rimane la corda di Giuda, il nostro prossimo, una corda intorno al nostro collo. Il nodo scorsoio lasciato in eredità ai suoi simili: noi. Ecco perché il nostro secolo ha istinti morbosi e suicidi. La nevrosi vira verso la psicosi: "Ah! introdurre un po' di psicosi nella nevrosi", come diceva Gilles Deleuze, evocando gli atti di Gesù-Bartleby attraverso Giuda-Melville! Quanto mai innocente si rivela una delle ultime rappresentazioni pittoriche classiche di Giuda, ossia una gouache di James Tissot (1886-1896), orrenda e macabra quanto la *Desperatio* di Giotto nella cappel-

[4] Carl T. Dreyer, *Jésus de Nazareth, Médée*, Cerf, Parigi, 1986, p. 184 e 194.

la dell'Arena di Padova, ma ancora più macabra con il ghigno diabolico dell'impiccato: mentre la figura del primo non era altro che l'illustrazione di un peccato capitale e faceva parte di un ciclo, la moderna immagine di Giuda[5] è sola, senza speranza alcuna, se non addirittura senza passato. La morte di Giuda basta a se stessa.

Per lo meno la morte è amata. Comunque, è più facile credere al suicidio di Giuda che a quello del Cristo. All'"io credo alla verità dei testimoni che si fanno scannare" di Pascal, bisognerebbe sostituire un "io credo alla verità dei testimoni che si sono suicidati".

Il Figlio di Dio è andato incontro a una morte volontaria – *self-made god* fa obbligo, come afferma Mario Brelich – ma i cristiani e i miscredenti si ostinano a designare un colpevole: le autorità, gli ebrei, i Romani, Pilato, Caifa, Giuda. Quest'ultimo ha conosciuto mille morti, oltre alla propria, di cui non sappiamo quasi nulla, in ogni caso molto meno di quella del Cristo. Se quest'ultima fu volontaria, lo fu né più né meno dell'altra. Un'"opera di tradimento" da un lato, un'"opera di redenzione" dall'altro. Del resto, i primi ebrei dell'epoca cristiana facevano fatica, nel loro vocabolario, a distinguere le due morti. Gesù, ci dicono le Toledoth Yeshu, è morto inchiodato a un cespo di cavolo che ha avuto la compiacenza di non cedere. Gesù e Giuda, due morti volontarie per una salvezza, in quella che Celso chiamava la "religione dei patiboli".

Tutta l'ambizione dell'esegesi cristiana nella sua invenzione del suicidio, tuttavia, era consistita nel differenziare le due morti volontarie per fare di ciascuna l'"assunzione" di tutt'altra cosa: quella della redenzione per la morte di Gesù, e quella della scomparsa dell'ebreo per il suicidio di Giuda. "Giuda suicida l'ebreo, suicida anche tutti i Tempi pagani e con essi, altrettanto bene, la natura del Tragico greco. Il male pagano termina, il suicidio di Giuda è l'ultimo del Mondo antico, e allora Giuda diviene l'ultimo uomo che non sia sopravvissuto al cambiamento epocale"[6]. Il Cristo, "primogenito tra i morti", come amavano dire i Padri, sarà il primo suicida del Nuovo Mondo. Meglio ancora, il suicidio di Giuda prova il sacrificio del Cristo, ma non è certo che quest'ultimo abbia più valore della sua prova: "Un sacrificio si può giudicare alla stregua di un suicidio?", domanda per l'appunto Éric Dayre, prima di osservare curiosamente che il suicidio di Giuda non può essere il gesto di un credente, perché "non ha avuto il tempo di leggere i Vangeli". E giustamente, visto che fa parte degli autori! Rimane il fatto che l'autore ha

[5] Esistono rappresentazioni moderne e contemporanee di Giuda nei cinque continenti, dall'Africa all'Asia passando per l'Australia: tutte le tappe della sua vita vi sono rappresentate, e tutti gli stereotipi figurano nel repertorio.

[6] E. Dayre, "Autour de Judas, à boire et à manger", in T. de Quincey, *Judas Iscariote*, traduzione di E. Dayre, Ombres, Tolosa, 1990, p. 61-77, qui p. 66 (trad. it. *Giuda Iscariota*, Editori Riuniti, Roma, 1996).

ragione di concludere che questo "suicidio dell'*ebreo* [...] si annuncia, terribilmente, come distruzione della 'razza ebraica'". E qui ritroviamo la profezia di Ehrenburg all'indomani della Grande Guerra. I biglietti d'invito erano stati spediti per tempo. Moltissimi sono i "cristiani da macello", come li definì Léon Bloy all'epoca dell'affare Dreyfus, che risposero all'invito:

> Se il Cristo è una cosa come la fine del mondo ebraico (la causa del suicidio di Giuda), il corpo di Giuda, il corpo morto dell'ebreo, il corpo dell'infedele, rappresenta quello su cui la Storia non può smettere di camminare. Giuda è la figura di ciò che infrange il cristianesimo dall'interno stesso della sua coerenza, e della sua progressione, la figura presente del cristianesimo assente, il colosso [...] del cristianesimo[7].

Il doppio di questa religione del suicidio ispirata da Giuda è una religione della riproduzione del tradimento *ad vitam aeternam*. A meno che non si voglia dar credito alle leggende sui fratelli e sorelle del Cristo, la stirpe che va da Davide alla Vergine è finita con Gesù. Non si è mai dubitato della verginità di Gesù, se non nei *romans de gare* (libri da stazione). Analogamente, la castità degli apostoli è uno dei tratti su cui hanno precocemente insistito gli apocrifi e i Padri della Chiesa. Gli stessi romanzieri moderni ne convengono! È tutto dire. Così E. Vila-Matas in *Enfants sans enfants*:

> Il Cristo e i suoi apostoli, gli ho detto con la più grande serenità del mondo, erano celibi, tutti celibi, eccetto Giuda, che aveva dei figli, ed è proprio perché doveva dar loro da mangiare che ha tradito il figlio di Dio.
> – Dove vuoi arrivare, pazzo?
> – Quella fondata dal figlio di Dio è una religione concepita unicamente per i figli che non vogliono discendenti. Una religione concepita da e per celibi. Una religione che, se non fosse per quel gran traditore di Giuda, postulerebbe un mondo vuoto e la scomparsa dell'uomo dalla superficie della terra.

L'unica eccezione alla regola apostolica è stata costituita da Giuda, di cui non si contano le fornicazioni maritali ed extraconiugali. Di conseguenza, siamo tutti in grado di ipotizzare tra i nostri ascendenti qualche lontano parente di Giuda, mentre nessuno di noi potrebbe pretendere di discendere da una famiglia eccellente come quella di Gesù. Giuda, ammettiamolo, ha una discendenza più numerosa di quella di Gesù, proprio come Caino. Freud aveva già subodorato che il nostro odio nei confronti dell'ebreo, quindi di Giuda, si alimentava del rimprovero che gli veniva rivolto di averci dato Gesù. Chi si è mai lamentato di aver ereditato da Giuda?

[7] Ivi, p. 69-70.

Come evitare ora il tono della litania? Come evitare di tornare al punto di partenza e ricominciare daccapo?

Rimane dunque lo stupore davanti a questo secolo che, non credendo più in Gesù, si ostina a credere in Giuda. Il Verbo incarnato balbetta, Giuda mantiene forte il verbo, almeno a voler credere agli ultimi mediocri spregiatori della religione. Egli continua a tradire. L'amore non è amato, deplorava sant'Agostino. L'odio lo è molto di più. E venti secoli di odio, di cristiani e altri, hanno dato ragione a quel passo del Talmud sull'"odio immotivato" che Hermann Cohen prediligeva: "Non solo l'odio non può avere false ragioni, ma non ne ha affatto. Ogni ragione di odiare è una falsa ragione. Ogni motivo di odiare è insussistente. L'odio è sempre senza motivo. Tale è la profonda saggezza che supera il dovere di amare il proprio nemico [...]"[8]. Il microbo dell'"odio necessario" è stato nel cristianesimo l'odio per Giuda, e si hanno buone ragioni per pensare che questo spauracchio sia stato inventato per assicurare un posto all'odio, come in sostituzione della tomba vuota dell'amore, per assicurare l'ambivalenza. Si è creduto di inventare il cristianesimo, rimane la psicanalisi, a rischio di dissimulare, a prezzo di un singolare transfert, il nostro "complesso di Giuda" dietro uno stranissimo "complesso di Edipo". Nel mito greco è Giocasta che si suicida mentre Edipo continua a vivere; nel mito di Giuda muoiono tutti: il padre, il figlio e lo stesso Giuda. E noi continuiamo a vivere.

Dio è morto, Gesù è morto, Giuda è morto, e noi dovremmo vivere ancora? Venti secoli di cristianesimo hanno mostrato che è più agevole, non vivere, ma semplicemente credere più all'odio che all'amore. Quando l'oggetto dell'amore muore, si custodisce una tomba vuota, ma l'oggetto dell'odio non muore perché l'odio, come il credere, è senza oggetto, non ha altro che capri espiatori. Giuda è un po' l'Araba Fenice del cristianesimo. Coloro che nel Medioevo hanno associato il suo ruolo al mito di Osiride non credevano di indovinare fino a tal punto: forse Gesù è resuscitato una volta, ma Giuda non finirà mai di resuscitare, come un Sisifo destinato a esercitare i muscoli del nostro odio.

Tale è, indiscutibilmente, uno degli effetti perversi della cristianizzazione. A supporre che le gesta cristiane abbiano avuto una dimensione metafisica, Gesù, detto il Cristo, e Giuda, detto l'Iscariota, incarnavano due rapporti con il mondo, due opzioni sul mondo di quaggiù e sull'aldilà, due risposte alla domanda della vita prima o dopo la morte. Certo, dipende. Il mondo disincantato non ci lascia più una tomba vuota, ma due strumenti di supplizio: la croce e la corda. Dopo la nevrosi cristiana, la necrosi laica.

[8] H. Cohen, *Religion de la Raison tirée des sources du judaïsme*, trad. M.B. de Launay, PUF, Parigi, 1994, p. 619 s. (trad. it. *Religione della ragione ed ebraismo*, Cinisello Balsamo, 1996).

In un mondo che non crede più alla resurrezione ma insiste nel volere un Giuda, rimane da immaginare una religione che predica l'amore senza rendere necessario l'odio. Ma ecco venti secoli in cui un Giuda che abbiamo appeso alla corda degli evangelisti ci sciorina continuamente una lezione che non abbiamo ancora capito. E dire che si è gridato allo scandalo con l'adattamento mediocremente onesto di Martin Scorsese del sulfureo romanzo dell'ortodosso Nikos Kazantzakis, *L'ultima tentazione di Cristo*, con il suo Giuda che dà lezioni a Gesù. Il figlio di falegname sadomasochista che fa delle croci per i Romani non vuole più morire: siamo nella linea diretta della tradizione inaugurata da Gérard de Nerval e Jean-Paul. Ma subito dopo è Giuda che assume il ruolo e si sacrifica quando Gesù si sottrae per andarsene a vivere una lunga vita tra i suoi. Giuda lo ritrova e lo redarguisce: "Traditore! [...] Il tuo posto era sulla croce [...]. Tu hai cambiato volto e nome, falso Lazzaro, per cavartela! [...] Il tuo dovere era salire sulla croce, questo io ti dico! [...] È così che si trionfa sulla morte? Tu hai generato dei figli, vale a dire prede per la morte! Prede per la morte! Che cos'è un bambino? Una preda per la morte! Sei diventato il suo macellaio e le procuri della carne da divorare. Traditore, disertore, vigliacco!". E Gesù vuole lanciarsi sul suo accusatore: "Giuda, fratello mio, perdonami!". Il vero scandalo, come è evidente, non è l'adulterio di Gesù con Maria Maddalena, ma l'adulterazione di Gesù salvatore e buon padre di famiglia. Un traditore ha fatto dimenticare il tradimento. E siccome lo stesso Kazantzakis era stato scomunicato per nestorianismo, ci si è ben guardati dall'ascoltare il suo discorso, in fondo abbastanza simile a quello di un Dostoevskij o di un Loisy (d'altronde alquanto convenzionale su Giuda): Giuda è sempre stato più fedele al Cristo di quanto non siano i portavoce stipendiati e altri ventriloqui "profetici", come diceva Origene.

Così, Giuda ci chiede oggi di dimenticarlo. Non era che un mito, tutt'al più un pedagogo. E perfino il mito si è decomposto. Non è successo nulla, o anche troppo. Dei cadaveri, e nessun resuscitato. Forse bisognerà rivedere ancora i Vangeli e, su questo punto (una rondine non fa primavera), dare ragione a Marcione contro Tertulliano. Curioso ribaltamento della storia che crea una complicità obiettiva tra Marcione, il quale si compiaceva di contrapporre l'Antico al Nuovo Testamento per celebrare nella Nuova Alleanza una religione d'amore, a condizione di sopprimere da essa Giuda, e la tradizione ebrica che, con le sue ultime spudoratezze, fa di Giuda l'"ebreo crocifisso", il moderno Cristo.

Giuda ovvero la coscienza infelice del cristianesimo. "Qual era lo stato della morale cristiana un giorno prima che Hitler mettesse il mondo a ferro e fuoco?", chiedeva Sholem Asch all'indomani dell'Olocausto. Un cristiano può davvero accarezzare il sia pur minimo dubbio? Fino a quando Giuda farà parte del Canone, è poco probabile che questo stato cambi davvero. Lanza del Vasto ha riassunto meglio di chiunque il trauma che la presenza di Giuda opera in seno al cristianesimo esplorando il significato della disperazione, per non dire della Passione, di Giuda. Dopo aver gridato a Gesù: "Ti amo perché mi hai tradito", il suo Giuda, come quello di Kazantzakis, recita il suo Credo mentre si appresta a impiccarsi. E questo Credo è quello del nichilismo cristiano: "Io credo in te, in te solo, o Nulla"; il che, tradotto in termini nietzschiani, diventerebbe: "Siamo maturi per non essere; per noi, è ragionevole non essere".

"'Cristianesimo' e 'Nichilismo': fa rima – non senza ragione", concludeva Nietzsche alla fine dell'*Anticristo* (§ 58). In questo, Giuda ha un grande peso. Anche qui, Nietzsche, con il suo "cainismo volontario"[9], sarà stato uno dei primi a comprenderlo, benché sia difficile dire se Giuda appartenga a coloro che preferiscono il nulla della volontà alla volontà del nulla. Forse siamo ancora in tempo per scegliere. In compenso, c'è un punto sul quale Nietzsche era stato meno ambiguo e sul quale non si può che dargli ragione, quando si conosce ciò che la profezia di Ehrenburg deve alle deviazioni del cristianesimo. "Gli dei sono un'offesa a Dio, Dio sarà un giorno un'offesa al Divino", annunciava il discepolo di Zarathustra. Non avendo compreso Giuda, i cristiani hanno fatto di Gesù un'"offesa al divino"... e a qualcun altro. Rimane la magra speranza che il poeta acconsente a lasciarci: ricordiamo con Hebbel, il quale faceva di Giuda l'uomo che ha avuto più fede, che "il meglio della religione è il fatto che genera eretici", e ricordiamo che "non è il Dio che troneggia in mezzo all'incenso, ma il Dio rinnegato e lacerato, il Dio morto: lui solo possiede la forza di un'eterna Resurrezione". Per i cainiti, Giuda faceva parte di quel Dio.

"Quando l'antico Dio cade in polvere, il nuovo si sveglia – e colui che pugnala Dio, con questo stesso gesto lo conserva all'umanità"[10]. E se Giuda fosse l'uomo grazie al quale crediamo ancora in Dio? Magra consolazione, che torna *ipso facto* per conservare la leggenda nera e impregna i nostri atti di fede di una luce un po' lugubre. Rimane il fatto che ci saranno voluti venti secoli per rivoltare la problematica del perdono di Giuda: fino alla metà del XX secolo, la questione era stata sapere se Giuda meritasse il perdono. Il "piccolo mondo assassino" ha cambiato le carte in tavola: Giuda potrà perdonarci? Il nodo scorsoio che gli abbiamo imposto gli impedisce per sempre di risponderci.

[9] Il termine è di E. Bertram, *Nietzsche. Essai de mythologie*, trad. R. Pitrou, prefazione di P. Hadot, Éditions du Felin, Parigi, 1990, p. 218.

[10] Ibid.

Indicazioni bibliografiche

Passi neotestamentari su Giuda

Nell'elenco degli apostoli: *Matteo* 10, 4; *Marco* 3, 16-19; *Luca* 6, 14-16
L'episodio dell'olio profumato, con Maria Maddalena: *Giovanni* 12, 1-8
Il tradimento: *Matteo* 26, 14-16; *Marco* 16, 10-11; *Luca* 22, 3-6; *Giovanni* 6, 70-71
L'Ultima Cena: *Matteo* 26, 20-25; *Giovanni* 13, 21-30
L'arresto di Gesù e il bacio: *Matteo* 26, 47-50; *Marco* 16, 43-45; *Luca* 22, 47-49; *Giovanni* 18, 2-5
La morte di Giuda: *Matteo* 27, 3-10; *Atti* 1, 15-25

Apocrifi

Évangile de Barnabé, a cura di L. Cirillo e M. Frémaux, Beauchesne, Parigi, 1999[2] (trad. it. *Il Vangelo di Barnaba*, Longanesi, Milano, 1995).
Écrits apocriphes chrétiens, I, a cura di F. Bovon e P. Geoltrain; II, a cura di P. Geoltrain e J.-D. Kaestli, Gallimard, Bibliothèque de la Pléiade, Parigi, 1997 e 2005 (in italiano *Apocrifi cristiani antichi*, LDC, Torino, 1998).

Saggi

Aziza, Claude, "Judas, le premier martyr", in *L'Histoire*, n. 83, novembre 1985, p. 51-58.
Baum, P.F., "The Medieval Legend of Judas Iscarioth", in *Publications of the Modern Language Association*, 31, 1916, p. 496-632.
Ben-Chorin, S., *Mon frère Jésus*, Monaco, 1967; trad. fr. Seuil, Parigi, 1983 (trad. it. *Fratello Gesù*, TEA, Milano, 1991).
Benoît, P., "La mort de Judas", in *Exégèse et théologie*, Parigi, 1961, t. I, p. 340-59.
Blumenberg, Hans, *Arbeit am Mythos*, Suhrkamp, Francoforte, 1996.
Id., *La ration du mythe*, trad. di S. Dirschauer, Gallimard, Parigi, 2005.

Blumenkranz, B., *Juif et chrétiens dans le monde occidental 430-1095*, Imprimerie nazionale, 1960.
Bonsirven, J., *Le judaïsme palestinien au temps de Jésus Christ*, Beauchesne, Parigi, 1935.
Id., *Les Juifs et Jésus. Attitudes nouvelles*, Beauchesne, Parigi, 1937.
Boureau, Alain, "L'inceste de Judas: essai sur la genèse de l'antisémitisme au XIIe siècle", in *Nouvelle revue de psychanalyse*, XXXIII, 1986, p. 25-41; ripreso in *L'événement sans fin*, Les Belles Lettres, Parigi, 1993, p. 209-30.
Boyer, Frédéric, *L'ennemi d'amour*, POL, Parigi, 1995.
Bultmann, Rudolf, *Jésus. Mythologie et démythologisation*, prefazione di Paul Ricœur, Seuil, Parigi, 1968.
Cardonnel, Jean, *Judas l'innocent*, Éditions Indigène esprit, Montpellier, 2001.
Centini Massimo, *Giuda Iscariota*, ECIG, Genova, 2002.
Centre de recherches sur l'imaginaire, *La Bible, images, mythes et traditions*, Albin Michel, Parigi, 1995.
Collet, Jean, *Judas, images cinématographiques*. Cfr. "Judas: Pasolini, Scorsese, Dreyer, Ford", in C. Soullard, *Judas*, Autrement, Parigi, 1999, p. 84-101.
Dauzat, P.-E., *Le suicide du Christ*, PUF, Parigi, 1998.
Id., "L'Échelle de Jacob dans la lecture des premiers chrétiens", in *Le Monde de la Bible*, n. 133, marzo 2001, p. 37-39.
Id., *Le nihilisme chrétien*, PUF, Parigi, 2001.
Id., *Les Pères de leur mère*, Albin Michel, Parigi, 2001.
Id., "Les Pères de l'Église et la divinité de Jésus: l'exégèse du diable", in AA.VV., *Les premiers temps de l'Église*, Gallimard, Parigi, coll. "Folio", 2004, p. 745-51.
Id., "Mythologie de l'engendrement et du sexe chez les Pères de l'Église", in *Diogène*, n. 208, ottobre-dicembre 2004, p. 16-29.
Id., "Les additionnés et les soustraits ou l'arithmétique du 'pythonisme'", in *Cahiers de l'Herne, Romain Gary*, 2005, p. 204-11.
Id., "Cioran et Gary: lectures croisées", in *Euresis*, 2006.
Id., *Les sexes du Christ. L'invention de la pornographie chrétienne*, Denoël, Parigi, 2006.
Delorme, Jean, "Sémiotique du récit et récit de la Passion", in *Revue des sciences religieuses*, t. 73/1, gennaio-marzo 1985, p. 85-109.
Dieckmann, B., *Judas als Sündenbock. Eine verhängnisvolle Geschichte von Angst und Vergeltung*, Kösel, Monaco, 1991.
Id., "Judas als Doppelgänger Jesu? Elemente und Probleme der Judastradition, in Dramatische Erlösungslehre. Ein Symposium", in *Innsbrucker theologische Studien*, 38, Tyrolia, Innsbruck-Vienna, 1992, p. 227-42.
Dinzelbacher, P., *Judastraditionen*, Raabser Märchen-Reihe, Vienna, 1977.
Dubourg, Bernard, "Un coup de vasistas sur Judas", in *Po&sie*, n. 17, 1981, p. 95-122.
Fabre-Vassas, Claudine, *La bête singulière. Les Juifs, les chrétiens et le cochon*, Gallimard, Parigi, 1994.
Farcy, Gérard-Denis, *Le sycophante et le rédimé, ou le mythe de Judas*, Presses Universitaires de Caen, Caen, 1999.
Gibson, Aleksey, "The Image of Judas in the Work of M.A. Voloshin", in *The Russian Review*, 57 (2), 1998, p. 264-78.

Gillet, J.E., "Traces of the Judas Legend in Spain", in *Revue hispanique*, 65, 1925.
Gorz, André, *Le traître*, Galilée, Parigi, 1964; ripreso in coll. "Folio", con prefazione di Jean-Paul Sartre, 2004 (trad. it. *Il traditore*, Il Saggiatore, Milano, 1962).
Hand, Wayland D., *A Dictionary of Words and Idioms associated with Judas Iscariot*, University of California Press, Berkeley-Los Angeles, 1942.
Happel, Stephen, "The Postmodernity of Judas: Religious Narrative and the Deconstruction of Time" in D. Jasper, *Postmodernism, Literature, and the Future of Theology*, Macmillan, Londra, 1993, p. 91-119.
Haugg, D., *Judas Iskarioth in den Neutestamentlichen Brichten*, Friburgo, 1930.
Israël, Gérard, *La question chrétienne. Une pensée juive du christianisme*, Payot, Parigi, 1999.
Jens, Walter, *Der Fall Judas*, Kreuz Verlag, Stoccarda, 1975.
Kim, Dongsu, *An Exegesis of Apostasy embedded in John's Narratives of Peter and Judas Against the Synoptic Parallels*, The Edwin Mellen Press, New York, 2004.
Klassen, William, *Judas. Betrayer or Friend of Jesus*, SCM Press, Londra, 1996.
Klauck, H.J., *Judas, ein Jünger des Herrn*, Herder, Friburgo-Basilea, 1987.
Kuryluk, Ewa, *Salome and Judas in the Cave of Sex*, Northwestern University Press, Evanston, 1987.
Lansard, Jean, "La fortune litéraire de Judas", in *Mélanges de la bibliothèque de la Sorbonne*, n. 5, dicembre 1984, p. 95-121; n. 6, dicembre 1985, p. 103-40.
Lapide, P.E., *Wer war Schuld an Jesus Tod?*, Mohn, Gütersloh, 1989.
Id., *Von Kain bis Judas*, Gütersloher Verlagshaus, Gütersloh, 2004.
Lovsky, F., *L'antisémitisme chrétien*, Cerf, Parigi, 1970.
Lüthi, K., *Judas Iskarioth in der Geschichte der Auslegung*, Zurigo, 1955.
Maccoby, Hyam, *Judas Iscariot and the Myth of Jewish Evil*, The Free Press, New York, 1992.
Méla, Charles, "Œdipe, Judas, Osiris", in *Histoire et société. Mélanges offerts à Georges Duby*, vol. IV, 1992, p. 201-20; ripreso in *L'imaginaire courtois et son double*, Edizioni scientifiche italiane, Napoli, 1992.
Ohly, Friedrich, *The Damned and the Elect. Guilt in Western Culture*, con prefazione di George Steiner, Cambridge University Press, Cambridge, 1992 (trad. it. *Il dannato e l'eletto. Vivere con la colpa*, Il Mulino, Bologna, 2001).
Paffenroth, Kim, "The Character of Judas in Bach's 'St. Matthew's Passion'", in *Midwest Quarterly*, 36, 2, inverno 1995, p. 125-35.
Id., *Judas. Images of the Lost Disciple*, Westminster John Knox Press, Louisville, 2001.
Palacio, Jean de, *Y a-t-il un mythe de Judas?*, in Y. Chevrel e C. Dumoulié, *Le mythe en littérature. Essais offerts à Pierre Brunel*, PUF, Parigi, 2000, p. 247-60; ripreso in J. de Palacio, *Figures et formes de la décadence*, Séguier, Parigi, 2000, p. 97-108.
Papini, Giovanni, *Le diable*, Flammarion, Parigi, 1954.
Passelecq, Georges e Suchecky, Bernard, *L'encyclique cachée de Pie XI. Une occasion manquée de l'Église face à l'antisémitisme*, La Découverte, Parigi, 1995.
Pastoureau, Michel, "Rouge, jaune et gaucher. Note sur l'iconographie médiévale de Judas", in M. Pastoureau, *Couleurs, images, symboles. Études d'histoire et d'anthropologie*, Léopard d'Or, Parigi, 1989, p. 69-84.
Id., "L'homme roux. Iconographie médiévale de Judas", in M. Pastoureau, *Une histoire symbolique du Moyen Âge occidental*, Seuil, Parigi, 2004, p. 197-09.

Perrot, Jean-Pierre, "La trahison et son imaginaire: le cas de Judas", in *Félonie, trahison, reniements au Moyen Âge*, Publications de l'université Paul-Valéry, 1997, p. 9-20.
Podskalsky, Gerhard, "Der Tod des Judas Iskariot in der byzantinischen Exegese", in *Philomathestatos. Studies in Greek and Bizantine Texts Presented to Jacques Noret for his Sixty-Fifth Birthday*, a cura di B. Janssens, B. Roosen e P. Van Deun, Lovanio, (*Orientalia Lovaniensia Analecta*, vol. 137), 2004, p. 509-14.
Poinsotte, J.M., *Juvencus et Israël. La représentation des Juifs dans le premier poème latin chrétien*, PUF, Parigi, 1979.
Poinsotte, Léon, *Du Christ au juif de cour*, Calmann-Lévy, Parigi, 1955.
Id., "Le peuple infidèle", in *Le genre humain*, inverno 1987-88 (*La trahison*), p. 215-27.
Rigaux, Dominique, *À la table du Seigneur. L'Eucharistie chez les Primitifs italiens, 1250-1497*, Cerf, Parigi, 1989.
Sacks, D.H., "The greed of Judas: avarice, monopoly, and the moral economy in England, ca 1350-ca 1600", in *Journal of medieval and early modern studies*, 28, 1998, p. 263-307.
Scheidegger, Jean R., "Traître ou sauveur? Judas dans les traditions chrétiennes et juives du Moyen Âge", in *Publications de l'université Paul-Valéry*, 1997, p. 21-34.
Simon, Marcel, *Verus Israël*, Éditions de Boccard, Parigi, 1964.
Id., "Antisémitisme et philosémitisme dans le monde romain", in M. Simon, *Le christianisme antique et son contexte religieux. Scripta varia*, J.C.B. Mohr, Tubinga, 1981, p. 837-46.
Simon, Marcel e Benoit, André, *Le judaïsme et le christianisme antique*, PUF, Parigi, 1994.
Soullard, Catherine (a cura di), *Judas*, Autrement, Parigi, 1999.
Stein-Schneider, H., "À la recherche du Judas historique. Une enquête exégétique à la lumière des textes de l'Ancien Testament et des Logia", in *Études théologiques et religieuses*, n. 3, 1985, p. 403-24.
Teichert, W., *Jeder ist Judas*. Der unvermeidliche Verrat, Stoccarda, 1990.
Todeschini, Giacomo, "'Judas mercator pessimus'. Ebrei e simoniaci dall'XI al XIII secolo", in *Zakhor. Rivista di Storia degli Ebrei d'Italia*, I, 1997, p. 11-23.
Vogler, W., *Judas Iskarioth: Untersuchungen zu Tradition und Redaktion von Texten des Neuen Testaments und außerkanonischer Schriften*, Evangelische Verlagsanstalt, Berlino, 1983, p. 126-34.
Wagner, H. (a cura di), *Judas Iskarioth: Menschliches oder heilsgeschichtliches Drama*, Francoforte, 1985.
Westphal, Bertrand, "Les solitudes de Judas", in A. Siganos (a cura di), *Solitudes. Écritures et représentation*, Ellug, Grenoble, 1995, p. 113-21.
Id., *Roman et Évangile. Transposition de l'Évangile dans le roman européen contemporain (1945-2000)*, Presses Universitaires de Limoges, Limoges, 2002.
Wiersbe, Warren W., *Classic Sermons on Judas Iscariot*, Hendrikson, 1995.
Wildgen, Kathryn Eberle, *Saint Judas, Apostle and Martyr. Passion, Theology, Politics, and the Artistic Persona in a French Romanesque Capital*, Peter Lang, New York, 2000.
Zwiep, Arie W., *Judas and the Choice of Matthias*, Mohr Siebeck, Tubinga, 2004.

Romanzi, racconti

Questo elenco ha valore puramente indicativo. Da un secolo a questa parte, si contano non meno di cinquecento opere di fantasia di ogni genere in cui Giuda occupa una posizione centrale. Questo compendio vuole avere il semplice merito di segnare alcuni punti fermi e di dare un'idea dei tempi che scandiscono l'itinerario di Giuda nell'immaginario occidentale. Qualche "grande" Giuda sarà sfuggito al presente elenco e altri insignificanti vi si saranno forse insinuati. La scelta dei titoli proposti non ha in alcun modo valore di giudizio sulla qualità delle opere. D'altro canto, resta ancora da considerare il ruolo di Giuda nella pittura, nella musica o al cinema. Come si è visto, i lavori rimangono assai limitati, addirittura lacunosi. E i Giuda più interessanti si annidano spesso in luoghi diversi dai libri che gli vengono dedicati.

Leonid Andrejev, "Judas Iscariote" (1907), in *Judas Iscariote (et autres récits)*, trad. S. Benech, José Corti, Parigi, 2000 (trad. it. *I sette impiccati: Giuda iscariota e altri racconti*, Rizzoli, Milano, 1955).
Sholem Asch, *The Nazarene*, trad. M. Samuel, Carroll & Graf Publishers, New York, riedizione, 1996 (trad. it. *Il Nazareno*, Dall'Oglio, Milano, 1947).
Henri Barbusse, *Les Judas de Jésus*, Flammarion, Parigi, 1927.
Giuseppe Berto, *La gloria* (*Il Vangelo secondo Giuda*), BUR Rizzoli, Milano, 2001.
Henry Blake Fuller, *At Saint Judas's*, 1896.
Léon Bloy, *Le salut par les juifs*, Victorion, Parigi, 1906 (trad. it. *Dagli ebrei la salvezza*, Adelphi, Milano, 1994).
Jorge Luis Borges, "Trois versions de Judas", in *Fictions*, ripreso in *Œuvres complètes*, Gallimard, Bibliothèque de la Pléiade, Parigi, 1993 (trad. it. "Tre versioni di Giuda", in *Finzioni*, Einaudi, Torino, 1955).
P. Bost e C.A. Puget, *Un nommé Judas*, Table Ronde, Parigi, 1954.
Pierre Bourgeade, *Mémoires de Judas*, Gallimard, Coll. "Le Chemin", Parigi, 1987.
Mario Brelich, *L'Œuvre de trahison*, 1975, trad. A. Piasecki, Gallimard, Parigi, 1979 (tit. orig. *L'opera del tradimento*, Adelphi, Milano, 1975).
Raymond-Léopold Bruckberger, *Madeleine et Judas. Tragédie en Trois Mystères*, Auteur, Parigi, 1956.
Robert Buchanan, *Ballad of Judas Iscariot*, 1878-1883.
M.A. Bulgakov, *Le Maître et Marguerite (et autres romans)*, trad. F. Flamant, Gallimard, Bibliothèque de la Pléiade, Parigi, 2004 (trad. it. *Il Maestro e Margherita*, Einaudi, Torino, 2005).
Anthony Burgess, *L'homme de Nazareth*, Laffont, Parigi, 1977 (trad. it. *L'uomo di Nazareth*, Editoriale Nuova, Milano, 1979).
Roger Caillois, *Ponce Pilate*, Gallimard, Parigi, 1962 (trad. it. *Ponzio Pilato*, Einaudi, Torino, 1982).
Maurice Chappaz, *L'Évangile de Judas*, Gallimard, Parigi, 2001.
Jacques Chessex, *Judas le transparent*, Grasset, Parigi, 1982.
Paul Claudel, *La mort de Judas*, Gallimard, Parigi, 1988.
Malcolm de Chazal, *Judas ou la trahison du prêtre*, Popular Printing, Port-Louis, 1953.
W. Dorochévitch, *Judas Iscariot and other stories*, 1919.
Carl T. Dreyer, *Jésus de Nazareth, Médée*, Cerf, Parigi, 1986.

Louis Ernault, *Le miracle de Judas*, Art independ, Parigi, 1899.
Per Gunnar Evander, *Judas Iskariots knutna händer*, 1978.
Jean Ferniot, *Saint Judas*, Grasset, Parigi, 1987.
Anatole France, *Le jardin d'Épicure*, Coda, Parigi, 2004 (trad. it. *Il giardino di Epicuro*, Scipioni, Valentano [VT], 1995).
Pierre Garnier (Charles Maurras), *La promotion de Judas*, Éditions de la Seule France, Parigi, 1948.
Romain Gary, *La danse de Gengis Cohn*, Gallimard, Parigi, 1967.
Ernest Gegenbach, *Judas ou le vampire surréaliste*, Losfeld, Parigi, 1970.
K. Glimmerveen, *Judas*, De Prom, Baarn, 1991.
J. Goebbels, *Judas Iskariot*, 1918, inedito.
Thomas Hardy, *Jude l'obscur*, 1896 (trad. it. *Giuda l'oscuro*, Garzanti, Milano, 1995).
Tor Hedberg, *Judas. En passions historia*, 1896.
Charles-Henry Hirsch, *L'apôtre Judas*, Merovre de France, Parigi, 1936.
Alber Jhouney, *Le Livre du Jugement. Hymne III. La Rédemption*, Comptoir d'Édition, Parigi, 1892.
Nikos Kazantzakis, *Le Christ recrucifié*, Plon, Parigi, 1958.
Id., *The Last Tentation of Christ*, Continuum, New York, 2005.
Drieu la Rochelle, *Les chiens de paille*, Gallimard, Parigi, 1943 (trad. it. *I cani di paglia*, Guanda, Milano, 1982).
Giuseppe G. Lanza del Vasto, *Giuda*, Jaca Book, Milano, 1975.
Jean-Yves Leloup, *Un homme trahi*, Albin Michel, Parigi, 2006 (trad. it. *Un uomo tradito*, Arkeios, Roma, 2008).
Erik Linklater, *Judas*, Jonathan Cape, Londra, 1939.
Claude Louis-Combet, *Passions apocryphes*, Lettres Vives, Parigi, 1997.
Albert Malaurie, *La femme de Judas*, Grasset, Parigi, 1924.
David Markish, *L'ange noir*, Noir et Blanc, Parigi, 2001.
Camille Mathon, *La trahison de Judas*, 1933.
A. Matthey (Arthur Arnould), *La femme de Judas* (seconda parte del romanzo *Jean Sans-Nom*), 1882.
François Mauriac, *Vie de Jésus*, Flammarion, Parigi, 1961 (trad. it. *Vita di Gesù*, Marietti, Milano, 1993).
Robert Morel, *La farce de Judas*, Audin, Parigi, 1947.
Ernst Mühsam, *Judas. Ein Arbeiterdrama in fünf Akten*, Der Malik Verlag, Berlino, 1921.
Urban Nagle, *Barter*, 1929.
N. Richard Nash, *Behold the Man*, Doubleday, New York, 1913.
Gregory A. Page, *Diary of Judas Iscariot of the Gospel according to Judas*, Lightning Source Inc, Los Angeles, 1912.
Marcel Pagnol, *Judas*, Le Livre de Poche, Parigi, 1955.
Henryk Panas, *Wedlug Judasza* (apocrifo), 1974.
Roberto Pazzi, *Vangelo di Giuda*, Sperling & Kupfer, Milano, 2006.
Leo Perutz, *Le Judas de Léonard*, Phébus, Coll. "Domaine Romanesque", 1987 (trad. it. *Il Giuda di Leonardo*, Fazi, Roma, 2001).
Hubert Prolongeau, *Le baiser de Judas*, Grasset, Parigi, 2004.
Vladimir Rabinovitch, detto Rabi, *Judas*, 1943-44.

Alerei Remizov, *Tragedia o Iude printse iskariotskom*, 1908.
Dominique Reznikoff, *Judas Iscariot*, Acted sud, Arles, 1993.
K.H. Roztworowski, *Judasz z Kariothu*, Cracovia, 1913.
Han Ryner, *Le cinquième évangile*, Athéna, Parigi, 1922.
José Saramago, *L'Évangile de Jésus Christ*, Points, Parigi, 2000 (trad. it. *Il Vangelo di Gesù Cristo*, Bompiani, Milano, 1993).
Thomas Sturge Moore, *Judas*, 1923.
Gore Vidal, *En direct du Golgotha*, trad. J.-B. Blandenier, Fayard, Parigi, 1994 (trad. it. *In diretta dal Golgota*, Longanesi, Milano, 1992).
Maximilian Voloshin, *Evangely ot Iudy*, 1907-1908.
Id., *Iuda Apostol*, 1919.

Indice analitico

Jean-Yves Leloup

AVER CURA DELL'ESSERE

Filone e i Terapeuti d'Alessandria

Ebreo di cultura ellenistica, Filone d'Alessandria, contemporaneo del Cristo, è un personaggio molto rappresentativo dei movimenti spirituali del suo ambiente, ove si affiancano i sincretismi più audaci e i settarismi più virulenti.

Precursore di Origene, egli è conosciuto soprattutto per la sua "arte dell'interpretazione" dei sogni e dei testi sacri, che non può non ricordare quella della "psicologia del profondo" del XX secolo.

Jean-Yves Leloup presenta e commenta il suo libro sui *Terapeuti*. In esso, Filone si fa il cantore di una comunità di cui conosce male la natura (Primi cristiani? Esseni? Creazione della sua immaginazione?) ma che si caratterizza per la sua attenzione all'*essere* in tutte le sue dimensioni: corpo, anima e spirito.

I *Terapeuti*, attraverso questa visione globale dell'Uomo, radicata nell'antropologia biblica, prefigurano già gli psicologi contemporanei, aperti ai domini del corpo e della spiritualità.

Pierre-Emmanuel Dauzat

GIUDA

Dal Vangelo all'Olocausto

È ora di tornare alle origini, di interrogarsi sulla lenta nascita, quasi postuma, di Giuda. Infatti, la sua presenza va molto al di là del suo modesto ruolo nei Vangeli e supera di gran lunga il campo semantico dei suoi derivati. La sua leggenda si è propagata fin dagli Atti degli Apostoli e dagli apocrifi, anche fuori della sfera propriamente religiosa. Più che un mito, Giuda è un "archetipo assoluto", la cui natura rimane aperta, pur essendo stata spesso quella dell'odio e della ripicca amorosa che portano a tradire i segreti

Pierre-Emmanuel Dauzat ci conduce in una straordinaria inchiesta storiografica, teologica e letteraria, dalle origini del Cristianesimo e, attraverso tutta l'Europa, fino ai giorni nostri. Prima di lui, nessuno aveva studiato e riunito tanti documenti, fonti, prove dell'esistenza di Giuda tra noi. Leggende e miti di ogni sorta hanno inscritto il suicida traditore del Cristo nel nucleo più oscuro della nostra cultura, eroe, malgrado se stesso, del nostro odio più tenace.

Michel Dousse

MARIA LA MUSULMANA

Importanza e significato della madre del Messia nel Corano

Il Corano fonde in una sola persona il personaggio di Maria, madre di Gesù, e quello di Miryam, sorella di Mosè e di Aronne. Ecco una prova della mediocrità del testo e della cattiva qualità delle informazioni di cui disponeva Maometto, affermano alcuni islamologi cristiani. Non è opportuno, piuttosto, vedervi una scelta deliberata del redattore, il quale mirava forse a sottolineare l'originalità del proprio messaggio? Maria è la sola donna nominata nel Corano, nel quale viene citata più spesso che nel Vangelo, mentre Gesù viene sempre chiamato "Isâ, figlio di Maryam".

Michel Dousse, docente di storia delle religioni, applica una lettura strutturale per mostrare come una simile sovrapposizione di figure permetta al Corano di ripensare il rapporto tra la Bibbia e il Vangelo. Al termine di quest'analisi estremamente precisa, la figura di Maria appare come una delle principali chiavi di interpretazione del testo coranico.

Pierre-Emmanuel Dauzat

L'INVENZIONE DI MARIA MADDALENA

"Maria Maddalena [...] compare in tutte le svolte cruciali della vita di Gesù. Si mostra e rivela. Perfino troppo spesso, secondo i gusti degli evangelisti e dei primi apostoli, a cominciare da san Paolo, che cercherà incessantemente di farla dimenticare.

Lacrime e capelli. A malapena un nome. E dei piedi. Non i suoi, naturalmente, ma quelli che lava con le sue lacrime e asciuga con i suoi capelli. Quelli che si presume laveremo fino alla fine dei tempi, poiché non finiremo mai di gemere e di insultare, mentre Egli non finirà mai di giacere e di agonizzare fino alla fine dei tempi. Impossibile darle un volto. Una serva, una penitente ancor prima di aver peccato, poiché ha peccato *a priori*. Sono proprio quelle lacrime e quei capelli a conferirle un'identità. Lacrime, capelli e forse una nuca (una nuca che ha perso la sua rigidità) perché, vedendola da dietro, Gesù risorto lancia un 'Myriam!' nel quale, miracolosamente, lei si riconosce, 'beata' e 'amara', secondo l'etimologia 'aramaica' riportata dalla *Leggenda dorata*".

Finito di stampare
nel mese di febbraio 2008
presso la Tipografia S.T.A.R.
Via Luigi Arati, 12 - 00151 Roma